本当に、マルクスは書いたのか、エンゲルスは見落としたのか

──不破哲三氏の論考「再生産論と恐慌」の批判的検討──

川上則道

本の泉社

【目次】

はじめに

不破氏の所論のうち違和を感じるものをなぜ取り上げるのか

　私は科学的社会主義の立場から、日本経済の問題やマルクスの再生産論などの研究を続けている者です。日本の科学的社会主義を代表する理論家と言ってよい不破哲三氏の著作についても、学生時代からほぼ納得しつつ学んできました。氏の著作『エンゲルスと「資本論」』については広く読まれることを薦める書評も書きました。しかしながら、2000年代に入ると氏の理論的主張に違和感を覚えることが増えてきました。最初に強い疑問を感じたのが、2002年の1月号から10月号にかけて『経済』誌に連載された論文「再生産論と恐慌─マルクスの理論形成の道筋をたどる」(『マルクスと「資本論」、①─再生産論と恐慌（上）』、『同、②─同（中）』『同、③─同（下）』新日本出版社、所収）です。

　当時、私は、東京学習会議（労働者教育協会）の資本論講座の講師を務めており、再生産論が含まれる『資本論』第二部の講義を担当していました。受講生からの要望もあり、氏のこの論文も取り上げることになりました。この論文全体にも違和を覚えたのですが、問題点をはっきりとは掴めなかったこともあって、全体についてはその趣旨を好意的に紹介しました。ですが、『経済』誌の10月号に載った拡大再生産表式に関する部分（この部分にはエンゲルスの編集に大きな弱点があるとしている）については全く納得できなかったので、その問題点について講義することになってしまいました。この点については、その後、さらに分析を加えて拙著『マルクス「再生産表式論」の魅力と可能性』（本の泉社、2014年12月）のなかで叙述しています。

　また、不破氏は、資本主義生産の基本矛盾についてのエンゲルスの有名な定式について2001年頃から疑問を表明するようになり、2008年には、はっきりと誤りであると主張しています。エンゲルスは『反デューリング論』や『空想から科学へ』で、社会的生産と資本主義的取得との矛盾を資本主義生産の基本矛盾であると力説していますが、この定式のことについてです。氏のこの主張についても強い違和感を覚えました。その後、この氏の主張の影響で

労働者教育運動では『空想から科学へ』を推奨しなくなっていることを知りました。これも個人的なことですが、高校を卒業し浪人生だった頃『空想から科学へ』を読んで科学的社会主義の正しさへの確信を深めた経験が私にはあり、それもあって、これは黙っていては良くないだろうと思うようになりました。そこで、拙著『「空想から科学へ」と資本主義の基本矛盾』（本の泉社、2017年10月）を出版しました。

　こうして、私は、拙著の二冊のなかで科学的社会主義に関する不破氏の見解を批判する見解を既に公表しています。しかし、これらは、不破氏の所論の全体のごく一部についての批判に過ぎません。とは言え、これらを執筆してみて分かってきたと感じるのは、科学的社会主義についての、また、それにもとづく氏の把握や把握方法については、基本点での弱点や誤りが多少なりとも見られるのではないかということです。もし、そうだとすると、不破氏のこれまでの理論活動・著作（不破氏の所論全体）について、もっと厳密に検討してみる必要があるということになるでしょう。このことを強調したいのは、不破氏の所論の弱点や誤りについては、私の知る限りで考えてみても見過ごされやすい状況が続いてきたのではないかと思うからです。

　先に、論文「再生産論と恐慌」の全体の趣旨については、違和感を覚えたが問題点をはっきりとは掴めなかったと書きました。その後、マルクスの再生産論の研究を深めたこともあって、また、氏の研究方法の弱点も分かってきたこともあって、問題点の所在が掴めるようになってきました。本書では、『マルクスと「資本論」』①〜③に収録された、長大なこの論文について、本格的な批判的検討を行います。

　——現行『資本論』第二部の再生産論には、再生産論と恐慌とを結ぶ分析がなく、「空白部分」（失われた環）となっている。マルクスは、それを「再生産過程の攪乱」という項を立てて書く構想を持っていた。マルクスは書いたはずだから、マルクスの残した諸草稿を探究して、それを見つけだす。——これが、この論文を執筆する氏の動機です。構想はあったにしても、しかし、本当に、マルクスは書いたのでしょうか。この論文における氏の中心的な主張は次のようなものであり、基本的には書いたとしています。

　——「再生産過程の攪乱」の内容の中心部分と考えられる「流通過程の短縮」というマルクスの叙述を『資本論』第二部第一草稿のなかに自分（氏）は発

見した。「再生産過程の攪乱」の中心部はこの「流通過程の短縮」の規定を適用した恐慌現象の運動論的解明である。この発見は『資本論』につての従来の捉え方をも大きく変えうる重大なものである。——

　氏のこの見解に対して本書では、「流通過程の短縮」という規定は再生産論（社会的総資本の再生産）にはそもそもなじまないこと、したがって、それは「再生産過程の攪乱」の中心部ではあり得ないこと、「再生産過程の攪乱」の内容は恐慌論そのものではなく、「再生産論上の生産と消費との矛盾」の展開であろうこと等等について述べ、氏の主張に含まれる疑義を正すつもりです。

　ですが、この論文はもう20年ほど前のものであり、氏の見解は、この論文で得た「成果」をもとにさらに展開しています（誤りが拡大しているように思えます）。私もその概略は知っています。新日本出版社による新版『資本論』の発行もこの延長線上にあると思います。しかし、それらの展開された見解の基礎には、あるいは出発点として、この論文「再生産論と恐慌」があります。この論文の批判的な検討は、その後の展開を吟味するうえでも十分な意義があると考えます。

　ちなみに、「再生産論」とは、社会に存在する総資本がどのように絡み合って生産を行えば、社会の生産が順調に継続するかを明らかにする理論です。その中心となる具体論が再生産表式論であり、総資本の年間総商品生産物を合理的に区分したうえで、区分された諸商品生産物間の相互交換が過不足なく完結するための条件（均衡条件）を表式によって明らかにします（なお、年間総商品生産物の区分は、まず生産諸手段と消費諸手段に2区分し、それぞれを、ｃ・ｖ・ｍの価値成分に3区分して行われます）。もう一方の「恐慌」とは、資本主義経済における景気循環の一局面である経済の大混乱（生産力の破壊）のことです。人々の生産と生活に大打撃を与え、資本主義経済体制の欠陥を明示するものです。マルクス経済学では資本主義経済体制に特有の矛盾——生産（力）の絶えざる上昇傾向に対する消費（需要）の制限——に根拠があるとされています。

　ですから、「再生産論」と「恐慌」とは、それぞれの内容から考えて結びつく必然性を持っていることは確かです。そして、それがどうのように結びつくかを解明することは大きな意義を持っていると考えます。「再生産論と

恐慌」はこの課題への挑戦ではありましたが、残念ながら、客観的に見ると、その基本において成功していないと考えざるを得ないのです。

　不破氏には100冊を超える著作があり、理論活動も多面的で多作であり、見解の歴史的な変化も見られます。科学的社会主義を創造的に発展させる理論的な功績も多々あります。しかし、不破氏の所論については、全面的な検討がなされたうえで、その弱点や誤りについても、その功績とともに全面的に正確に評価されるべきでしょう。これは、全面的、多面的な検討が本来的に必要とされる性格の課題です。私個人に関して言えば、そのような検討を促し、その構成部分となり得るような探究をできる範囲で行いたいと考えています。そこで、不破氏の所論について私がこれまでに違和感を覚えたもののなかから、まずは「再生産論と恐慌」を取り上げて、弱点と誤りがどこにあるのかについて、はっきりさせるための本を書こうと思いました。

　これが本書の企図です。このため本書は不破氏の抜きん出て優れた点や政治的・理論的功績については等閑視し、氏の弱点と誤りに焦点を当てて強調することになっています。このことによる誤解を予め避けるために繰り返しますが、本書は氏の業績や所論の全体的な評価や批判を行おうとするものではありません。まして氏の所論を非難することを目的としたものではありません。付け加えれば、氏は日本共産党の元党首ですが、私は同党を強く支持しており、同党を批判するためのものでもありません。

　氏の理論における弱点と誤りと思われる箇所の幾つかは客観的には科学的社会主義からの氏の逸脱を示していると私は考えます。しかし、氏が科学的社会主義の発展を目指して理論活動を行っていることも明らかです。ですから、この弱点と誤りと思われる箇所がなぜ弱点と誤りなのか、そして、正しくはどう捉えるべきなのかを探究すること自身に理論的な価値があると思います。これらに焦点を絞って私の批判的な見解を提示したのは、科学的社会主義の理論の正しい継承と発展を目指して、科学的社会主義者たち相互の討論（相互批判）を前進させるために行うものです。ごく一般的な理論活動の一環に過ぎません。

　氏は科学的社会主義の立場から数多くの著作や見解を発表しており、その影響力も大きいと考えられます。ですから、不破氏の所論のそれぞれについて正確に評価する理論活動もまたとりわけ求められていると思うのです。

凡例

(1) 本書の構成は、第1章（第2章…）→第1節（第2節…）→（1）（（2）…）→ⅰ）（ⅱ）…）の順序で書かれている。その途中に、【探究】が織り込まれている。ここでは、不破氏の論文の批判的な検討する過程で、私が新たに得たテーマについての探究が叙述されている。したがって、【探究】は、氏の論文への直接的な批判を超えおり、氏の主張をどう捉え直せばよいのかとか、氏が指摘しているマルクスの文章の含意についての究明などが含まれている。

(2) 引用については、不破氏の論文からのものは網掛けにし、マルクス、エンゲルスからのものは点線で囲った。また、自著などからのものは斜字にした（ただし、第4章は、自著からの抜粋にもとづくので、この限りではない）。

第1章

既刊の拙著での氏への批判の要点と感じた危惧

　先に、既に出版した拙著の二冊のなかで、不破氏の所論の弱点と誤りについて書いていると述べました。そこでの把握が本書を書く一つの契機にもなっていますので、そこで書いたことの中心点をごく短く再確認しておきます（その論証については拙著を参照してください）。そして、氏の認識の進め方における心配な傾向について、そこで感じた点を付け加えようと思います。

第1節　拙著『マルクス「再生産表式論」の魅力と可能性』での批判

　拙著『マルクス「再生産表式論」の魅力と可能性』では、その「第4章　拡大再生産表式（第21章の解説）」において、［補足説明2］「エンゲルスの編集が不適切だとする不破哲三氏の見解について」の項を設けました。論文「再生産論と恐慌」の中の拡大再生産表式について述べている部分について批判したことは「はじめに」でも触れました。それは、この項で行っています。ここで述べたことは二つあります。

（1）エンゲルス編集の欠陥が第21章にもあるとする見解への批判

　不破氏は、拡大再生産表式をテーマとする第21章の編集について、マルクスによる「三回にわたる挑戦と失敗の記録」と4回目の挑戦による成功の記録とが同列に扱われている。それは「エンゲルスの第2部編集の大きな欠陥の一つだ」と論文（「再生産論と恐慌」）で述べています（『経済』、2002年10月号、136ページ、『マルクスと資本論』③、200ページ）。この見解への批判が一つです。

　具体的には、この第21章を順を追って読み砕くことによって、「この章は拡大再生産の諸条件の解明、および、拡大再生産表式に行き着くまでの論理を正常な形で展開している」ことを明示しました。失敗と成功とが同列に扱われているのが欠陥であると氏は言うのですが、それは、第21章の課題を

拡大再生産表式の作成・定式化のための叙述にあると狭く捉えたため、表式の作成に直接つながらない叙述は失敗に見え、表式の作成に直接つながる叙述のみが成功に見えたからであろう。こう推測しました。

　また、第21章の少なくとも二箇所を氏は誤読しており、それが氏の誤った見解を支えています。とういうのも、どちらの誤読もマルクスの「挑戦」が「失敗」に終わったことをマルクス自身が認めたとする内容になっているからです。そこで、それぞれについての私の読みを対置しました。

　氏のこの二箇所の誤読について、その性格を「早合点」であると拙著では述べました。しかし、実は、次のような疑問がありました。エンゲルスが失敗と成功を同列視する誤りに陥っているとの着想を、氏は、この二箇所の解釈よりも、先に得ていて、その先入観があったため、この二箇所の誤読に至ったのではないかとの疑問です。もし、そうだとすると、その誤読の性格は単なる「早合点」を超えた無自覚の「曲解」になります。創造性には着想が欠かせません。着想を得ればその展開と実現が志向されます。氏の理論活動には、正しさよりも自分の「着想」の実現を優先する主観的な傾向が時に強く現れます。この点については本書で検討しようと思うのですが、そうであれば、この二箇所の誤読もたんなる「早合点」では済まない問題を孕んでいる心配があります。

(2) 拡大再生産のより精密な均衡条件を発見したという見解への批判

　不破氏の見解へのもう一つの批判は、氏の次の叙述についてです。

> 　マルクスが求めたより精密な均衡条件は、実はマルクスが会得した拡大再生産の表式の計算方法のなかにありました。それを整理すれば、次のような拡大再生産の均衡条件が得られたはずです。(『経済』2002年10月号、138ページ、『マルクスと「資本論」』③、203ページ)

　拡大再生産の均衡条件は一般的にはⅠ（v＋m）＞Ⅱcであるとされています。これは不等式による表現ですから、等式によって表現すれば「より精密な均衡条件」になるわけです。いま引用した文章において、氏は、この精

密な均衡条件についてマルクスも求めていたが得られず、マルクスによる表式の計算方法の中に氏自身が発見したとの趣旨を述べています。たしかに、氏の「発見した」均衡条件は正しいものですが、それは、第21章の他の箇所でマルクスが述べている均衡条件と実質的に同じ式なのです。そもそも、この均衡条件をマルクスが見出していないと考えること自体が不自然です。氏は『資本論』のこの箇所を読み飛ばしたことになります。この誤りの性格も「早合点」ですが、「より精密な均衡条件」を自らが「発見」したとする主観的傾向の強さの現れがここにも感じられます。

第2節　拙著『「空想から科学へ」と資本主義の基本矛盾』での批判

　次に、拙著『「空想から科学へ」と資本主義の基本矛盾』で不破氏の見解について述べたことを短く紹介しましょう。資本主義生産の基本矛盾についてのエンゲルスの有名な定式は誤りであるというのが不破氏の主張です。

> 　エンゲルスの定式では、剰余価値が資本主義生産様式の中心にすえられていません。（不破哲三著『古典への招待（中巻）』2008年、359ページ）

　この見解がその主張の中心をなしています。氏のこの見解については私が耳にした限りでも批判的な意見がかなりありました。ところが、それらが活字になって公表されるには至りませんでしたので、「はじめに」でも触れたように、私は黙っていては良くないだろうと思うようになりました。ですが、本書のように、不破氏の見解への批判を自著の中心テーマにするのにはまだためらいがありました。

　そこで、古典の文章の読み方をテーマとする本を書き、その主要な題材として不破氏のこの見解を取り上げようと考えました。こう考えたのは、エンゲルスのこの定式について不破氏とほぼ同様な理由で誤っているとする見解があることを知ったからです。同じような見解が相互の影響なしに独立して複数も生まれるのには根拠があり、その直接的な要因は、エンゲルスの文章自身に（難読と気づかれずに）誤読を生むような難読箇所があるのではない

かと推測したのです。検討の結果、この推測はほぼ当たっていることがわかりました。そうであるならば、資本主義の基本矛盾についての定式を含むエンゲルスの文章を取り上げて、誤読しない読み方について述べる、それと、不破氏の見解への批判を結びつけるという仕方があると考えたわけです。(なお、本の表題も『社会科学古典の文章の読み方』という案で書き進めてきましたから、『空想から科学へ』以外の文章も幾つか題材として取り上げています。出版の直前になって、この表題ですと、エンゲルスの定式についての不破氏の見解への批判というテーマが全く隠れてしまうので、『「空想から科学へ」と資本主義の基本矛盾』に変更し、副題として「難読箇所をどう読むか」を加えました)。

(1) 基本矛盾の定式は剰余価値が中心に据えられている

さて、社会的生産と資本主義的取得との矛盾が資本主義生産の基本矛盾であるというのがエンゲルスの定式です。この定式には剰余価値という用語は含まれていませんが、剰余価値の問題(＝資本家による労働者の搾取)をまさに中心に据えた定式になっています。不破氏が「中心に据えられていない」と捉えたのはエンゲルスの文章を誤読した(あるいは正確に読まなかった)ためです。すなわち、この矛盾を両項をなす「社会的生産」の概念、および、「資本主義取得」の概念について、どちらも正確に理解できていないからなのです。この点は拙著で詳しく明らかにしましたが、ここでは要点だけ簡単に述べておきます。

「社会的生産」という用語は多義的です。基本矛盾の定式での「社会的生産」の概念は、「個人的生産」との対概念として用いられており、同じ資本家に雇用された多数の労働者による同じ企業の工場での集団的な生産を意味する概念です。そして、「資本主義取得」とは、雇用された集団的な労働者の生産物が労働者を雇用した資本家に取得される(＝資本家が自分の所有物にする)ということです。

資本家は労働者たちに労働力の価値(賃金)を支払って、労働力という商品を取得することによって、その労働力を使用し(＝労働者たちを生産に使用し)、労働者たちの生産物をも取得します。この場合、資本家が支払った労働者たちの労働力の価値よりも、受け取った労働者たちの生産した価値が

大きので、その差である剰余価値を資本家は労働者たちから無償で受け取り
ます（搾取します）。ですから、社会的生産と資本主義的取得との矛盾の中
心に据えられているのは労働者たちが生産した剰余価値の資本家による搾取
ということになります。

(2) 「社会的生産」概念についての不破氏の誤解

　では、不破氏は基本矛盾の両項の概念をどう理解しているのでしょうか。

　まず、「社会的生産」についてです。拙著ではこの概念についての解説を
一定数調べて紹介していますが、この概念については誤解（＝「概念誤読」）
の方が多いのです（文章で用いられている概念をその文章上の意味とは異
なった意味に誤って読んでしまうことを、叙述の論理についての誤読とは区
別して「概念誤読」という造語で表現しました）。エンゲルスの文書に即し
て「社会的生産」を「個人的生産」の対概念として、前項で述べたように、「同
じ企業の工場内での集団的生産」として正しく理解している方はむしろ少数
派です。

　というのも、普通、「社会的生産」という用語は「社会による生産」、「社
会を通じての生産」の意味するものとして用いられています。例えば、パン
は「社会的に生産されている」とは、まず小麦が農家で生産され、その小麦
を製粉工場で小麦粉にして、その小麦粉パン工場でパンに焼くというような
社会的な分業の各段階を経てのパンの生産のことを意味します。基本矛盾の
一項をなす「社会的生産」の概念がエンゲルスの定義（規定）から離れて、
このような普通に使用されている「社会的生産」の意味と区別されずに理解
されている場合が多いのです。典型的なのは、「社会的生産」の概念に、同
じ企業の工場内での集団的生産と社会的分業による生産とを同居させる理解
です。不破氏もこの例に漏れません（ここでは氏の文章を引用することは長
くなるので省きます。拙著を参照してください）。

　「社会的生産」の概念をこのような意味に理解しますと、基本矛盾の定式
はその意味が不明確になり、剰余価値を中心に据えたものとは言えなくなり
ます。ですから、氏の主張には、この点が反映されています。

　なお、エンゲルスが「社会的生産」を「個人的生産」の対概念として、「同
じ企業の工場内での集団的生産」として定義（規定）しているというのは確

実なのかとの心配が起こるかも知れませんので、その点がわかる次の箇所を短く引用しておきます。引用箇所の傍点はエンゲルス自身がつけたものです。

> 　ブルジョアジーは、あの制限された生産手段を個人の生産手段から社会的な、ただ人間の集団によってのみ使用できる生産手段に変えることなしには、あの生産手段を強力な生産力に変えることはできなかった。紡車や手織機や鍛冶屋の鎚にかわって、幾百人、幾千人の協働を必要とする工場があらわれた。そして生産手段と同様に、生産そのものが一連の個人的行動から一連の社会的行動に変わり、生産物は個人の生産物から社会の生産物に変わった。
> 　（『空想から科学へ』石田精一訳、新日本出版社、64〜65ページ）

> 　個人的生産とならんで社会的生産があらわれた。
> 　　　　　　　　　　　　　　　　　　（同上、66〜67ページ）

(3)　「資本主義的取得」概念についての不破氏の誤解

　次に、「資本主義的取得」についてです。先ほども引用した『古典への招待（中巻）』で、氏は、

> 　「エンゲルスが彼の定式で生産関係の特質として取り出した資本主義的取得というのは、"商品生産の取得形態"をひきついで、生産物が個々の資本家のものとなるところになによりの特徴があるとされました。すなわち、生産が社会的になっているのに、取得は古い時代のものにとどまっている」（359ページ）

と述べています。そして、『古典教室全3巻を語る』（2014年）では、

> 　「エンゲルスは、取得形態という角度から生産関係をとらえているのですが、それを小経営の延長と見るわけですから、はじめから資本家による労働者の搾取を外したところで、生産関係を規定づけている。そこに、"我流"があるのだと腑に落ちて、定式そのものを根

と語っています。

　これら引用文から、氏が、資本主義的取得について、個々人の私的生産者（個人経営）の取得と同じものであるとしか捉えていないことがわかります。これはエンゲルスの文章の明らかな誤読です。生産が個人的生産（個人経営）から社会的生産（資本家による多数の労働者を雇用する経営）になったのに、取得形態については個人的生産を前提する取得形態（＝商品生産の取得形態）と同じ形態のままであったので、形態（形式）は個人生産（個人経営）の取得と同じであっても性格（内容）が全く異なる「資本主義的取得」が生まれた。「資本主義的取得」は、その取得の形態（形式）については自分の生産した生産物を自分のものにするという搾取のない個人生産（個人経営）の取得と全く同じである。しかし、その取得の性格（内容）については他人の生産した生産物を自分のものにするという搾取のある取得へと全く異質なものに変化している。エンゲルスはこのように述べているのです。

　なお、エンゲルスの文章はやや難解のところがあり、「資本主義的取得」についての誤読も少なからず見られます。しかし、形態は個人的生産の場合と同じであっても性格が全く異なることについてはエンゲルスが注で次のように強調していますので、資本市議的取得について「搾取を外したところ」での規定などとする不破氏のような誤読は少数派です。

> 　取得形態は同じであっても、取得の性格が、前に述べたような経過によって、生産におとらず変革されることは、ここで説明するまでもない。私が自分の生産物を取得するか、他人の生産物を取得するかということは、もちろん二つの非常に違った種類の取得である。
> （『空想から科学へ』同上、68 ～ 69 ページ）

第3節　エンゲルスの誤りを確定しようとの志向のもとに進められた探究

　資本主義の基本矛盾についてのエンゲルスの定式は誤りであるとする不破氏の見解について拙著『「空想から科学へ」と資本主義の基本矛盾』で述べ

た主な批判点を短く紹介しました。エンゲルスの定式が誤りであるとするこの見解を氏は次第に形成し、論理展開するようになりました。ここでは、その形成過程と論理展開において、氏の理論活動における主観的傾向の強さが現れていることをみておきたいと思います。氏が誤った見解を主張するようになった一つの大きな原因となっているのではないかと考えられるからです。

　資本主義の基本矛盾についてのエンゲルスの定式について不破氏はたびたび取り上げています。主な著書を出版年の早い順にあげると、①『社会主義入門「空想から科学へ」百年』（新日本出版社、1983年）、②『エンゲルスと「資本論」』（同上、1997年）、③『科学的社会主義を学ぶ』（同上、2001年）、④『古典への招待（中巻）』（同上、2008年）、⑤『古典教室　第2巻』（同上、2013年）、⑥『古典教室全3巻を語る』（同上、2014年、石川康宏、山口富男との共著）、⑦『科学句社会主義の理論の発展　マルクスの読み方を深めて』（学習の友社、2015年）、です。

　上記の7つの著作のうち、氏は、③『科学的社会主義を学ぶ』（2001年）において、エンゲルスの定式について疑問を表明し、④『古典への招待（中巻）』（2008年）で誤りであるとの結論に至っています。③より前に書かれた①、②の著作ではエンゲルスの定式は肯定的に評価され、④以降の⑤、⑥、⑦の著作では否定的な評価に変わりました。

　③の著作では次の3点の疑問が表明されています（同著、172～173ページ）。エンゲルスの定式では、（ⅰ）「生産のための生産」という資本主義の特徴が的確に表現できない、（ⅱ）労働者階級と資本家階級の矛盾が現象形態（二次的なもの）として扱われている、（ⅲ）恐慌を市場の無政府性という「恐慌の可能性」の次元で説明することになる。

　エンゲルスの定式は誤りではないかとする、この3点の疑問が、誤りとの断定へと導く出発点となった氏の考え（着想）です。この疑問をはっきりさせるために、氏は「もう少しつきつめて考えたい」と続けて書いています。この疑問（着想）が動力となって、エンゲルスの定式の再検討へと氏を向かわせたと言えると思います。

（1）エンゲルスの定式への疑問表明が誤りの断定へと進んだ認識過程

　一般的に言えば、創造的な理論活動は着想から探究の道をたどります。氏

はこの点で多くの成功体験を持っていると推察できます。エンゲルスの定式についてのこの探究についても氏は成功したと考えていますが、客観的には、失敗でした。疑問を著書で発表したということ自体に、エンゲルスの定式に誤りを見出したので、できれば、それを確定したいとする氏の志向が感じられます。探究が失敗に終わったのは、無自覚のうちに、氏の志向する方向に向かって探究が強引に進められたからだと考えられます。この点では、先に述べた、『資本論』第2部の「拡大再生産」の章における二箇所についての無自覚の「曲解」と同じ性格の問題なのではないでしょうか。氏における、自分の「着想」の実現を志向し、正しさよりも優先する主観的な傾向の強まりが背景にあると思えます。

　3点の疑問のうちの（ⅰ）の疑問を例にして、もう少し立ち入って見てみましょう。（ⅰ）の疑問についての氏の説明を引用します。

> 　資本主義の生産関係の枠組みとこれを突破する生産力の巨大な発展との矛盾を問題にするとき、エンゲルスのいう「生産の社会的性格」という定式では、どうしても、「生産のための生産」という資本主義的生産の突進的特徴やその衝動を的確に表現しきれていないという気がする。（『科学的社会主義を学ぶ』、172ページ）。

　氏がこのような疑問を感じたのは、エンゲルスの定式の「社会的生産」（引用文では「生産の社会的性格」と表現されている）の概念について、先に述べた広く見受けられる誤った規定を氏が受け入れていることに起因します。というのは、資本家の企業における生産物の集団的な生産だけでなく、生産物が個人企業を含めた社会的分業によって生産されることも、「社会的生産」の概念には含まれていると誤解するならば、そのような「社会的生産」の概念によって構成される基本矛盾の定式から「生産のための生産」の衝動を引き出すのは難しいと考えられるからです。

　したがって、客観的に見れば、氏のこの疑問は、「社会的生産」の概念についてのエンゲルスの定義（規定）と、その「社会的生産」の概念についての広く見受けられる理解（＝誤解）とが異なること（＝矛盾していること）を根拠に成り立っています。「社会的生産」についてのこの誤った理解を氏

も正しいものとして受け入れていたため、この矛盾が氏の認識上に、別の姿で、すなわち、（ⅰ）の疑問となって現れた（＝「社会的生産」の概念の誤解には気づかずに、そこから生じる問題点を理論的に認識した）ということです。認識の前進ではあります。

したがってまた、この疑問（＝矛盾）の解決には二つの方向があったと考えられます。一つの方向は、広く見受けられ氏も正しいと受け入れていた「社会的生産」の概念についての誤解を正す方向です。もう一つは、「社会的生産」の概念についての誤解を正さずに、エンゲルスの定式は誤りであるとする方向です。この後者の方向が氏が志向する方向でした。

定式についてのエンゲルスの文章を正確に読み、「社会的生産」の概念についての誤解を正す前者の方向でこの疑問を氏が解決すれば、自らの志向には反することになったかも知れませんが、理論の前進に貢献することになったでしょう。しかし、氏の疑問は後者の方向で解決されることになってしまいました。「社会的生産」の概念への誤解はそのままにしたまま、さらに、「資本主義的取得」の概念についての誤解へと氏は歩みを進めたのです。「資本主義的取得」の概念は搾取を度外視しているとし、エンゲルスの基本矛盾の定式は剰余価値を中心に据えていないから誤りであると断定するに至りました。これは客観的に見れば残念なことですが、氏にとっては自らの志向した方向を実現したということになります。

搾取を度外視しているとする「資本主義的取得」についての氏の理解は誤りであることは先にのべました。しかし、①『社会主義入門「空想から科学へ」百年』（1983 年）では氏は次のように述べています。

> しかし、個人が取得するといっても、その内容は一変しました。生産物を自分にする"個人"とは、以前のように、自分で生産物をつくりだした労働者ではなく、生産手段を所有し、労働者をやとってはたらかせる資本家なのです。資本家、つまり、生産手段の所有者は、生産手段をもっているということで、他人の労働がうみだした生産物を自分のものとし、労働者の方は、自分と家族の生活の維持に必要な賃金を支払われるだけで、自分の労働生産物にたいする権利をまったく失ってしまったのです。（同書、140 ～ 142 ページ）。

ここで氏は「資本主義的取得」を資本家が「他人の労働がうみだした生産物を自分のもの」とすることとし、資本家による労働者の搾取のことだとしています。ですから、「資本主義的取得」の概念についての氏の理解については、自らの立てた疑問の探究の結果、客観的に見て、正しいものから誤ったものへと転げ落ちてしまったのです。しかも、以前の自分の正しい見解への言及はありません。また、エンゲルスの文章に存在する先に指摘した注への言及もないのです。エンゲルスの定式は誤りであるとする方向で結論を出すための探究が性急に進められたように感じられます。

　探究の性急さという点では、「社会的生産」の概念の理解についても同じことが言えます。氏は自らの理解について疑うことを省いています。この概念の理解についてはいろいろと議論と研究があるところ（拙著で紹介しています）です。エンゲルスの定式の再検討を課題にしたのですから、それらを少しでも調べてみる必要があったと考えられます。そうすれば自らの理解（誤解）についても検討することになったでしょうに。

　なお、（ⅰ）の疑問について取り上げましたが、（ⅱ）および（ⅲ）の疑問について、どう考えるべきかについては、拙著で叙述しています。

（2）　エンゲルスの定式をマルクスが認めていたことについての苦しい説明

　エンゲルスの定式は誤りであるとの結論を氏は得たのですが、エンゲルスの定式が誤りであるということは、エンゲルスとマルクスとの見解がこの定式については異なるということになります。したがって、この結論を説得力あるものにするためには、なぜ、マルクスがエンゲルスの定式を批判しなかったのかという別種の重要問題が生じます。この問題についての氏の説明の論理にも苦しさと強引さが目立ちます。

　『空想から科学へ』より前に書かれた『反デューリング論』でエンゲルスは資本主義の基本矛盾の定式を明らかにしたのですが、彼はその序文で次のように述べています。

　　ついでに言っておくが、この書物で展開されている考え方は大部分マルクスによって基礎づけられ発展させられたものであって、私

のあずかるところはごくわずかな部分にすぎないのであるから、私が彼に黙ってこういう叙述をしないということは、われわれのあいだでは自明のことであった。私は印刷するまえに原稿を全部彼に読み聞かせた。　　（国民文庫『反デューリング論』（1）、9ページ）

　エンゲルスの定式が誤りでないかとの着想を得る以前の著書では不破氏は次のように述べていました。

　　「社会的生産と資本主義的取得との矛盾」というこの定式も、マルクスが『資本論』で浮きぼりにした資本主義の根本矛盾──「資本主義的な外皮」の爆破に社会をみちびいていゆくこの矛盾を、簡潔明快に表現しようとして、エンゲルスがこのとき工夫したものでした。もちろん、これはエンゲルスがマルクスにだまって勝手にやったわけではありません。『反デューリング論』はすべて、原稿もマルクスが読んだうえで印刷にまわしたものですから、この定式も、マルクスが大いに賛成していたことは、いうまでもないところです。エンゲルスの定式は……実にみごとなものだと思います。（①『社会主義入門「空想から科学へ」百年』、1983年、144ページ）。

　氏はエンゲルスの定式について「マルクスが大いに賛成していたことは、いうまでもない」と述べていました。では、エンゲルスの定式は誤りであるとの結論を得た後には、氏はこの点についてどう述べているのでしょうか。エンゲルスの定式について疑問を表明した③『科学的社会主義を学ぶ』（2001年）では次のように書かれています。

　　エンゲルスの定式は、実は、社会主義の講義のところで紹介した「資本主義的蓄積の歴史的傾向」についてのマルクスの分析からまとめたのでないか、と思われるところがあって、マルクスも、資本主義の矛盾のこういう整理の仕方は否定していないのだと思います。（同書、172ページ）。

また、⑤『古典教室　第2巻』（2013年）では、

「決定的な問題点でない限り、エンゲルスの独自な見解として容認したことは十分ありうる」

と述べています（同書、163〜164ページ）。

　しかし、資本主義の基本矛盾の定式が剰余価値を中心に据えたものでないという見解を核にして、不破氏はこの定式に「決定的問題点」を見出したのではなかったのでしょうか。氏の見解が仮に正しいとした場合、マルクスがそのような整理の仕方を否定しなかったり、「決定的な問題点でない」と考えたりすることがあり得るのでしょうか。氏の見解が仮に正しいとすればマルクスはエンゲルスに確実に批判的意見を述べることになるでしょう。氏の自説を擁護する論理は苦しく強引なように思われます。氏自身はこの論理で自らを納得させたようですが、それで納得してしまうことに、自らの出した結論を擁護したいという氏の志向の強さと主観性が感じられます。

(3) 旺盛で創造的な理論活動に潜む裏面としての主観的傾向

　さて、この章の冒頭で、既刊の拙著二冊のなかで書いた不破氏の所論の弱点と誤りが本書出版の一つの契機になっていると述べ、そこで書いたことの要点を再確認し、氏の認識の進め方における心配な傾向について感じた点を付け加えると述べました。その叙述を終えたわけですが、これを踏まえつつ、もう少し述べておきます。

　不破氏の業績の一つの軸となっているのが、社会科学の古典を対象とした理論活動です。それは、社会科学の古典の内容を旺盛に紹介し普及する活動だけでなく、加えて、これまで当然とされてきた社会科学の古典の命題についての批判も含んでいます。不破氏の所論に創造性が感じられるのは後者の理論活動が含まれていることが大きな要因です。言うまでもなく、エンゲルスの基本矛盾の定式が誤りだとの主張は後者に属します。

　ところが、少なくとも、この主張に関する限り、エンゲルスではなく氏の主張の方が誤りであることは確実です。この主張で氏が誤りに陥った理由は、基本矛盾の両項である「社会的生産」と「資本主義的取得」についてのエン

ゲルスの定義（規定）を氏が誤読したからです。社会科学の古典についての氏の読み方はこの問題に関しては意外なほど厳密さを欠いたものでした。そのまた背景にある理由が、自分の着想の志向する方向で探究や論理を強引に進める主観的傾向ではないかと考えます。第3節で述べたように、「資本主義的取得」についての氏の理解について言えば、客観的に見て、氏の探究が以前の氏自身の正しい見解を誤った見解へと転落させることになりました。

　社会科学の古典についての厳密さを欠く読みや自分の着想の志向する方向で探究や論理を強引に進める主観的傾向が、ここで見てきた、エンゲルスの定式への氏の批判、また、『資本論』の拡大再生産の章についての氏の理解には顕著に現れていると考えます。しかし、ここで見たのは不破氏の所論のごく一部に過ぎません。拡大再生産の章に特有の難解さのために、また、定式を規定したエンゲルスの文章にある説明不足のために、あるいは、氏に何らかの特殊な事情があったために、氏の理論的見解に、このような傾向がたまたま誘発されたのかも知れません。ですから、このような主観的傾向が不破氏の所論のすべてにあると言っているわけでは全くありません。ですが、このような主観的傾向を背景とする理論上の誤りが不破氏の所論の一部には存在することは明らかになったと思います。そして、その事実は、不破氏の所論の他の部分について同様な誤りがないかどうかを吟味することの必要性を示しています。というのも、不破氏の見解の誤りが与える影響は大きいからです。例えば、仮に私がエンゲルスの定式は誤っているという主張を公表したとしても、それは研究者の一つの見解に過ぎません。ところが、冒頭にも書いたことですが、氏が主張すると労働者教育運動では『空想から科学へ』を推奨しなくなってしまうことになるのです。

　今後、このような観点に立って、不破氏の所論について私が違和を感じたものについて、できれば機会を見て取り上げて行こうと考えています。本書では、まず検討しなければならないと考えていた氏の論文「再生産論と恐慌」（論文と言っても3冊の著作になっています）を第2章と第3章で取り上げ、第4章では、それに関わる論点についての私の見解を補足します。じつは、他にも幾つか取り上げようと思っていたのですが、この論文の検討だけで、予想を超える時間もかかり、かなりの分量になってしまいました。新しい興味深い知見も生まれたように思います。そのため、本書の副題を『不破哲三

氏の論考「再生産論と恐慌」の批判的検討』としました。

　なお、「厳密さを欠く読み」や「探究や論理を自分の着想の志向する方向で強引に進める」ことを誤りを招く原因としてのみ述べました。しかし、当然のことながら、「厳密さを犠牲にして」大ざっぱに読むことも必要です。そうしなければ、大意を掴んで多く読むことができなくなります。また、自分の着想を大切にして探究しなければ創造的な理論活動はできません。志向の強さは重要です。ただし、理論の客観性、すなわち、対象把握の客観性がその着想を実現する過程で失われれば本末転倒になります。ここで指摘した不破氏の理論活動における主観的傾向は氏の旺盛で創造的な理論活動に潜む裏面として時と場合によっては顕在化するのではないかと思います。

第2章

論文「再生産論と恐慌」の批判的検討と探究

　不破氏の論文「再生産論と恐慌―マルクスの理論形成の道筋をたどる」は、2002 年の 1 月号から 10 月号にかけて『経済』誌に連載されました（『マルクスと「資本論」』①～③に所収、前掲）。「はじめに」でも触れましたが、氏の論文に対して私が強い違和を感じたのは、この論文が最初です。10 月号に載った部分については拙著『マルクス「再生産表式論」の魅力と可能性』で批判しており、その要点については序章で紹介しました。この章で取り上げるのは、論文「再生産論と恐慌」の全体的な趣旨（＝中心的な主張）についてです。全体的な趣旨についても、これから述べますように最初から違和を感じていたのですが、氏の言おうとすることを好意的に紹介する講義なども行いました。このことも「はじめに」で触れました。当時は、氏の主張についての正否の判断を保留していたのです。

　しかし、この論文については検討せねばならなくなる機会がその後に何度かあり、全体的な趣旨についても基本点で否定的な見解をもつようになりました。他方、氏はこの論文で得た結論をもとに、あるいは、出発点として、その後の理論活動を前進させています。その点については「おわりに」で概略を素描しましたように、誤りが拡大しているように私には思えます。新日本出版社が新たに発行するようになった新版『資本論』の内容についても、この視点から検討せねばならないと考えます。そのためにも論文「再生産論と恐慌」の全体的な趣旨について改めて本格的な批判的検討を行うことが重要であると考えるに至ったのです。

第1節　論文執筆の動機としての氏の着想とミッシング・リンク

　論文「再生産論と恐慌」の執筆は『経済』誌の 2002 年 1 月号からですが、その執筆の動機となる着想について、氏は、1 年前の 2001 年の「しんぶん赤旗」紙上での「新春インタビュー」で次のように語っています。少し、長く引用

します。

（1）「新春インタビュー」で語られた執筆動機となる着想

　一つは、マルクスの資本主義批判をあらためて整理してとらえな
おしたい。……マルクスの資本主義批判は、現代にも生きて通じる
内容を豊かにもっています。……ところが、この資本主義批判に、
十分整理してつかまれているとは言えない面が、まだずいぶんある
ように感じています。そこを洗いなおす作業をやってみたい、ですね。

　とくに強い思いがあるのは、恐慌論です。マルクスの『資本論』
には、エンゲルスが舌をまいた経済学上の大発見が無数にふくまれ
ているのですが、なかでももっとも大きな発見に、第二部の再生産
論があります。これは、直接的には当時の経済学上の難問――利潤
（より正確には剰余価値）の生産を特質とする資本主義の経済が、
生産と消費、需要と供給のバランスを保ちながら、存続し運行して
ゆくことができるか、という問題にこたえたものです。

　だが、これにはもう一つの大事な位置づけがありました。恐慌・
不況というのは、このバランスが崩れることで、資本主義経済は、
釣り合いのとれた状態から、熱狂的な繁栄（バブル）の状態につき
すすみ、恐慌・不況に転落するという循環を、マルクスの時代から
今日までくりかえしています。マルクスは、資本主義の経済がなぜ
バブルと恐慌のくりかえしになるのか、を研究して、再生産論をこ
の問題にせまる理論的な土台になるものと位置づけていました。

　ところが、『資本論』第二部では、再生産論を恐慌へと結びつけ
るかんじんの分析が出てこないのです。第二部にはその部分がない。
再生産論が、恐慌の周期的な到来の仕組を解明する理論的な指針に
まで、仕上げられないままでいるといった印象が非常に深いのです。

　このことは、『エンゲルスと「資本論」』で、エンゲルスがこの部
分をどう編集したかを調べた時にも、また『レーニンと「資本論」』
で、再生産論と恐慌のかかわりについてのレーニンの問題意識を
研究したときにも、強く感じていたことでした。結論を先にいう

> と、どうもこの部分には、マルクスが書く予定でいながら書かない
> ままに終わった部分——いわゆる“ミッシング・リンク（失われた
> 環)”があるのではないか、というのが私の考えです。その問題意
> 識で、マルクスの資本主義批判の歴史を、『一八五七〜五八年草稿』、
> 『一八六一〜六三年草稿』、それから『資本論』とその草稿へと、追
> 究してみたい。やはりマルクスの考え方は、そうした歴史のなかに
> いちばん鮮明に現れますからね。(不破哲三『世紀の転換点に立って』
> 新日本出版社 69 〜 71 ページ)。

(2)「新春インタビュー」への違和感

　さて、もう 20 年も前になるのですが、この「新春インタビュー」のこの
部分を読んだときの違和感は今でも覚えています。『資本論』第二部の再生
産論には、「再生産論を恐慌へと結びつける分析」が出てこないこと、そして、
そこには「マルクスが書く予定でいながら書かないままに終わった部分」が
あることについては全くその通りであると思いました。しかし、それについ
て、『資本論』の再生産論にはミッシング・リンク（失われた環）があると
捉えることについて違和を感じたのです。

　ミッシング・リンクを探究するという語句を氏はキャッチフレーズとして
比喩的に用いているのだとは思いますが、そこには事柄の本質的な捉え方が
表現されていると考えられます。しかし、ミッシング・リンクという用語は、
ある連鎖系列が存在し、その連鎖系列にとって不可欠の中間の環が現在は失
われているというかなり限定された意味をもっています。そして、そのミッ
シング・リンクを具現する物がどこかに存在するはずであるから、それを発
見することに意義があるということを含意しています。ですから、そもそも、
「再生産論を恐慌へと結びつける分析」を『資本論』の再生産論におけるミッ
シング・リンクと捉えてよいのかという問題があると考えられます。

　すなわち、「再生産論を恐慌へと結びつける分析」は『資本論』の再生産
論における不可欠な中間の環なのかという問題がまずあります。さらに、そ
の分析はマルクスが「書く予定でいたが書かないままに終わった」と一般に
は考えられているのに、それがはたして存在するのかという問題があります。
氏は前者についてはその分析が再生産論にとって不可欠であると考えている

ようですし、後者についても、このインタビューで明言はしていませんが存在する可能性が高いと考えているようです。そう捉えているので、「再生産論を恐慌へと結びつける分析」をマルクスの諸草稿の中から見つけるというのが氏の探究のテーマになり、探究を進める着想となっています。

　しかし、「再生産論を恐慌へと結びつける分析」をミッシング・リンクとして捉えて、それを見つける（＝見つかるだろう）との「結論を先に」（探究を終える前に）言ってしまって、大丈夫なのだろうかと私は思ったのです。というのも、マルクスの諸草稿を探究した結果、知られていないマルクスの分析を発見し、その後で、その分析が『資本論』第二部の再生産論のミッシング・リンクであったことがわかった、というわけではなかったからです。

　氏はそのミッシング・リンクの候補となり得るマルクスの分析をすでに見つけていて、その裏付けがあって、こう言っているのかも知れないと思ったりもしましたが、そのような気配は氏の語った文章を読む限りありません。もし、ミッシング・リンクが見つからなかったら氏はどうするのだろうかと他人事ながら心配になったりしました。

　この点に関して氏が語ったことの要点は次のようなものでしょう。①再生産論のマルクスによる位置づけは次の二つである。（ⅰ）資本主義経済が需給のバランス（釣り合い）を保ちながら存続・運行してゆくことができるか、という問題にこたえる。（ⅱ）恐慌とは、この需給バランスが崩れることであるから、再生産論を恐慌の問題に迫る理論的土台とする。②ところが、『資本論』第二部では、再生産論を恐慌へと結びつけるかんじんの分析（＝ⅱの位置づけ）がなく、再生産論が、恐慌の周期的な到来の仕組を解明する理論的な指針にまで仕上げられていない。③この部分（＝再生産論）には、マルクスが書く予定でいながら書かないままに終わった部分（ミッシング・リンク）があるのではないか。④このミッシング・リンク（を具現したもの）をマルクスの諸草稿から探って見たい。

（3）ミッシング・リンクという用語の問題

　ミッシング・リンクという惹きつける言葉を比喩として用いて、氏の着想は魅力的に表現されています。しかし、この用語を適用する条件が成り立っているかどうかが明らかとは言えない対象に対して、その検討を行わないま

まに、この用語を適用したことが、氏の着想に歪みをもたらす役割を果たしています。先にも述べましたが、ミッシング・リンクという用語は、一般に、次の①と②の二つの条件の両方に適合するものを指して使われます。①現に存在する特定の連鎖系列にとって不可欠の中間の環である（この環によって連鎖が繋がり、この環がないと連鎖を切ることになる）もの、②現在は失われているが、以前には存在したもの（あるいは、現在は見失われているだけで存在しているもの）です。ある連鎖系列にとって不可欠な中間の環でないものはミッシング・リンクではないですし、存在したことがなかったものもミッシング・リンクではありません。氏は、この辺りを曖昧にして考えています。

　そこで、やや遠回りになりますが、この用語について少し詳しく見ておきましょう。

　ミッシング・リンク（missing link）とは「生物の系統進化において、現生生物と既知の化石生物との間を繋ぐべき未発見の化石生物」（『広辞苑』）のことです。ミッシング・リンクが発見された例としては爬虫類（獣脚類恐竜）と鳥類をつなぐ始祖鳥（の化石）が有名です。ネットで調べてみると、近年でも、キツネザルと霊長類（サル・類人猿・ヒト）とをつなぐ化石生物（キツネザルと異なり、鉤爪のない平らな指先の物を握る手を持っている）がドイツで発見されています。これらは当該の化石生物が発見されたあとで、分析・検討された結果、現生生物と既知の化石生物とをつなぐミッシング・リンクに該当するとされたものです。特定のミッシング・リンクを見つけようとして、それが発見されたわけではありません。

　「ミッシング・リンク」と「それを発見すること」との間に成り立っている関係を具体的に示す例になっていると思えたことをネットで調べたことからもう少し紹介します。ミッシング・リンクという用語は秩序ある連鎖系列のもとに神がすべての種を作ったという考えから生まれた用語だそうです。ヒトとヒトの下位にあるサルとの間には大きな隔たりがある。その隔たりは神が作った秩序ある連鎖系列としてはあり得ないほど大きい。ヒトとサルとの間には、見つかっていない両者をつなぐ中間の種があるはずだ。ミッシング・リンクはヒトとサルとのこの中間種を意味する用語であったそうです。これが原義です（ちなみに、ゴールデン・グローブ賞〔2020 年〕受賞のア

メリカのアニメ映画「ミッシング・リンク　英国紳士と秘密の相棒」においてミッシング・リンクはこの原義で使われており、ヒトとサルとのこの中間種が生存しているとの設定です）。この原義のミッシング・リンクは連鎖系列が宗教上の考えであり架空のものですから、それを「発見すること」は無理です。

　その後、ダーウィンの進化論が普及し、生物種の連鎖系列は神の作ったものでなく、進化の連鎖系列（＝系統樹）に置き換えられるようになりました。それを背景に、ミッシング・リンクは、ヒトとサルとの中間種という具体的な限定を無くしたものの連鎖系列の中間種という一般的な規定を残し、「生物の系統進化において、現生生物と既知の化石生物との間を繋ぐべき未発見の化石生物」を指す用語に転化して使用されるようになったのです。

　ただし、ミッシング・リンクは進化学説での学問上の用語ではなく、意味は厳密には規定されてはいません。例えば、平凡社の百科事典「マイペディア」は、ミッシング・リンクをヒトとサルとの中間種との限定が残されたままの、原義に近い意味で次のように説明しています。「ヒトの由来に関する進化学説の誤解から推測された、ヒトと類人猿の中間に位置する生物。ヒトが実際に進化したものなら、〈生物の連鎖〉のどこかにミッシング・リンク〈失われた環〉がなければならぬと考えられ、アマチュアを含めて多くの人たちがそれの発見に狂奔した。今日では両者は共通の祖先から出たものであっても、ヒトが類人猿の直系の子孫ではないとされる」。この意味でのミッシング・リンクも進化の連鎖系列（系統樹）の誤解にもとづいて推測されたものであったので、「発見すること」は無理でした。

　ミッシング・リンクは、その語義が「失われた環」ということですから、さらに違った意味でも使用されてもいますが、不破氏は、先に紹介した「新春インタビュー」で、『広辞苑』にあるような普通の意味でミッシング・リンクを比喩として用いていると考えられます。ミッシング・リンクという、その発見を促すことを含意する言葉によって氏の着想が上手に表現されているとは思います。しかし、「ミッシング・リンク」がここにあると指摘することと、そのミッシリングを具現したもの「発見すること」との関連については、先に具体例をあげましたが、おおよそ次のような関係が成り立っています。

まず、ミッシング・リンク（の具現物）の発見は、普通は、その具現物（化石生物）が発見された後で、それがミッシング・リンクだったと位置づけられるのです。というのは、連鎖系列のうちの、この系列のなかには失われた環（ミッシング・リンク）があると指摘することは、それを具現する化石生物がどこにあり、どこから発見されるかを予見することとは、そして、実際にそれを発見することとは別のことだからです。さらに、ミッシング・リンク（の具現物）の発見には当然の前提があります。それは、ミッシング・リンクについての把握が正しくなければならないということです。進化の連鎖系列についての正しい全体観のもとに対象となる連鎖系列を正しく把握し、その連鎖系列の中に特定の中間種が欠けているという把握、すなわち、ここにミッシング・リンクがあるという把握が正しくなされなければなりません。そうでなければ、そのミッシング・リンクを具現したものを発見することは最初から無理です。

(4) 『資本論』の再生産論のなかにはミッシング・リンクは存在しない

　「再生産論を恐慌へと結びつける分析」は『資本論』の再生産論におけるミッシング・リンクなのかという問題がそもそもあると先に述べました。氏は、『資本論』の再生産論のなかに恐慌論へとつなぐリンク（環）があるはずなのにそれがなく、ミッシング・リンク（失われた環）になっている、と語っているのですが、この考えは成り立つのでしょうか。

　『資本論』の再生産論のなかに、「再生産論を恐慌へと結びつける分析」を「マルクスが書く予定でいながら書かないままに終わった」というのは私もその通りだと考えています。ですから、『資本論』の再生産論のなかに恐慌論へとつなぐリンク（環）が本来はあるべきなのに、それがないというのは正しいと思います。問題は、書かれなかったそのリンク（環）は『資本論』の再生産論における不可欠な中間の環なのかということです。言い換えれば、書かれなかったそのリンク（環）に続くリンク（環）は書かれていて存在するのかという問題です。ミッシング・リンクの第1の条件は特定の連鎖系列における不可欠な中間の環であるということですから、この問題についてまず考えます。

　『資本論』のなかには、恐慌の解明についての理論の連鎖系列があること

はたしかです。しかし、恐慌の解明についての理論の連鎖系列と、『資本論』の理論体系の叙述の連鎖系列とは別のものです。『資本論』の叙述の連鎖は、第一部「資本の生産過程」→第二部「資本の流通過程」→第三部「資本主義生産の総過程」であり、第一部については、第一篇「商品と貨幣」→第二篇「貨幣の資本への転化」→第三篇「絶対的剰余価値の生産」→第四篇「相対的剰余価値の生産」→第五篇「絶対的および相対的剰余価値の生産」→第六篇「労働賃金」→第七篇「資本の蓄積過程」、となっています。ごく大まかに言えば、商品生産を基盤に生みだされた資本が自らを生産・拡大し、さらに再生産し、自己を生みだした商品生産を支配する運動様式をつくり出す過程が論理的に叙述されています。マルクスは第一部を自分で完成させたものの、第二部「資本の流通過程」と第三部「資本主義的生産の総過程」については完成させずに亡くなったのですから、『資本論』のこの叙述の連鎖系列が完結していないことは明らかなのですが、その連鎖系列は繋がっており、欠けた環はないように考えられます。

　他方、恐慌の解明についての理論の連鎖系列についても『資本論』の叙述のなかにある連鎖系列です。しかし、この連鎖系列は、『資本論』の理論体系の叙述が段々と進むごとに、恐慌と関係がある場合についてはその段階で明らかにするべき必要な事柄を叙述し、最後に、おそらく恐慌という項目を立てて、恐慌の実態と意味、そして、これまで叙述してきた系列の連鎖の全体を振り返ってまとめる。――このような叙述をするというのがマルクスの構想であったと考えられます。

　実際、この連鎖系列の途中までは『資本論』のなかに書かれています。しかしながら、『資本論』第三部には、利潤論や信用論では恐慌についての叙述がありますが、恐慌それ自体を取り上げた項目はありません。そして、『資本論』の叙述においてマルクスが最後に書いた箇所が第二部の再生産論ですが、この再生産論を恐慌に結びつける分析はありません。ですから、恐慌解明についての理論の連鎖系列の叙述は後半部分を書けないで終わったと考えるのが妥当です。書かれた連鎖系列のなかには欠けた環はないようと考えられます。

　「再生産論を恐慌へと結びつける分析」が恐慌解明についての理論の連鎖系列の失われた中間の環と言えるためには、それが繋げる前後の環が実在す

ることが必要ですが、いま述べてきた捉え方が正しいとすれば、後ろの環（恐慌についての総括的項目）が書かれていないのですから、恐慌解明についての理論の連鎖系列の失われた中間の環とは言えません。

　以上に述べたように、恐慌解明についての理論の連鎖系列において不可欠の中間の環だからと言って、『資本論』における叙述の連鎖系列において不可欠の中間の環であると言えるとは限りません。

　「新春インタビュー」で、氏は、『資本論』の再生産論についてのマルクスによる位置づけは次の二つである、としています。（ⅰ）資本主義経済が需給のバランス（釣り合い）を保ちながら存続・運行してゆくことができるか、という問題にこたえる。（ⅱ）恐慌とは、この需給バランスが崩れることであるから、再生産を恐慌の問題に迫る理論的土台とする。

　しかし、『資本論』における再生産論の位置づけを『資本論』の理論体系の叙述に即して捉えますと、氏の語るような（ⅰ）と（ⅱ）の位置づけが与えられているわけではありません。『資本論』第二部は資本の循環過程（流通過程）の把握がテーマです。個別資本の循環については把握し終えた。総資本（社会的総資本）の循環を把握することが次の課題だという位置づけで、書かれているのが再生産論（＝「社会的総資本の再生産と流通」）なのです。総資本の循環を把握するという、理論体系上で義務づけられた中心的な課題は『資本論』の再生産論で見事に果たされています。（氏の言うⅰの位置づけも結果として達成されています。そして、この再生産論の中では幾つかの箇所で恐慌への言及もなされていますが、ⅱの位置づけについては達成されていません）。ですから、『資本論』の再生産論には恐慌論へとつなぐ環が欠けてはいますが、それを『資本論』の再生産論における不可欠の中間の環（ミッシング・リンク）であると言うことはできないのです。

　（なお、『資本論』の再生産論の位置づけについての氏のこの捉え方には、「マルクスを歴史的に見る」という方法の問題点――問題の探究・解決の叙述を理論体系の叙述と同一視する傾向――が反映されているのですが、これについては第3章第1節で取り上げます）。

　加えて、ミッシング・リンク（失われた環）の第2の条件はそれが存在したことがある（あるいは存在している）ということです。存在したことがあるから「失われた」のです。この観点から、「再生産論を恐慌へと結びつけ

る分析」はミッシング・リンクなのかという問題について見ると、これに関連する叙述を行なうとのマルクスの構想が存在したことは確かです。しかし、それが書かれたかどうかは不明ですから、「失われた」（ミッシング・リンク）と言うのには無理があります。

　しかし、私も、再生産論は恐慌を解明するためにもっと展開することができるし、マルクスもそう構想していたと考えているので、再生産論と恐慌論とをつなぐ何らかの重要なマルクスの分析が氏の探究によって見つかるかも知れないとの期待はありました。これが見つかるとすれば、たしかに内容上は再生産論を恐慌論へとつなぐ中間の環になります。それは、『資本論』の再生産論を恐慌の解明に向けてさらに展開するような分析であり、『資本論』の再生産論の項に収録し得るということになります。

　しかし、もし見つかるとしても、それは『資本論』の再生産論の体系上でのミッシング・リンクにはなりません。なぜなら、それは『資本論』の再生産論を補完、または、展開するための環であり、再生産論において体系上不可欠なのに欠けている中間の環にはならないからです。

　『資本論』の再生産論の不可欠の中間の環ではないということは、『資本論』の再生産論を完結させるために、どうしても必要な分析ではないとも言えます。そう考えたので、草稿のなかに、そのような分析が存在する可能性はかなり低いとも思いました。もし見つかれば再生産論をさらに充実させる分析ということになりますが、これまでの既存のマルクス研究では見つかってはいないので、見つかるのすれば、よほど運が良ければの話であろうと思ったわけです。

　しかし、この点についての私のこの予想は、氏の論文をこの章で詳しく検討した結果から見ると、外れた部分もありました。氏は、「再生産論を恐慌へと結びつける分析」の全体（ミッシング・リンクの具現物）も、その中心部も見つけることはできませんでした。しかし、再生産論と「生産と消費との矛盾」とを結びつけることに繋がるマルクスの叙述の一端（第2章第4節の【探究】参照）を含むマルクスの叙述を、氏は、掘り出していたのです。ただし、氏は、その部分とその含意には全く注目していませんので、見つけたとは言えないのですが。したがって、氏の論文の主軸となる主張とも無関係です。

本書のこの章を書くために、氏の論文で注目されている（掘り出されている）マルクスの叙述を詳しく読む前には、じつは、この論文の主軸となる主張について、もともと無いミッシング・リンクの具現物を見つけようとして失敗しているという評価で済むと考えていました。そうならなかったのは嬉しい誤算でした。改めて考え直してみますと、「再生産論を恐慌へと結びつける分析」に関連する叙述をマルクスが書く構想を持っていたということの意味の把握が不十分でした。構想を持っていたということは、全体を書くことはできなかったにしても、それに繋がる部分的な叙述は草稿のなかに残されている可能性はあるということですから。この点に関して、氏は、書かれなかったマルクスの構想に着目し、それが書かれたはずだと考えて、マルクスの草稿を時系列に沿ってすべて読んで、それを探すという努力を行ったわけです。その努力には正当な根拠があったということになります。

(5)ミッシング・リンクを具現する分析がマルクスの草稿から見つかるとの着想はエンゲルスの編集が誤りだったとの見解を含意する

　もう一つ、氏が『資本論』の再生産論にあるミッシング・リンクの具現物をマルクスの草稿から見つけると言っていることに含意される問題があります。先に、ミッシング・リンクが連鎖系列のここにあると指摘することと、その具現物がどこにあるかを指摘することは別のことであるとの趣旨を述べました。

　それがマルクスの草稿のなかにあるはずだと氏が考えた理由は、「新春インタビュー」では必ずしも明言されてはいませんが、ミッシング・リンク（再生産論のなかにあるはずなのに欠けている恐慌論へとつなぐ環）は『資本論』の再生産論にとって不可欠なものなのであるから、それをマルクスは必ず研究し草稿に残しているはずだということだと読めます。この論理は現行『資本論』の再生産論にミッシング・リンク（失われた必要不可欠の中間の環）があるという主張が正しければ成り立ちます。ミッシング・リンクという用語が化石生物を対象としてではなく、マルクスの『資本論』の再生産論を対象として比喩として用いられているため、マルクスの再生産論にはミッシング・リンクがあるという指摘と、その具現物がマルクスの草稿の中にあるという指摘とが直結し、別ものではなく一体のものになっているわけです。

しかし、『資本論』第二部の再生産論にミッシング・リンクがあるという主張がもし正しいとして、仮に、それがマルクスの草稿のなかで見つかるとします。そうなったとすれば、草稿を編集して『資本論』第二部を仕上げたエンゲルスがマルクスの草稿のなかの重要な分析を見落としてミッシング・リンクにした（『資本論』の再生産論を中間項を飛ばして編集した＝再生産論の連鎖系列に穴をあけた）ということになります。ですから、不破氏の着想が実現すれば、エンゲルスの編集に欠陥があったという主張になることは論理上の必然でした。ただ、不破氏の着想にエンゲルスの編集への批判が含意されていることについては、「新春インタビュー」を読んだ当時は気がつきませんでした。

(6) 論文「再生産論と恐慌」のもつ主観的な性格

当時は、見つからなかった場合、どうするのだろうかとの余計な心配をしたのですが、この章の冒頭に述べましたように、論文「再生産論と恐慌」がこの着想のもとに進められたその後の氏の探究の結果です。その要点を述べると、氏はこのミッシング・リンクを具現するマルクスの分析の中心部分をマルクスの草稿の中に見つけたとしています。もう少し具体的に言えば、『資本論』第二部の再生産論のなかには「再生産過程の攪乱」という項目が位置づけられ、その内容の中心となるのは「流通過程の短縮」という新しい運動形態であったと主張しています。この点に関する叙述は『資本論』第二部の第一草稿の中にあり、エンゲルスはその第一草稿を『資本論』第二部の編集に全く用いなかったため、現行の『資本論』第二部の再生産論にミッシング・リンクが生まれたというわけです。

氏が真面目に探究の努力を行ったことは疑うことはできません。しかし、もし、氏の言うことが正しいとするならば、マルクス理論についての新説であるだけでなく、現行の『資本論』について部分的な訂正を迫るものになります（新日本出版社の新版『資本論』はこの延長線上に実現したものと言えるでしょう）。氏のこの主張は正しいのでしょうか。氏が見つけたとするミッシング・リンクの具現物について、いまごく簡単に紹介しましたが、詳しい紹介を含めて、論文「再生産論と恐慌」でのこの主張に焦点をあてて以下の第2節〜第7節で検討を行います。この検討の結論を先に言えば、氏のこの

主張を私は正しくないと考えます。その結論も先取りして、第1節のこの段階で言えることとして、顕著に現れているこの論文の性格を予め述べておきましょう。

　「厳密さを欠く読み」や「自分の着想の志向する方向で探究や論理を強引に進める」という主観的傾向に陥ることが氏にはあることを第1章で見ました。着想の実現を強引に志向する氏のこの主観的傾向が論文「再生産論と恐慌」における主張にも出現しています。というのは、『資本論』第二部の再生産論にはミッシング・リンクがあり、それに該当する分析がマルクスの草稿のなかに見つかるはずだという氏の着想は、それを実現するには、これまで述べてきたような客観的な困難さがあります。それにもかかわらず、氏は、論文「再生産論と恐慌」において、氏の探究によって、該当する分析の中心部分を実質的に見つけたとし、エンゲルスの編集はこれを見落としたとしているからです。

　氏の着想が氏の想定どおりに比較的順調に実現できたように見えるのは、求められる客観的な検証や全面的な検討を疎かにして、自らが志向する思考の道筋だけに頼って強引にこの結論を出したからであると考えられます。氏は自分の着想を自分の主観の中で実現させているのです。

　ミッシング・リンクの中心部分に該当するものだと氏が主張する『資本論』第二部の第一草稿の中にある叙述（「流通過程を短縮する形態」についての分析）は、『資本論』を編集したエンゲルスも読んでいた叙述であり、『資本論』の再生産論ではない箇所にその主要部が書かれているものです。氏はその叙述に注目して独自の新解釈をおこなって、ミッシング・リンクに該当する分析の中心部分はこれだという独自の意義づけを加えたのです。見つけたというのはそういうことです。しかし、その新解釈と意義づけは客観的なものではなく、マルクスの叙述を無自覚のうちに曲解している主観的なものなのです。（ただし、先にも述べたように、第一草稿の中にあるこの叙述は氏の解釈とは異なった意味で重要な意義を持っていました。この点についてはここでは触れません）。

　『資本論』第二部の再生産論におけるミッシング・リンクを見つける探究の旅に出るというような言い方を氏はしていました。氏は、このように大筋を設定し、マルクスの草稿と『資本論』をそれが書かれた時間的順序に沿っ

て読んで行きます。論文「再生産論と恐慌」の副題も「マルクスの理論形成の道筋をたどる」です。論文といっても、『経済』誌に10回連載され、3冊の著作にまとめられている大作です。その大部分はマルクスの叙述の紹介と解読・解説です。それらの大部分の多くは正確で客観的であり、学ばされることも多々あります。また、マルクスが『資本論』をどういう道筋を辿って執筆したかを大づかみにするのに役立ちます。

　しかしながら、その大筋に貫かれている主軸については、自らの着想の実現を志向する方向で、マルクスの叙述を探究し読んでいるように捉えられます。そして、とりわけ、ミッシング・リンクに該当する分析の中心部分だとするマルクスの叙述については無自覚の曲解が明らかになされています。こうして、自らの着想にもとづき、マルクスの叙述の歴史的流れの中から材料を見つけだし、その着想の基本部分を実現させる方向で論文の主軸が書かれているのです。

　この主軸を構成する氏の見解のなかにも積極的な意味をもつ見解がかなり含まれてはいます。しかし、全体としての性格は自らの着想を強引に実現しようとする志向の強さです。このことに氏のもつストーリーテラーとしての論理能力と創作能力が発揮されているように思います。氏自身も大きな発見をしたと思い込み（＝無自覚のうちに自分自身を騙し）、迫力をもって論を展開しています。その結果として、読者もよほど注意して読まないと説得されてしまいます。このような性格をもつ論文だと考えられるのです。

第2節　マルクスの「覚え書」についての論文冒頭での議論

　前節では、論文「再生産論と恐慌」の執筆が始まる1年ほどに前に氏が語った着想について検討しました。論文「再生産論と恐慌」は『経済』誌の2002年1月号から連載が始まり、10月号で完結します。その1月号で、先に私が引用した「新春インタビュー」とほぼ同じ箇所を氏自身が引用して、これからの連載論文をその着想にもとづいて進めることを再確認し、次のように述べています。

　　そういう思いから、私は、再生産論と恐慌論とを結びつける "失

われた環"を探究し、この問題に自分なりの答えを見出すために、マルクスの再生産論・恐慌論の形成と発展の過程を歴史的にたどりなおそうという、今回の志をたてたのでした。(『経済』2002年1月号、148ページ、『マルクスと「資本論」』①、41ページ)。

具体的にはそれを次のように行うとしています。

　　実際には、現行の『資本論』は、第一部から第二部、それから第三部へと順序よく書かれた著作ではありません。現行の『資本論』のもとになった原稿についていえば、いちばん最初に書かれたのが第三部(1863～65年)、そのあとで第一部の完成稿(1866～67年)、最後に第二部が書かれた(エンゲルスが利用した第二～第八草稿は1865～81年執筆)というのが実際の順序であって、第四部にあたる『学説史』の執筆は、その全体に先行するものです(1862～63年)。このように『資本論』の各部は、執筆の年代からいえば、その構成とは違った時間的序列をなしていて、それぞれに、その時点でのマルクスの理論的な到達点が反映しています。今回の研究では、マルクスの理論形成の過程をその実際の歩みにできるだけ忠実にたどるために、これらの草稿と『資本論』そのものとを、それが執筆された時間的順序にしたがって読んでゆきたい、と思います。(同前、150ページ、44ページ)。

　そして、1月号では、『ロンドン・ノート』(1850～53年)の中の小論「省察」(1851年)と『一八五七～五八年草稿』の前半部分についての氏の読みが提示されています。また、1月号に示された目次予定では、その後、『一八六一～六三年草稿』→『資本論』第二部・第一草稿→『資本論』第二部→『資本論』第三部の順序で読むとされていました。論文「再生産論と恐慌」は10月号で完結するのですが、結果としては順序と対象がやや変更され次のようになっています。『一八五七～五八年草稿』の後半部分(2月号)→『一八六一～六三年草稿』(3月号と4月号)→『資本論』第二部・第一草稿(5月号)→『資本論』第三部(6月号と7月号)→『資本論』第一部(8月号)→『資

本論』現行第二部（8月号と9月号と10月号）。

　このように論文「再生産論と恐慌」は、氏が、再生産論と恐慌論とを結びつける"失われた環（ミッシング・リンク）"を探すことを主軸にして、マルクスの叙述をその書かれた順序にほぼしたがって読んだ結果が述べられていくという展開になっています。普通の発表論文と異なるのは、論文を書き終えていないうちに論文の連載が始まっているということです。良い点もあるとは思いますが、月刊誌の連載小説のようだと感じました。それはともかく、氏が読み進めたマルクスの叙述のそれぞれには興味深いことや学ばされることも書かれています。しかし、問題はミッシング・リンクを発見したという主軸についての議論です。ここでは、この主軸にかかわる氏の主張に絞って検討します。

（1）　ミッシング・リンクとマルクスの「覚え書」

　さて、ミッシング・リンクの発見とは、特定の連鎖系列の中に失われている環（中間の環）があることを前提にして、その失われた環の具現物を発見することです。留意すべきことは、特定の連鎖系列において失われている中間の環があることを明らかにすること（あるいは指摘すること）自体が一つの発見と言えます。ですから、ミッシング・リンクの発見は、「失われた環があることについての発見」と「その具現物の発見」との二つの発見から成ります。同様なことはすでに第1節で述べました。

　新春インタビューの中で、氏は、『資本論』の再生産論には、再生産論と恐慌論とをつなぐ環が失われているのではないかと語っていますが、これは「失われた環があることについての発見」に相当します。第1節で、私は、『資本論』の再生産論には体系上の失われた中間の環はないと主張しました。この点について、論文「再生産論と恐慌」では、1月号の冒頭に、マルクスの草稿についての探究を始める前に取り上げられ、議論が前進させられています。どういうことかというと、『資本論』第二部（の再生産論の篇）で再生産論と恐慌論を結びつける環を書くつもりであったとマルクス自身が言明していることについての強調です。マルクスの二つ文章が上げられています。まず第1の文章はマルクスの『覚え書』ですが、これについての氏の叙述をやや長く引用します。

マルクス自身、第二部第二篇の草稿に書きこんだ「覚え書」のなかで、「生産と消費との矛盾」から恐慌が生みだされる問題について、これを第二部自身のなかで論じるという構想をはっきり明記しています。

　この「覚え書」は、「将来の仕上げのために」書き込んだもので、エンゲルスはそれを「注」として第二部の編集に取り入れました（「第二篇　資本の回転」「第一六章　可変資本の回転」）。エンゲルスはこの"注"の冒頭に、「草稿では、将来の仕上げのために次のような覚え書きがここに書き込まれている」と前置きして、マルクスの「覚え書」を紹介しています。（同前、144ページ、33〜34ページ）。

ここでもその紹介を引用することにします。

　　資本主義的生産様式における矛盾。商品の買い手としての労働者たちは、市場にとって重要である。しかし、彼らの商品——労働力——の売り手としては、資本主義社会は、それをその最低限の価格に制限する傾向をもつ。——さらに次の矛盾。資本主義生産が全潜勢力を発揮する時代〔限界点に達するまで生産する——草稿から。不破〕時代は、決まって、過剰生産の時代であることが明らかになってくる。なぜなら、生産の潜勢力はそれによってより多くの価値が生産されるだけでなく、実現もされうるようには、決して充用されえないからである。商品資本の実現（商品の販売）、したがってまた剰余価値の実現は、社会一般の消費欲求によって限界づけられているのではなく、その大多数がつねに貧乏であり、またつねに貧乏であらざるをえないような一社会の消費欲求によって限界づけられている。とはいえ、まず第一に、このことは、次の篇に属する。

（『資本論』⑥ 499ページ）

（なお、この部分は、『資本論』からの不破氏の引用の再引用ですが、新日本新書版の『資本論』が使われています。以下、『資本論』からの引用は新

日本新書版の『資本論』を用います）。

　続けて、氏は、マルクスのこの『覚え書』の文章について次のように述べます。

　　　この文章では、「資本主義的生産様式における矛盾」がどうして「生産と消費との矛盾」として現れるかが簡潔に指摘され、そこに恐慌（過剰生産）の基礎があることが示されています。そのうえで、マルクスは、その分析と解明が「次の篇に属する」ことを注記しているのです。

　　　この「覚え書」が書かれたのは、第二部の「第二篇　資本の回転」の終わりに近い部分ですから、そこで「次の篇」といえば、「社会的総資本の再生産と流通」、つまり、再生産論を論じる第三篇にほかなりません。したがって、この文章は、マルクスが第二部を完成するさいには、「生産と消費との矛盾」が再生産過程でどういう働きをするかについて、再生産論の篇でたちいった論及をする予定でいたことを想定するものです。そこでは、この矛盾が再生産過程の「正常な進行の諸条件」をどのように攪乱して、これを「異常な進行の諸条件」に転化させ、恐慌を現実のものにするか——そのことが考察されたに違いありません。

　　　しかし、現行の第二部第三篇には、そうした考察はまったく含まれていません」（同前、144〜145ページ、34〜35ページ）。

　マルクスのこの「覚え書」については、「次の篇」が第二部第三篇を指すのか、それとも第三部を指すのかについての論争がありましたが、第二部第三篇を指すということで決着がついたようです〔この点は、『資本論体系４　資本の流通・再生産』〔有斐閣、1990年〕290〜296ページ、「第2部第2篇註32の「覚え書」における「次のAbschnitt」、および、〔補説〕(1)」を参照してください〕。

　第１の文章についての氏のこの主張について私も賛同します。マルクスの第２の文章は、『剰余価値学説史』のなかの次の文章です。

> 　再生産過程と、この再生産過程のなかでさらに発展した恐慌の基礎とは、この項目そのもののもとでは、不完全にしか説明されないのであって、『資本と利潤』の章でその補足を必要とする。
> 　　　　　　　　（『剰余価値学説史』全集26 Ⅱ 693 ～ 694 ページ）

　この文章について氏は次のように述べています。

> 　この文章で、最初に「この項目」と呼んでいるのは、資本の流通過程または再生産過程を扱う「項目」、つまり現行の第二部のことで、つぎに出てくる「『資本と利潤』の章」というのは、現行の第三部のことです。つまり、マルクスは、恐慌論を、第二部の再生産論のところで「不完全」ながら本格的に扱い、それを第三部で「補足」するという構想を、この段階ですでに明確にもっていたのです。（同前、145 ページ、36 ページ）。

　第二部では不完全な説明しかできないので第三部で補足する対象を、氏は、恐慌論としています。しかし、マルクスの第2の文章では、正確には、「恐慌論」ではなく、「再生産論と再生産論のなかで論じられる恐慌論」と書かれています。この点には留意が必要です。また、「本格的に扱う」という言葉は幅がありますので、ここでは、この点については何とも言えませんが、マルクスが再生産論のなかで恐慌の問題を論じるつもりでいたと読めることは確かです。（なお、マルクスのこの文章をどう読むかについては、第7節で、再度、問題にします）。

　マルクスのこの二つの文章について、このように述べて、氏は次のように結論します。

> 　この二つの文章を考え合わせると、第二部で再生産論と恐慌問題の関連を論じるという構想は、「覚え書」を執筆した時点での一時的な思いつきではなく、マルクスがかなり早い段階から持ちつづけた『資本論』の基本的な構想の一部をなすものであったことが推察されます。（同前、145 ページ、36 ページ）。

氏のこの推察にも賛同します。ここまでは納得です。

（2）「覚え書」の構想＝『資本論』の"空白"部分？

　氏はさらに続けます。

　　　『資本論』の執筆過程をふりかえると、マルクスが『資本論』の
　　不可分の内容をなすものとして予定しながら、結局は書き上げられ
　　ないで残されたいくつかの"空白"部分が残っていることが、分か
　　ります。いま述べた第二部の「注」に書き残された構想と現行『資
　　本論』の実際の内容との矛盾なども、その"空白"部分にかかわる
　　と見て、間違いないでしょう。そして、この"空白"は、再生産論
　　を"生産と消費との矛盾"の考察に結びつけるカギをなすものであ
　　り、マルクスの恐慌論にとって特別に重要な位置をもつことが予想
　　されるものです。（同前、146ページ、36～37）。

　ここで氏は『資本論』についてのマルクスの構想や執筆予定を基準にして、現行の『資本論』に欠けている部分を"空白"部分と呼んでいます。対象にどういう呼び名をつけるかは本人の自由とも言えますが、普通の用語法とは異なっていて事実誤認を招くような呼び名は使わない方がよいと思います。

　というのは、普通の用語法では、『資本論』の"空白"部分とは、『資本論』自体（『資本論』の理論体系）から見て『資本論』に欠けている部分（内的欠落）を指します。著者であるマルクスの構想や執筆予定からみて欠けている部分を指して用いることはないからです。一般的に言えば、著書を書き上げる過程を通して、あるいは、ある段階で著者がもっていた構想や執筆予定はそのまま実現する場合もあるし、変更されたり、やり残されたりもします。ですから、それらを基準にして著書に"空白"部分があるとかないとかは言えません。

　少し補足しますと、『資本論』の理論の特徴と魅力は非常に厳密な論理展開によって対象とする資本主義生産の現実を解明していることです。しかし、資本主義生産の現実のすべての対象を扱うことはできないことはもちろんで

すから、資本主義生産の現実の解明という課題から見れば取り上げられていない "空白" 部分があることはあまりにも当然のことです。これを "空白" 部分とは言えませんから、『資本論』の "空白" 部分と言えば、『資本論』では取り上げられていない未解明の部分を指すのではなく、『資本論』における理論の展開における論理的な "空白" 部分を指します。したがってまた、『資本論』に "空白" 部分があると主張することは、『資本論』の理論に内的な空白（欠落）部分があることを主張することになります。

　資本主義生産の現実から何を取り出して、どういう順序で解明するかについての構想をマルクスは幾つか書き残していますが、そこで取り上げられている項目が『資本論』で取り上げられていないからと言って、それがそのまま『資本論』の "空白" 部分になるとは言えないこともいま述べたことから明らかです。しかし、マルクスの『資本論』構想にあって現行の『資本論』にない部分が『資本論』の理論体系における内的な欠落部分になっているとすれば、この限りではありません。現行の『資本論』の二部と三部はマルクスによっては仕上げられずにエンゲルスが残された原稿を編集して仕上げたものです。マルクスの構想にあって現行の『資本論』にない部分が『資本論』の理論体系における内的な欠落になっている場合もないとは言えません。この点には注意して検討する必要があると思います。

　さて、「覚え書」（第二部の「注」）の構想が『資本論』に実現していないことは事実です。しかし、それが、『資本論』における、普通の用語法での "空白" 部分になっているかどうかについては『資本論』の理論体系に即して検討してみなければなりません。ところが、上記の引用文では、氏は、その部分を検討なしにそのまま『資本論』の "空白" 部分と呼んでいます。著者の構想のうち著書に実現しなかった部分をその著書の "空白" 部分という呼び名をつけたのだという意味では、そう呼ぶことはできます。そのため、「覚え書」の構想＝『資本論』の "空白" 部分、が成り立ちました。右辺の、"空白" 部分は氏独自の用語法での "空白" 部分（マルクスの構想にあって『資本論』にはない部分）です。ところが、氏自身の思考のなかでも、この "空白" 部分が普通の用語法での "空白" 部分に転化して行くのがわかります。『資本論』の理論体系における "空白" 部分を意味するものとしても用いるようになって行くからです。氏は先の文章に続けて次のように述べています。

この“空白”を埋め、恐慌論という角度から、『資本論』第二部
　と第三部との関係をあらためて見直すことは、『資本論』での恐慌
　論の展開とその組み立てを考えるうえでも、さらには『資本論』全
　体の流れをとらえるうえでも、新しい展望をひらく意味をもちうる
　のです。(同前、146 ページ、37 ページ)。

さらに、この文章に続けて「新春インタビュー」を引用し、こう述べます。

　　ここで「マルクスが書く予定でいながら書かないままに終わった
　部分」というのが、いま説明してきた再生産論を恐慌と結びつける
　“空白”部分のことで、いわば理論的な連鎖のなかで“ミッシング・
　リンク”と呼ばれるべきものです。(同前、147 ページ、39 ページ)。

　氏のこれまでの叙述の要点は次のようになるでしょう。
　「覚え書」の構想は、〈マルクスの構想にあって『資本論』にはない部分＝
規定 A〉であり、『資本論』の“空白”部分である。ところで、『資本論』の“空
白”部分とは、〈『資本論』の理論体系における内的な欠落部分＝規定 B〉で
もあるから、「覚え書」の構想は、ミッシング・リンクと「呼ばれるべきもの」
である。
　氏の見解のこの要点に対する私の批判の要点も述べておきましょう。
　①「覚え書」の構想は、〈マルクスの構想にあって『資本論』にはない部
分＝規定 A〉である。；この命題①については、成り立っていますし、また、
実際の事実を表現しています。
　②『資本論』の“空白”部分とは、〈『資本論』の理論体系における内的な
欠落部分＝規定 B〉のことである。；この命題②は、普通の用語法として成
り立ちます。しかし、この命題が普通の用語法での言葉の定義として成り立
つからと言って、『資本論』の“空白”部分が現行『資本論』に実際に存在
するかどうかについてはわかりません。
　③『資本論』の“空白”部分とは、マルクスの構想にあって『資本論』に
はない部分＝規定 A〉である。；『資本論』の“空白”部分とは、一般的には (普

通の用語法では)、〈『資本論』の理論体系における内的な欠落部分＝規定 B〉を意味し、『資本論』についてのマルクスの構想を基準にしての欠けている部分を意味しません。ですから、この命題③は一般的には成り立ちません。

　しかし、氏はこの命題③を言葉の定義として成り立たせました。マルクスの『資本論』構想にあって『資本論』にない部分を『資本論』の"空白"部分と呼ぶ（定義する）ことはできるからです。もし、強いてそう呼ぶ場合には、『資本論』の"空白"部分を〈『資本論』の理論体系における内的な欠落部分＝規定 B〉の意味で使ってはなりません。すなわち、普通の用語法として成り立っている命題②を成り立たせてはなりません。『資本論』の"空白"部分という用語を規定 A と規定 B という異なる二つの意味で使用することになるからです。

　命題②も成り立っているとする氏は『資本論』の"全白"部分という用語を異なる二つの意味で使用しているのです。そうすることによって、言葉の定義として成り立っていた命題②を実際に存在するものとして成り立たせたのです。

　すなわち、現行の『資本論』には、マルクスの構想にはあるのに、ない部分がある。これは現行『資本論』に"空白"部分が存在するということである。『資本論』の"空白"部分とは、『資本論』の理論体系の欠けている部分（＝ミッシング・リンク）を意味するのだから、現行『資本論』にはミッシング・リンクが存在する。――まさに、言葉の魔術ですが、着想の実現を志向する氏はそれと自覚しないで使って自らをも騙しているのです。

　こうして、「ミッシング・リンクの具現物」があるかどうかは別にして、「ミッシング・リンクがあるということ」については文句なく明らかにしたと氏は考えたと思います。現行『資本論』第二部の再生産論には理論的な空白部分（＝再生産論を恐慌に結びつける分析の空白）が存在し、それがミッシング・リンク（失われた環）になっていることが論証されたと考えたのです。

　論文冒頭でのこの議論以降に氏の論文から"ミッシング・リンク"という用語は消えて、それに代替して、理論的な"空白"、"空白"部分、"空白領域"などの用語が使われるようになります。マルクスの『資本論』構想にあって現行『資本論』にない部分を現行『資本論』の空白部分（理論的空白部分）と呼ぶことができるようになったからだと思います。そして、「ミッシング・

リンクの具現物」の発見については、マルクスの草稿から現行『資本論』の空白部分についての叙述（分析）、あるいは、それを埋める叙述（分析）を見つけるという内容の表現になって行きます。しかし、ミッシング・リンクを探すという論理は貫かれていますので、私の方は必要に応じてこの用語を使い続けます。

(3)「覚え書」の内容が仮に書かれていたとしても、それは『資本論』の"空白"を埋めるものではなく、『資本論』を補完・展開するものである

　先に述べましたように、ミッシング・リンクの発見は、「失われた環があることについての発見」と「その具現物と発見」との二つの発見から成ります。論文「再生産論と恐慌」では、草稿についての探究を始める前に、「失われた環があることについての発見」に関する議論が前進させられている。私はこう述べて、氏のその議論について見てきました。

　その中心となる主張は「覚え書」の構想が現行『資本論』では実現していないが、それが『資本論』の理論的な空白部分であり、ミッシング・リンクであるということです。「覚え書」の構想とは氏が要約して述べているように「"生産と消費との矛盾"から恐慌が生みだされる問題について、これを第二部自身のなかで論じるという構想」です。

　「新春インタビュー」での氏の見解は、『資本論』の再生産論には、再生産論と恐慌とを結びつける"ミッシング・リンク"があるということでした。ですから、論文「再生産論と恐慌」の冒頭部分での議論の前進は、再生産論において、再生産論と恐慌とを結びつける叙述を行うという構想をマルクス自身が「覚え書」で述べており、これが『資本論』第二部再生産論の空白部分でありミッシング・リンクだということです。しかし、前項で述べたように、「覚え書」の構想を『資本論』の空白部分と呼んで、ミッシング・リンク（理論的空白部分）と同じだとするのは誤りです。ですから、現行『資本論』には「失われた環があることについての発見」に関する議論は本質的には前進してはいません。

　また、ミッシング・リンクの「具現物の発見」については、マルクスの「覚え書」の構想への着目によって、その構想の具現物を発見することへと前進したかのように見えます。しかし、『資本論』にミッシング・リンクがある

という発見がまだなされていない（論証されていない）のですから、その「具現物の発見」をすることは、その前提がなお未成立です。仮に、「覚え書」の構想の内容が書かれていたとしても、第1節の（4）で述べたように、それは『資本論』の空白を埋めるものではなく、『資本論』を補完・展開するものになると考えられます。

第3節 「『資本論』の空白部分」（再生産論を恐慌に結びつける分析）を埋めるものとして、まず見つけたものは何か

　マルクスの草稿についての氏の探究を検討する前に、論文「再生産論と恐慌」の冒頭（1月号掲載分の前半）で行われている氏の議論について見てきました。

　マルクスの「覚え書」を根拠にしたもので、『資本論』の再生産論にはマルクスの構想にあるのにない部分がある。それは「再生産論を恐慌に結びつける分析」である。——氏はそれを「『資本論』の空白部分」と呼び、さらには、それを『資本論』の理論体系の内的な空白部分と同一視しました。これがミッシング・リンクだというわけです。（「『資本論』の空白部分」とは前節（2）で述べたように氏による不適切な呼び方ですので、以下「　」を付けて表現することにします）。

　ここからは、「『資本論』の空白部分」（再生産論を恐慌に結びつける分析が再生産論を叙述した第二部第三篇にないこと）にかかわる叙述（分析）についてマルクスの草稿を探究する氏の議論についての検討に入ります。すなわち、ミッシング・リンクを具現するものについての氏の探究の結果の検討になります。氏は何を見つけたのでしょうか。

　この探究はマルクスの草稿を書かれた時間的順序に沿って氏の問題意識をもとに読んで行くというものですから、かなりの量の叙述となっています（「再生産論と恐慌」は著作三冊分です）。氏の叙述に沿って私の見解を述べた方が検討結果の全面的な論述にはなるのですが、それには紙幅が必要ですし焦点がぼけます。そこで、議論の主軸となっていると考えられる氏の叙述のみを、書かれている順序ではなく、論点に従って取り出して検討することにします。主軸になっている議論とは、いま述べたように、「『資本論』の空

白部分」を埋めることができるマルクスの叙述を草稿の探究によって実際に発見することです。したがって、検討の対象となるのはその議論が正しいかどうかです。

　ここまでは主として氏の論文の枠組みについて論じてきましたが、ここからは、「『資本論』の空白部分」を埋める叙述を見つけたとする氏の主張が、具体的には、どのような内容であって、どこに問題点があるかの検討になります。第3節〜第7節と続く、これからの議論の大筋を予め短く述べておきましょう。

　この第3節では氏が見つけたとする事項について取り出します。一つは、「再生産過程の攪乱」という項目をマルクスが再生産論のなかで書く構想をもっていたことです。二つは、「流通過程の短縮」という運動形態についての氏による独自の新解釈と意義づけです。これが氏の「発見」の核心になりますので、氏の捉え方について説明します。

　その次の第4節では、マルクスの叙述から氏が引き出した「流通過程の短縮」という規定は該当するマルクスの叙述から見て、不適切であることを明らかにします。そして、正確には、個別資本が商人に商品を販売した場合の「Ｗ′—Ｇ′の短縮」と規定するべきではないかと述べます。また、氏が注目した叙述にあるマルクスの重要な問題提起について私見を述べます。

　「流通過程の短縮」という規定を、氏は再生産論と恐慌論を結びつける部分の空白を埋める規定である捉えています。しかし、その規定は、正確には、個別資本が商人に商品を販売した場合の「Ｗ′—Ｇ′の短縮」と規定するべきものでした。そこで、「個別資本のＷ′—Ｇ′の短縮」が再生産論に位置づけられるかどうかを第5節で検討します。また、「個別資本のＷ′—Ｇ′の短縮」と恐慌論との関係を第6節で論じました。そして、この章の最後の節である第7節では、「『資本論』の空白部分」（再生産論を恐慌に結びつける分析）を埋めるものを氏が見つけることはできたのかについて総括的に論じます。

　それでは、元に戻して、この節（第3節）の（1）項に入ります。

(1) 「再生産過程の攪乱」と『資本論』第二部第一草稿

　さて、「再生産論を恐慌に結びつける分析」に直接的にかかわる叙述とし

て、氏が最初に取り上げているのは「再生産過程の攪乱」という項目をマルクスが再生産論のなかで書く構想をもっていたことについてです。この点については、『資本論』第二部第一草稿を翻訳した『資本の流通過程』（副題：『資本論』第2部第1稿）が1982年に大月書店から出版され、そこにその叙述がありますので、マルクスの再生産論の研究者のなかにはそれに注目する見解もありました。

　書かれた順でマルクスの草稿を読んで論文の執筆を進めていた氏はこの「再生産過程の攪乱」と同様な表現の「再生産の攪乱」という項目が『資本論』第二部第一草稿より前の『一八六一〜六三年草稿』（『剰余価値学説史』の草稿）にすでに書かれていることに注目して、まずそれを取り上げています。この草稿におけるリカードウの学説についての批判のなかに恐慌の問題について一般的にまとめた箇所があるのですが、氏はその箇所を要約して次のように述べています。

　　　この後半部分は、恐慌の可能性の問題について、一から五までの項目づけをしたテーゼとしてまとめられています。それは、大要、次のような順序での考察です。
　　　一、商品の変態の過程のなかにある恐慌の一般的可能性。
　　　二、価値変動と一致しない価格変動は考察の対象外とすること。
　　　三、恐慌の可能性と原因との区別。
　　　四、恐慌の一般的諸条件。固定資本と流動資本の役割など。
　　　五、再生産の攪乱と恐慌。
　　　（四項は、原稿に大きな欠落があり、五項は、最初の数行で考察が中断しています）。
　　　私は、そのなかで、次の二点にとくに注意を引かれました。
　　　（一）……中略……（……川上）
　　　（二）もう一つは、マルクスが、中断した五項で、「再生産の攪乱」の問題を取り上げていることです。
　　　「五、再生産の最初の段階の攪乱、つまり商品の貨幣への転化の攪乱すなわち販売の攪乱、から起こる恐慌。最初の種類の恐慌〔原料騰貴の結果として起こる恐慌〕の場合には、恐慌は生産資本の諸要

素の還流の攪乱から起こるのである」（同前 725 〜 726 ページ、『学説史』同前 699 ページ）。

　文章は中断していますし、「攪乱」の内容も、「原料騰貴」など個別の問題だけが取り上げられています。「原料騰貴」などについては次の（三）で検討しますが、ここでまず重視すべきことは、マルクスがこのテーゼのなかで「再生産の攪乱」という問題を、独自の主題として提出していることです。これはさきざき大きな意味をもってくることなので、注意してください。（『経済』2002 年 4 月号、160 〜 162 ページ、『マルクスと「資本論」』①、336 〜 340）

　なお、ここの引用部分は、『経済』誌とそれが収録された著書とでは若干の違いがありますが、内容に大きな変更がないかぎり若干の手直しと考えて本書では、原則として『経済』誌の初出論文を引用します。

　このように、『一八六一〜六三年草稿』では恐慌を解明するための項目としてマルクスが「再生産の攪乱」という問題を提出していることに氏は注目しました。さらに、『資本論』第二部第一草稿では再生産過程を解明するための項目として「再生産過程の攪乱」が立てられています。氏はこのことについて、次の「第二部　資本の流通過程」のプランを草稿から引用し紹介することによって示しています。

「第二部　資本の流通過程
第一章　資本の流通
　1　資本の諸変態。貨幣資本、生産資本、商品資本
　2　生産時間と流通時間
　3　流通費
第二章　資本の回転
　1　回転の概念
　2　固定資本と流動資本、回転循環
　3　回転時間が生産物形成および価値形成ならびに剰余価値の生産に及ぼす影響
第三章　」（『資本の流通過程――「資本論」第二部第一稿』大月書

店刊、8ページ）。

……中略……（……川上）

「したがって、この第三章の項目は次のとおりである。

一　流通（再生産）の実体的諸条件

二　再生産の弾力性

三　蓄積、あるいは拡大された規模での再生産

　三a　蓄積を媒介する貨幣流通

四　再生産過程の、並行、上行的進行での連続、循環

五　必要労働と剰余労働？

六　再生産過程の攪乱

七　第三部への移行　　」（同前、294ページ）。（『経済』2002年5月号、144ページ、『マルクスと「資本論」』②、42～44ページ、傍点……川上）。

（なお、「資本の流通過程」のこのプランの引用は、第三章までのものと、第三章以降のものに分かれているが、前者が『資本の流通過程』〔大月書店〕の8ページから、後者が294ページから引用されている。その理由も説明されている）。

『資本論』第二部第一草稿（『資本の流通過程』）では、多かれ少なかれ、このプランに沿って叙述がなされているのですが、氏はその叙述についても注目される部分を紹介しています。そして、次の3点を主張します。

第1に、この「第二部　資本の流通過程」のプランによって、第二部の再生産論のなかでマルクスが「再生産過程の攪乱」ついて論じるプランを立てていたことがわかるとして、次のように述べます。

　ここで、まず明らかになることは、マルクスが第二部の再生産論のなかで、「再生産過程の攪乱」について論じるプランを立てていた、ということです。すなわち、マルクスは、『資本論』第二部における再生産論のなかで、再生産過程の順調な発展とその諸条件の研究だけでなく、その攪乱の過程——均衡諸条件が「不均衡」に転化す

る過程の研究——運動論的な研究を課題とし、そのことを第二部での再生産論の重要な構成部分の一つとするという考えにたっていたのです。

　マルクスはこの問題のすべてを第二部の範囲内で論じつくすことは不可能だと考えて、「第三部第七章」でも再論する予定でした。まず第二部で論じ、第三部で再論するという構想は、『六一～六三年草稿』のなかで、すでに見てきたものです（前回）。」（同前、161ページ、84～85ページ）。

　第2に、「再生産過程の攪乱」という項目でマルクスは何を論じようとしていたかという問題を立てて次のように述べます。

　「では、マルクスは、「再生産過程の攪乱」の問題について、『資本論』第二部では、何を考察しようとしていたのでしょうか。

　私たちは、『六一～六三年草稿』を読むなかで、再生産過程における「均衡」の諸条件がどのようにして「不均衡」に転化するのか、流通過程のなかにある恐慌の「可能性」がどのようにしてその「危機的な側面」をあらわにし、その可能性を「現実性」に転化させるのか、原動力である資本の無制限的な生産拡大の傾向・衝動が　経済をどのように動かして破局への道を推進するのか——こういう運動形態としくみのいわば運動論的な解明の課題を、マルクスが重要問題として鋭く提起するのを、くりかえし見てきました。

　そのマルクスが、再生産論の章に、「再生産の攪乱」と題する独自の節を立て、「攪乱」の問題——「攪乱」という言葉には、明らかに「均衡」から「不均衡」への転化が含まれています——を主題とした考察をすすめようという以上、その節が『六一～六三年構想』で提起してきたこの問題の解明に正面から踏み込むものとなるであろうことは、疑いないことだと思います。（同前、162ページ、86～87ページ、傍点……川上）。

　氏の見解は、「再生産過程の攪乱」でマルクスが論じようとしているのは、

氏の言うところの「恐慌現象の運動論的な解明」（場所によっては「恐慌問題の運動論的な解明」という言い方もなされています）であるということです。

第3に、「再生産過程の攪乱」というこの問題については『資本論』第二部第一草稿に「非常に重要な考察」が書き込まれているとし、いま引用した文に続けて次のように述べています。

> しかし、これは第一草稿が、この問題を未検討のままで終わったということでは決してありません。実は、「再生産過程の攪乱」という主題に、どういう理論的な角度から迫るかについては、草稿のそれまでの部分に非常に重要な考察が書き込まれています。その意味では、「再生産過程の攪乱」の問題はマルクスにとって理論的に未解決の問題ではなかったのです。（同前、162ページ、87ページ）。

以上に見てきたように、氏は、「『資本論』第二部の再生産論における空白部分」（氏がミッシング・リンクとする部分）を埋める重要な叙述が『資本論』第二部第一草稿にあった主張しています。すでに、この章の第1節で述べたことですが、その第一草稿をエンゲルスが『資本論』第二部の編集に全く用いなかったため、現行の『資本論』第二部の再生産論にはミッシング・リンクが生まれたというのが氏の見解です。これらの点について氏がはっきりと述べている箇所も引用しておきましょう。

> とくに恐慌現象の運動論的解明という点で、この草稿（第二部第一草稿……川上）には、きわめて貴重で重大な内容がふくまれています。
> 私たちは、『五七～五八年草稿』のなかでも、『六一～六三年草稿』のなかでも、マルクスが運動論的な解明への問題意識と意欲を強くしめしていることを追跡してきました。しかし、これらの草稿では、ごく部分的な言明はあったものの、この問題での本格的な取り組みにはいたりませんでした。その流れのなかで見ると、マルクスは『六一～六三年草稿』で再生産論が基本的に解決されたことを踏まえて、『資本論』第二部・第一草稿で、運動論の角度からの恐慌

現象への正面からの取り組みを、いよいよ開始したのだと言えます。

　ところが、エンゲルスはそのことに注目せず、第一草稿が「最初の……論考」として粗削りな点が多かったことを理由に、第二部の編集のさい第一草稿の全体をはじめから視野の外においてしまいました。私は、そのことが、第二部の編集に一つの重大な弱点を生む結果になった、と考えています。（同前、143 ページ、40 ページ）。

(2) 「流通過程の短縮」という運動形態についての独自の新解釈と意義づけが氏の「発見」の核心である

　では、「再生産過程の攪乱」の問題でマルクスが論じようとしている、第二部第一草稿にあるという「恐慌現象の運動論的解明」という点での「きわめて貴重で重大な内容」とは具体的にはどのような分析なのでしょうか。氏は、それは「流通過程の短縮」という運動形態であると次のように述べます。

　　マルクスが「資本循環」の諸形態を研究するなかで、「流通の短縮」という新しい規定を提出していることです。この規定は、恐慌の可能性の現実性への転化を解明するマルクスの理論展開のうえで、決定的とも言える重要な問題を含むものでした。（同前、162 ページ、88 ページ）。

　ここで氏は、「流通の短縮」という新しい規定（他の箇所では、「流通過程の短縮」という新しい運動形態とも呼んでいます）をマルクスが提出していると述べています。そして、それに続く文章で、マルクスの叙述を引用して、「流通過程の短縮」という規定の内容について説明しています。たしかに、マルクスの叙述には「流通過程の短縮」「流通の短縮」という用語（概念）が使われているのですが、それが意味するところを氏の解釈とではかなりの食い違いがあると思えます。（この (2) 項では、その違いのポイントについて簡単に触れるにとどめます。氏の解釈の問題点については第 4 節で詳しく取り上げます）。

ⅰ）「流通過程の短縮」という運動形態をどのような意味に氏は捉えたのか

　しかし、「流通過程の短縮」「流通の短縮」という氏の用語法はさしあたって受け入れて、「流通過程の短縮」という規定（運動形態）を氏がどのような意味で捉えたのか、また、氏は具体的には何を指して「流通過程の短縮」と呼んでるのかについて、氏の解釈の結果からまず確認します。そして、「流通過程の短縮」がどのような意義をもつと捉えているのかを中心に氏の叙述を見ていきましょう。氏は次のように述べています。

> 　ここに、マルクスが「流通過程の短縮」と呼んだこの取引形態の危険性があります。
> 　商品の商人への販売という行為は、きわめて単純な経済行為ですが、マルクスは、これが、「現実の需要」から再生産過程を独立させるもっとも簡単でもっとも基礎的な形態となること、言い換えれば、再生産過程のなかで恐慌を準備する萌芽的な運動形態となることを、発見したのでした。そこにあるのは、恐慌の可能性を現実性に発展させるうえで、きわめて重要な要をなす危険な運動形態（あるいは〝仕組み〟）の誕生でした。その意味をこめて、マルクスは、いまの文章の最後に、「そこから、恐慌が準備される。（過剰生産、等々。）」と書いたのです。（同前、165ページ、92ページ、傍点と波下線……川上）

　なお、引用文では「恐慌が準備される」とマルクスが書いたとされていますが、原訳文は「恐慌が伝播される」です。この点は、第4節で取り上げます。
　この文章では、「流通過程の短縮」という運動形態と、商品の商人への販売という行為とが同じものとして扱われています。氏は、商品の商人への販売行為の重要な経済的な意味を捉える規定として「流通過程の短縮」という規定を用いているのです。商品の商人への販売をマルクスが「流通過程の短縮」と呼んだと氏が考えたのは次の理由です。
　資本家Ａが生産した商品Ｗ′を商人に販売した場合を取り上げて氏は次のように述べています。やや長く引用します。

商品Ｗ'は貨幣Ｇ'への転化に成功し、再生産過程は順調に進行することができます。しかし、商品そのものは、まだ商人の手中、つまり流通過程にとどまっていて、個人的消費であれ、産業的消費であれ、最終的な消費者の手まではとどいていません。その商品が最終的消費者を見つけられるかどうかは、今後の成り行き次第で、未解決のままに残っています。

　本来なら、その商品が最終的な消費者によって購入された時にはじめて、資本家Ａにとって、資本の循環局面であるＷ'―Ｇ'が完了したことになり、手に入れたＧ'を投入して次の生産過程を開始できるというのが流通過程の普通の進行です。しかし、その過程に商人と銀行が介在することによって、商品が消費者の手元にまだとどいていないその中途の段階で、つまり商品が流通段階にとどまっている段階で、資本家ＡにとってはＷ'―Ｇ'の流通が実現したことになるのです。

　マルクスがまず「流通過程の短縮」あるいは「再生産過程の加速」と規定したこの運動形態には、Ｗ'―Ｇ'は未解決なのに、流通過程あるいは再生産過程は表面上では順調に進行できるという、重大問題が秘められていました。

　この運動形態は、取引の当事者、とくにＷ'―Ｇ'の過程を「短縮」させた資本家Ａにとっては、たいへん好都合な形態ですが、資本主義生産の全体にとっては、実はたいへん危険な事態の始まりを意味しました。（同前、164ページ、90～91ページ、波下線……川上）。

　資本家Ａは自らの商品Ｗ'を商人に売れば、商品Ｗ'が最終的消費者に実際には渡ってなくても、資本家ＡにとってのＷ'―Ｇ'を終えることができる。資本家Ａが商品Ｗ'を商人に売ることは最終消費者（＝その商品の使用者）に売る場合よりも資本家ＡにとってのＷ'―Ｇ'を短縮する。いま引用した文章で氏が述べているこの命題自体については正しいと考えます。

　しかし、この命題をもとに、氏は、商品の商人への販売という行為を「流通過程の短縮」という新しい運動形態としてマルクスが捉えたと断定して、「流通過程の短縮」という運動形態が「恐慌現象の運動論的解明」のために

決定的な意義をもつという新解釈を引き出しました。この新解釈には積極的な問題提起も含まれてはいますが、多くの行き過ぎと誤りがあると思います。

　マルクスもその叙述の中で W' ― G' の短縮を「流通過程の短縮」と呼んでいますが、「流通過程の短縮」は商品の商人への販売という行為に限定して使われてはいません。資本家Ａが商品 W' を担保に銀行から借金する場合も「流通過程の短縮」であると言っています。また、「流通過程の短縮」という規定をマルクスの叙述から切り離して、「 W' ― G' の短縮」を意味する規定として用いることは無用な誤解を招きます。というのは、資本家Ａが商品 W' を商人に売って W' ― G' を終わらせたとしても、これはあくまで資本家Ａにとってのことです（資本家Ａは所有する W' の価値を実現させました）。しかし、 W' という商品自身の立場から見れば、その使用価値（と価値）は最終消費者に渡ってはじめて実現するのですから、商品の流通過程は終わっておらず、「流通過程の短縮」は行われていないのです。ですから、資本家Ａの W' ― G' という流通過程が短縮されたとしても、一般的な意味で「流通過程の短縮」が行われるわけではありません。

　言いたいのは、商品の商人への販売という行為を「流通過程の短縮」という運動形態と同じものとして捉えることはできないということです。しかし、このことについては先にも述べたように第4節で検討します。

　（なお、商品の立場から見れば、商品を商人に販売しても、「流通過程の短縮」はないという点は、個別資本の循環ではなく総資本の循環（総資本の再生産）を捉える場合にも重要になります。商人の手許に商品の滞留が増大する状態は、社会的総資本の再生産過程（いわゆる「再生産過程」）では「流通過程の短縮」という形態ではなく、「商品在庫の増大」という形態をとると考えられます（この点は、第5節で論じます）。

　また、氏からの引用文に一部に波下線を付しました（「その過程に商人と銀行が介在する」）。波下線を付した理由は、氏の論理からすれば、その過程に「商人」が介在することは不可欠ですが、「銀行」が介在する必要はないからです。氏がこの文章を書く根拠としたマルクスの叙述の影響が氏の論理に残されているのですが、この点も第4節で述べます）。

ⅱ）「流通過程の短縮」は恐慌とどのような関連があると氏は考えたのか

　ここでは、ⅰ）の問題点はさておいて、「流通過程の短縮」というこの運動形態が「恐慌現象の運動論的解明」という点で「きわめて貴重で重大な内容」であるとする氏の見解に進みましょう。

　この節の前項で、氏が、どのような意味で「流通過程の短縮」というこの運動形態を捉えているのかについて述べましたが、そこで最初に引用した文章に氏の見解が端的に示されていますから、再度、中心部を引用します。

> 　商品の商人への販売という行為は、きわめて単純な経済行為ですが、マルクスは、これが、「現実の需要」から再生産過程を独立させるもっとも簡単でもっとも基礎的な形態となること、言い換えれば、再生産過程のなかで恐慌を準備する萌芽的な運動形態となることを、発見したのでした。（同前、165ページ、92ページ）。

　要点を繰り返せば、商品の商人への販売（＝「流通過程の短縮」という運動形態）は、「現実の需要」から再生産過程を独立させるので、再生産過程のなかで恐慌を準備する運動形態にもなるということです。

　この把握にもとづいて、氏は、次の４つの項を立てて、「流通過程の短縮」と恐慌との関連について述べます。①「"流通過程の短縮"は恐慌を準備する運動形態となる（その一）」、②「"流通過程の短縮"は恐慌を準備する運動形態となる（その二）」、③「"流通過程の短縮"規定から経済循環を説明する」、④「経済循環と恐慌にとって、この運動形態は"是非とも必要"という位置づけ」の４項です。①と②では「流通過程の短縮」が恐慌を準備するという氏の見解が述べられていますが、氏の重視する「恐慌現象の運動論的解明」にどう役立つかについて焦点があてられています。③と④では「流通過程の短縮」という規定が恐慌の解明にとって重要だとマルクス自身も論述していることを紹介することに重点が置かれています。まず、①と②についてその概要を見ていきます。

　①「"流通過程の短縮"は恐慌を準備する運動形態となる（その一）」：ここでは、３点が述べられています。

　ａ．マルクスは「恐慌の可能性」として、直接的交換（物物交換）の、別々

の行為（販売と購買）への分離をあげている。しかし、販売と購買との分離だけでは、生産者のW─Gの、「現実の需要」からの分離はおこらない。なぜなら、Wの購買者は消費者（Wの使用価値の利用者）であるから。ところが、「流通過程の短縮」は生産者のW─Gそのものを〔生産者のW─Gと商人のG─W─G′……川上〕とに分裂させ、生産者のW─G（販売）を「現実の需要」から分離・独立させる。この趣旨の叙述に続けて氏は次のように述べます。

> 資本主義社会を全体として見ると、個々の「販売の独立化」が無数にからみあい連結しあい、「現実の需要」からの独立性は相乗的に拡大して再生産過程の全体をおおうものに発展してゆきます。こうして「恐慌が準備される」のです。（同前、165ページ、94ページ）。

　b．マルクスは「恐慌の展開された可能性」として再生産の均衡条件とその破壊をあげているが、「流通過程の短縮」（＝「販売の独立化」）はこの均衡を破壊する引き金になるとします。なぜなら、再生産の均衡条件は「現実の需要」と「現実の生産」との実体関係として成り立つのだが、生産者のW─Gが「現実の需要」から独立すれば、その実体関係が崩され均衡条件が成り立たなくなるから。この趣旨を踏まえて、氏は、次のように述べます。

> 「流通過程の短縮」という形態のもとで、再生産過程が「現実の需要」から独立して進行するようになったら、社会的再生産の均衡条件なるもののおおもとが崩れてくることにならざるをえません。（同前、166ページ、94ページ）。

　c．「恐慌現象の運動論的解明」という点では、不均衡の累積がなぜ起こるのかを明らかにすることが「謎を解く重大なカギ」である。なぜなら、価値法則や平均利潤の法則などの資本主義生産の一般的な経済法則の共通の特徴は"不断の不均衡を通じて均衡が実現される"である。それにもかかわらず不均衡が累積するので恐慌は起こるのであるから。この趣旨に続けて氏は次のように述べます。

「流通過程の短縮」は、この点でも、これらの現象の根底にせま
る意義をもちます。商人や銀行の介在によって、W―G―Wがいっ
たん現実の需要から独立したとなると、それが商品と資本の流通と
の絡み合いのなかで、その独立性はたがいに相乗的に作用して、再
生産過程の内部の矛盾を累進的に大きくしていきます。(同前、166
～ 167 ページ、96 ページ、波下線……川上、波下線を付した理由は、
先の引用での場合と同じです)。

　②「"流通過程の短縮"は恐慌を準備する運動形態となる(その二)」：こ
こでは、上記の c で述べた点(「不均衡の累積」)と並んで、「恐慌現象の運
動論的解明」にとって重要であると氏が考える点と「流通過程の短縮」とが
どう関連するかについて書かれています。資本主義的生産の無制限的な拡大
の傾向・衝動が恐慌をもたらす推進力であることを確認したうえで、氏は次
のように述べます。やや長く引用しましょう。

　　しかし、いくら資本主義的生産様式が無制限的な生産の拡大の衝
動をもっているといっても、その実現を可能にする運動形態――す
なわち、現実の需要から独立して生産を拡大できる運動形態が存在
しなければ、生産が無制限的拡大の軌道をすすむことは不可能なは
ずです。……マルクスが第二部第一草稿で発見した「流通過程の短
縮」という運動形態は、「生産のための生産」という資本主義的生
産の推進力が恐慌の「根拠」として働くしくみについても、それを
理解する道を大きく開いたのでした。
　　実際、「生産と消費との矛盾」が恐慌の根拠・基礎だというのは、「生
産のための生産」の衝動に動かされた資本が、現実の消費の制約さ
れた限界を超えて、生産の拡大につき進むことです。ところが再生
産過程が均衡条件に支配されている状況のもとでは、「生産のため
の生産」の衝動がいかに強烈に働いても、再生産過程が「現実の需
要」から独立して生産拡大の道を突き進むことは、ごく狭い範囲で
しか起こりえないなずです。
　　ところが、「流通過程の短縮」という新たに発見された運動形態

は、「生産のための生産」の衝動をはばむこの障害を、とりのぞく
役割をはたします。現実のW—G—Wにかわって、架空のW—G—
Wが流通を支配するようになると、商品の販売が——したがって生
産も——現実の需要の制約を超えて拡大する道が大きく開かれ、「生
産のための生産」が恐慌にいたる原動力としてはたらきうる活動舞
台が、用意されるのです。……マルクスが、資本主義的循環のもっ
とも基礎的なところで、「流通過程の短縮」「再生産過程の独立」と
いう形態を発見したことは、懸案になっていた恐慌現象の運動論的
な解明に本格的な道をひらくという、画期的な意義をもったのです。
（同前、167 〜 168 ページ、96 〜 98 ページ）。

　次に、③「"流通過程の短縮"規定から経済循環を説明する」、および、④
「経済循環と恐慌にとって、この運動形態は"是非とも必要"という位置づけ」
についてです。この③と④との二つの項目は、「流通過程の短縮」という規
定が恐慌の解明にとって重要だとマルクス自身も論述していることを紹介す
ることに重点が置かれていると先に述べました。この二つの項目で紹介され
ているマルクスの論述は「流通過程の短縮」についての氏のこれまでの見解
の根拠となっている第二部第一草稿の叙述箇所（以下、これを叙述Aと呼ぶ。
第4節で引用します。）から少し先にあります。氏も③項の冒頭で次のよう
に述べています。

　　マルクスは、考察のつぎの段階で、すなわち、循環の四つの形態
についての研究をひと通り終わり、資本の循環を総括的にふりかえ
る段階で、「流通過程の短縮」というこのしくみを、もう一度取り上
げます。さきほどは「恐慌が準備される」ということの一般的な指
摘でこの問題の考察は終わっていましたが、こんどは、この運動形
態が現実の再生産過程でどのような働きをするのか、それによって
いかにして「恐慌が準備される」かの運動論的な解明に、さらに突っ
込んだ解明の目が向けられます。（同前、168 ページ、98 〜 99 ページ）。

　第二部第一草稿のこの箇所でのマルクスの叙述（以下、叙述Bと呼ぶ）つ

いては第4節で文脈と概要を紹介し、注目すべき点について取り上げます。しかし、氏が③と④で述べていることは①と②での氏の見解をマルクスの叙述によって裏付けることに重点があり、「流通過程の短縮」についての氏の見解は①と②で十分に述べられていると考えられますので、紹介を省くことにします。

以上、「流通過程の短縮」という運動形態についての氏による独自の新解釈と意義づけを見てきましたが、これが氏の「発見」の核心です。

第4節 「流通過程の短縮」という規定はマルクスの叙述から見て不適切である

前節で見てきましたように、氏は、『資本論』第二部第一草稿において、「再生産過程の攪乱」という問題についてのマルクスの「非常に重要な考察」を発見したと述べています。その考察とは、「恐慌現象の運動論的解明」に役立つ「流通過程の短縮」という運動形態についてのものです。氏の解釈によれば、「流通過程の短縮」とは「商品の商人への販売」のことです。それは、個々の資本のW'—G'（販売）を「現実の需要」から分離・独立させます。さらに、個々の販売の独立化が無数にからみあい連結して再生産過程を「現実の需要」から独立させ、「社会的再生産の均衡条件のおおもと」を崩します。

「恐慌現象の運動論的解明」のためには、次の2点の解明が必要だとマルクスは捉えていると氏は考えます。

一つは、不断の不均衡を通じて均衡を実現するという資本主義の経済法則のもとで不均衡がなぜ累積するのか、もう一つは、「生産のための生産」という衝動を資本がもっているにしても、「現実の需要」の狭い制約や再生生産の均衡条件の支配のもとで、なぜ生産拡大の軌道にのることができるのか、この二点です。「流通過程の短縮」という運動形態は、この二点の問題の解明に「本格的な道をひらく」画期的な意義をもっている。——氏の見解の概要は以上のようになるでしょう。第4節〜第6節では、このような氏の見解について批判的に検討しますが、この第4節では、「流通過程の短縮」という規定について取り上げようと思います。

（1）第二部第一草稿の該当部分と氏の解釈の適否

　『資本論』第二部第一草稿のなかにある、「流通過程の短縮」という規定を含むマルクスの叙述Ａ（ここには「恐慌」という語も含まれています）に氏は着目しました。資本家が自らの商品を、商人に販売すれば直接に消費者に売るよりも、流通過程（Ｗ'―Ｇ'）が短縮します。氏は、この「商品の商人への販売」についてマルクスが「流通過程の短縮」と規定したと解釈しました。氏がそのように解釈したマルクスの叙述について読んでみると、氏のこの解釈には正しい点と誤っている点が混在しています。このことについて、まず明らかにしましょう。次に引用するのはその叙述Ａです。

『資本論』第二部第一草稿における叙述Ａ

　もしも銀行が資本家Ａに、彼が彼の商品にたいする支払いのかわりに受け取った手形にたいして（割引で）銀行券を前貸しするか、あるいは直接に、まだ売れていない彼の商品にたいして彼に銀行券を前貸しするかするとすれば、この銀行券は相変わらず、対象化された労働を、つまり〔資本家〕Ａの商品のうちにすでに物質化されている労働を表わすのであり、それは現存する商品の転化形態であろう。〔その場合は、〕ただ、商品あるいは支払い手段（手形）が貨幣に転化される時間が先取りされ、それによって、流通過程が短縮され、再生産過程が加速される、等々というだけであろう、――ただ商品の貨幣さなぎ化が先取りされるだけであろう。またこの過程を通じて、販売が現実の需要から独立化し、架空のＷ―Ｇ―Ｗが現実のそれにとってかわることができ、そこから、恐慌が伝播されるのである。（過剰生産、等々。）

（『資本の流通過程』大月書店、35ページ、波下線……川上、叙述Ａとは、この草稿の16ページに書かれている叙述のこと）

　この引用文でマルクスは、銀行が資本家Ａの商品Ｗ'を引き当てにして資本家Ａに貸し付けを行う（銀行券を渡す）と、「流通過程が短縮」されると述べています。誰でもこのように読めると思います。「商品の商人への販売」によって「流通過程が短縮」されるとは述べていません。しかし、氏は、な

ぜか、この叙述をそのように誤読してしまったのです。その点の理由の推測は次項（2）で述べることにして、ここでは、この引用文でマルクスが言っていることで確認しておきたい点を先に述べておきます。

　資本家Aの商品W'を「引き当て」にして資本家Aに銀行が貸し付けを行うと上記の文ではまとめて書きました。引用文では、この「引き当て」については次の①と②の二つの具体的な場合を列記しています。①資本家Aが商品W'を売って受け取った手形を銀行が割り引く場合、②資本家Aのまだ売れていない商品W'を担保に銀行が貸し付けを行う場合、です。

　銀行によるこの資本家Aへの貸し付けによって「流通過程が短縮」されるということについては、「商品あるいは支払い手段（手形）が貨幣に転化される時間が先取りされ」る、あるいは、「ただ商品の貨幣さなぎ化が先取りされるだけであ」るからだと述べています。つまり、資本家Aの商品W'の販売（＝貨幣G'への転化）、すなわち、W'―G'にかかる時間が短縮されるということです。

　そして、この販売（W'―G'）の短縮、あるいは、販売（W'―G'）の先取りによって「販売が現実の需要から独立化」することにもなる、とマルクスは述べています。この句（フレーズ）は次のような意味であると考えられます。

　商品の販売（W'―G'）は一般的には貨幣を支払ってその商品を入手したいという「現実の需要」（＝その商品への支払い能力のある需要）によって実現することである。これに対して、商品を担保とした銀行からの借り入れは、商品を貨幣に転化させるという意味では「販売（W'―G'）」と言えるが、その商品を貨幣の支払いによって購入するという過程（「現実の需要」にもとづく購入）を後回しにして、貨幣を先取りするので、販売を「現実の需要」が無くてもできるようにする。つまり、架空の販売なのである（この句に続けて、マルクスも「架空のW―G―Wが現実のそれにとってかわる」と述べている）。

　ところが、氏は、この句を、資本家Aが自己の商品をその商品の使用者に販売しないで、商人に商品を販売した場合には、その販売が「現実の需要」から独立化するという意味に理解しています。「現実の需要」についてはその商品の使用者による需要を意味すると解することになります。というのは、

商人はその商品の転売者であり使用者ではないからです。この句のなかの「現実の需要」「現実の需要からの独立化」は氏の論文のキーワードになっています。氏の論文における「現実の需要」とは、使用者による需要、すなわち、その商品を生産的に、あるいは、個人的に消費する者による需要という意味で使われています。この点を押さえることは氏の論文の理解にとって重要です。

　ただ次の点には留意しなければなりません。この句（「販売が現実の需要から独立化する」）についての氏の解釈は、先のマルクスからの引用文における、この句の解釈としては誤りです。ですが、氏の解釈を命題として見れば、それ自体は内容的には正しいということです。資本家Ａが自己の商品を商人に販売すれば、その商品を代金に換えることができるのに、資本家Ａ自身は、その商品を使用する者に販売しなくて済むようになります。後で詳しく検討する叙述Ｂでは、マルクスも同様な趣旨のことを述べています。後での検討で〈叙述Ｂの文脈〉を取り上げますが、その文脈の⑦には、次の叙述があります。「こうした現象が生じるのは、商品の貨幣への転化が——世界市場と信用制度とによって——最終購買者への商品販売から独立して行われるからである」。ここでは、個別資本が自己の商品の商人に販売した場合には、その商品を「最終購買者」に販売しなくて済むと述べられています。その商品を最終的に購買するのは、その商品の転売者ではなく、その商品の使用者ですから、「最終購買者」とはその商品を使用する者のことです。

　マルクスは、叙述Ａでは、個別資本が銀行から借り入れることによって、販売（Ｗ′—Ｇ′）が「現実の需要から独立化」すると述べ、叙述Ｂでは、個別資本が商人へ販売することによって、販売（Ｗ′—Ｇ′）が「最終購買者への商品販売から独立」すると言っていることになります。

　なお、叙述Ａでは銀行が資本家Ａに商品を引き当てに貸し付けを行なう場合として、先にの述べたように、①と②の二つの場合をあげています。このうちの①の場合（銀行が資本家Ａの手形を割り引く場合）については、資本家Ａは商品Ｗ′を既に販売しているので手形を得ているわけです。販売の相手はその商品の使用者である場合だけでなく、転売者である商人である場合もある得ます。この後者の場合には、販売（Ｗ′—Ｇ′）が「最終購買者への商品販売から独立」することになります。

また、①の場合は資本家Ａが商品の販売を済ませている点で②の場合（まだ売れていない商品Ｗ'を担保に銀行から借り入れる場合）とは異なります。販売を済ませることは、商品への「現実の需要」があってできることですから、「現実の需要」から独立してはいないとも言えます。しかし、販売先の支払いがまだ済んでいないのに貨幣を入手するのですから、「現実の需要」の意味を「貨幣の支払い能力がある需要」と捉えれば、この①の場合も、販売先の支払い能力の限界から独立するという意味では「現実の需要」からの独立です。

(2) 第二部第一草稿の該当部分についての氏流の読み方

　氏は、この叙述Ａを読んで、「商品の商人への販売」をマルクスが「流通過程の短縮」と規定したという誤った解釈をしたのですが、なぜでしょうか。
　読み方の上での直接の理由は、氏が、マルクスのこの叙述の末尾の３行の部分（以下、「叙述Ａ末尾部」と呼ぶ）をその前の部分（以下、「叙述Ａ主要部」と呼ぶ）から切り離して、その間に、マルクスの文章にはない氏独自の推論を割り込ませたからです。氏の論文に即して見て行きますと、マルクスが「流通過程の短縮」という運動形態の到達したのは、資本家Ａが労働者にたいして支払う貨幣Ｇはどこから出てくるのかを論じているときであったとして、叙述Ａ主要部を念頭において次のように述べます。

　　その契機となったのは、資本家Ａが、支払うべき貨幣Ｇを持っていなくて、銀行から借りるというケースについての考察でした。銀行から借りると言っても、それには二つの場合が考えられます。……マルクスはそのどちらの場合にしても、……銀行券は「現存する商品の転化形態」にすぎない、と論じます。もし、銀行の介入がなかったら、資本家Ａは、自分の商品が売れるまで、労働者に支払いができず、したがって再生産過程を先にすすめることができなかったはずです。それが商品が売れる前に、あるいは手形が満期になって相手の商人から貨幣を払ってもらう前に、資本家ＡはＷ'—Ｇ'を実現できるのだから、そこに起こったのは、「時間の先取り」「流通過程の短縮」「再生産過程の加速」だ——マルクスは次のよう

に論をつづけます。(『経済』2002 年 5 月号、163 ページ、『マルクスと「資本論」』②、88 〜 89 ページ)。

続けて、先に引用した叙述 A の主要部が引用されています。

　ここまでについては、氏も、銀行が商品 W′ を引き当てにして資本家 A に貸し付けを行うと、「流通過程が短縮」されると解釈しているように見えます。ところが、そうではありませんでした。ここで先に述べた氏独自の推論を次のように割り込ませます。

　　マルクスの考察が、ここで止まっていたら、問題は、資本家と銀行とのあいだの支払いのやりくりという、ごく実務的な次元ですんでしまったかも知れません。しかし考察はそこで止まりませんでした。マルクスは、そこに、再生産過程の全体にかかわるきわめて重大な問題を見いだしました。

　　ここでの考察は、資本家 A が銀行から銀行券を借りた(手形割引あるいは前貸しの形態で)ところから出発しました。しかし、実は、それ以上に大きな問題が、資本家 A が、生産された商品 W′ を売った相手が商人だったというところにあったのです。

　　資本家 A にとっては、商人への手形販売とその手形の割引で、商品 W′ は貨幣 G′ への転化に成功し、再生産過程は順調に進行することができます。しかし、商品そのものは、まだ商人の手中、つまり流通過程にとどまっていて個人的消費であれ、産業的消費であれ、最終的な消費者の手にまではとどいていません。(同前、163 〜 164 ページ、89 〜 90 ページ)。

　しかし、「商品 W′ を売った相手が商人だった」とはマルクスのこの叙述 A には一言も書かれていません。そして、この叙述 A の前後の叙述を読んでもみても書かれていません。「商品 W′ を売った相手が商人だった」ことに「きわめて重大な問題を見いだし」たと氏が言うマルクスの考察に、「商品 W′ を売った相手が商人だった」ということが一言も書かれていないということがあり得るとは考えられません。氏自身が、「商品 W′ を売った相手

が商人だった」ことに「きわめて重大な問題を見いだし」たので、それが投影してマルクスの考察が作り替えられたのでしょう。

　なお、この引用文中に「商人への手形販売とその手形の割引で」とありますが、この意味は、「資本家Aが商品を商人へ手形で販売し、その手形を銀行で割り引くことによって」ということです。この場合、氏は、資本家Aが所有する手形は商品を商人に売ることによって得られたと決めてかかっていますが、買い手は商人ではなく、取引先の他の産業資本家であっても手形を得ることができます。また、銀行が資本家Aの商品を担保に貸し付ける場合は資本家Aが商品を売っていなくても、つまり、手形を持っていなくてもよいのです。

　第3節（2）の「ⅰ」「流通過程の短縮」という運動形態をどのような意味に氏は捉えたのか」で引用した文章が、いま引用した文章の少し後に書かれています。「資本家Aが生産した商品W′を商人に販売した場合を取り上げて氏は次のように述べています。やや長く引用します」と述べて紹介した文章（「商品W′は貨幣G′への転化に成功し、再生産過程は順調に進行することができます。」で始まる文章）のことです。そして、この文章の後に「マルクスは、そのことを、続けて次のように解明しています」と述べて、叙述A末尾部を氏は引用しています。先に『資本の流通過程』（大月書店）から既に引用していますが、それを氏の論文からもう一度引用しましょう。

> 　またこの過程を通じて、販売が現実の需要から独立化し、架空のW―G―Wが現実のそれにとってかわることができ、そこから、恐慌が準備される。（過剰生産、等々。）（同前、164 ページ、波下線……川上）。

　いま見たように、氏は、叙述Aを主要部と末尾部の二つに分け、主要部は銀行が資本家Aに貸し付けを行ったことについての論述であり、末尾部は「商品W′を売った相手が商人だった」場合の論述であると読みました。こうして、「流通過程の短縮」とは「商品の商人への販売」のことであり、それは個々の資本のW′―G′（販売）を「現実の需要」から分離・独立させるという氏の解釈が生まれたのです。

ここで、もう一点、述べておきます。『資本の流通過程』の原訳文では「恐慌が伝播されうるのである」となっているのに、氏のそこからの引用文では「恐慌が準備される」とされていることについてです。氏はマルクスが「恐慌が準備される」と述べていることを何度も強調しており、"流通過程の短縮"は恐慌を準備する運動形態となる（その一）、（その二）」などの項目の標題としても用いています。しかし、「伝播」（伝え広げる）と「準備」（前もってととのえる）では意味が異なります。原文のドイツ語の訳として「伝播」よりも「準備」の方が適訳であると考えたのならば、それについての断り書きをするはずですが、それもありません。（おそらく、原文からの単純な転記ミスなのだろうと思います。無意識のうちに氏の解釈にとって都合の良い語句（「準備」）への写し違いが起きたのではないでしょうか。起こりにくいミスのようにも思いますが、こう推測するのは、氏の著書『「資本論」探究』上巻（2018年、新日本出版社）の185ページに『資本の流通過程』の35ページから同じ部分〔叙述Ａ〕の引用があるのを目にしたからです。そこでは正しく「伝播」と引用されています。この本では、「『資本の流通過程』からの引用文では、『新メガ』によって訳文を訂正した箇所があります」との注が付けられていますが、この部分〔叙述Ａ〕の引用についての訳文の訂正はありません）。

　叙述Ａ全体が銀行が資本家Ａの商品Ｗ′を引き当てにして資本家Ａに貸し付けを行うことについての論述ですから、末尾部も、「商品の商人への販売」と恐慌との関連ではなく、銀行の貸し付け（銀行信用）と恐慌との関連が言及されているのです。

　銀行の貸し付けによる「Ｗ′—Ｇ′の短縮」の場合も、支払い能力のある需要から離れても商品Ｗ′の販売が行われる（＝生産も拡大する）ようになるということですから、この点では恐慌を「準備する」と言えます。しかし、銀行の貸し付けの場合は、「現実の需要」に支払い能力がないとわかったとたんに、「貸し剥がし」と「貸し渋り」に転じるのが一般的です。それが資本主義的な銀行経営の原則というものでしょう。これらの「貸し剥がし」と「貸し渋り」が恐慌を「伝播」します。全体として見るとやはり「伝播する」の方が適切に思えます。

　参考までに、銀行制度が恐慌の「運搬具」になるとマルクスが述べている

叙述を氏の論文が全く別の箇所で引用していますので、紹介しておきます。

> 　銀行制度によって、資本の分配は、一つの特殊的業務、社会的な機能として、私的資本家や高利貸したちの手から取り上げられている。しかし、それは、このことによって同時に資本主義的生産をそれ自身の制限を超えて駆り立てるもっとも能動的な手段となり、また恐慌や詐欺眩惑等々のもっとも有効な運搬具〔Vehikel〕となる。（草稿402〜403ページ、『資本論』⑪1063ページ、〔上〕Ⅲb1069ページ、『経済』2002年7月号、168〜169ページ、『マルクスと「資本論」』②、276〜277ページ）

　叙述Aには、「商品の商人への販売」が「流通過程の短縮」と規定されていると氏は誤読したのですが、それを招いた叙述Aについての氏の読み方についてこれまで述べてきました。次に、なぜ、「商品の商人への販売」に拘って、それを叙述Aに強引に割り込ませたのかという問題について触れておきましょう。その根本の原因は、「商品の商人への販売」が「流通過程の短縮」になるという命題は、叙述Aにはないものの、第二部第一草稿の他の箇所にあることです。命題それ自体については正しいからだと考えられます。他の箇所というのは、第3節で、「第4節で取り上げ」るとした叙述B——「マルクスは、考察のつぎの段階で、……"流通過程の短縮"というこのしくみを、もう一度取り上げます」と氏が述べている叙述——です。

　叙述Bには「流通過程の短縮」や恐慌について書かれており、そこでは「商品の商人への販売」についても詳しく取り上げられています。おそらく、氏は、叙述Aと叙述Bとを一体のものとして理解したので、叙述Bにしかない事柄を叙述Aに持ち込んだのでしょう。両者は関連するものの違いもありますから、次項ⅲ）でその点について検討します。

　氏が、「商品の商人への販売」に拘って、それを叙述Aに強引に割り込ませた理由について、もう一つあげておきます。それは、叙述A末尾部における「販売が現実の需要から独立化」するという規定が「商品の商人への販売」と直結すると氏が捉えたからだと推測できます。というのも、「流通過程の短縮」（＝「商品の商人への販売」）は個々の資本のW'—G'（販売）を「現

実の需要」から分離・独立させるという命題が氏の把握の中心にあるからです。この命題自体も誤りではないのですが、この場合の「現実の需要」は商品Ｗ′の消費者（個人的消費だけでなく生産的消費を含む）による需要を意味しています。しかし、叙述Ａ末尾部の「現実の需要」の意味はこの最終消費者の需要に限定されるものではなく、もっと広い意味で使われており、(1)で述べたように、支払い能力のある需要ということであると考えます。

(3) 第二部第一草稿の叙述Ｂを読む

　「流通過程の短縮」については第二部第一草稿のなかの叙述Ａにも叙述Ｂにも書かれています。前項（2）で述べたように、氏は、それらから、「流通過程の短縮」という規定、あるいは「流通過程の短縮」という運動形態についての捉え方（概念）を引き出したのですが、その内容には不的確さが含まれていました。そこで、叙述Ａと叙述Ｂとにもとづいて「流通過程の短縮」について私なりに整理し再規定しておこうと思います。

　叙述Ａについてはすでに（1）で検討しました。叙述Ａは、銀行が資本家Ａの商品Ｗ′を引き当てにして資本家Ａに貸し付けを行うと、「流通過程が短縮」されると述べています。流通過程（Ｗ′─Ｇ′）が短縮され、「現実の需要」から独立化するとも述べています。これが流通過程（Ｗ′─Ｇ′）が短縮される第一の場合です。問題は叙述Ｂです。

　叙述Ａは第二部第一草稿の16ページの冒頭部分ですが、叙述Ｂは草稿の22〜23ページに書かれています。全文を引用して、どう読解するかを述べた方がよいのですが、長くなり過ぎますので、全体の文脈と必要な箇所の引用で済ませます。まず、叙述Ｂが全体として何について述べている箇所かというと、資本の流通過程（＝循環）の「第四の形態」に関する叙述のなかで、「消費過程」を対象にして述べている箇所です。

　『第二部　資本の流通過程』と題とする第二部第一草稿について、草稿の内容に書かれている標題から、その流れを紹介しますと、第１章「資本の流通」→第２章「資本の回転」→第３章「流通と再生産」です。そして、第１章「資本の流通」は、第１節「資本の諸変態」→第２節「流通時間」→第３節「生産時間」→第４節「流通費」となっています。

　第１節「資本の諸変態」が１〜40ページであり、叙述Ａも叙述Ｂも第１

節にありますので、第1節「資本の諸変態」について、その「中見出し」を順に列挙しますと次のようです。「Ⅰ」→「Ⅱ」→「Ⅲ」→「Ⅰ 循環の第一の形態」→「Ⅱ 流通過程の第二の形態」→「Ⅲ 流通過程の第三の形態」→「Ⅳ 流通過程の第四の形態」→「商品資本。W'—G。」→「在庫形成」→「貨幣資本」→「貨幣資本の独自な二つの形態」。なお、「Ⅰ 循環の第一の形態」の項が草稿の5〜17ページで、叙述Aはこの項の中にあり、「Ⅳ 流通過程の第四の形態」の項が21〜29ページで、叙述Bはこの項の中にあります。

この「中見出し」の最初に、「Ⅰ」→「Ⅱ」→「Ⅲ」とあるのは、資本の流通過程（循環）を三つの形態にわけて、大まかに、その定式をまず示しているからですが、次の補足があります。「なお、第四として、W'から、つまり生産された商品から出発する循環をつけくわえるべきであろう」（『資本の流通過程』大月書店、16ページ）。こうして、マルクスは資本の循環をⅠ、Ⅱ、Ⅲ、Ⅳの四つの形態にわけて、その後の叙述で、それぞれの形態について説明するという構成をとっています。（なお、中見出しを見ても、Ⅰでは「循環の…」であったのが、Ⅱからは「流通過程の…」に置き換えれているように、資本の「循環」と資本の「流通過程」が同じ意味の用語として使われています）。

現行『資本論』では、資本循環は、貨幣資本の循環、生産資本の循環、商品資本の循環の三つの形態にわけられています。これに比べると、定式も意義づけも大きく異なる点があり、第二部第一草稿の資本循環の分析はまだ完成していないと言えます。この点は、後述します、定式だけを見れば、「Ⅰ 循環の第一の形態」が貨幣資本の循環に、「Ⅲ 流通過程の第三の形態」が生産資本の循環に、「Ⅳ 流通過程の第四の形態」が商品資本の循環にほぼ対応しています。

叙述Bは、「Ⅳ 流通過程の第四の形態」に関する叙述のなかで、「消費過程」を対象にして述べている箇所です。商品資本の循環の定式はW'—G'—W…P…W'ですが、第二部第一草稿では「Ⅳ 流通過程の第四の形態」の定式をW'—（W'—G'—W）—P—W'と表しています（別の箇所には、W'—G—W。P。W'という表記もある）。この定式の中に（W'—G'—W）は総流通を表しており、一括してCで表されていることもあります。

さて、叙述Bは、この商品資本を出発点とする資本循環についての叙述の

なかで、消費過程について取り出して、とりわけ個人消費と資本循環との関係について考察しています。このことを念頭において、次に、その文脈を追うことにします。なお、私の案内文は〔 〕に入れて区別しました。

『資本論』第二部第一草稿における叙述Bの文脈と概要

① 〔冒頭部分は引用します〕。「消費過程それ自体は、それが資本の再生産過程のなかへ入りこんで、この過程の一契機をなすかぎりでのみ、したがって、消費が生産的消費であるというかぎりでのみ、資本の流通過程または変態列のなかに含まれるものとして現れる。(『資本の流通過程』、46 ページ)。

〔消費(＝物質的生産物の消費)は、原材料部品や機械などの生産諸手段を生産のために消費する生産的消費と食料や衣服などの消費諸手段を個人の生活のために消費する個人的消費に分かれます。この引用文が述べているのは、資本の流通過程(＝資本の循環)に含まれているのは生産的消費だけであるということです。引用文には書かれていないのですが、生産諸手段の消費は資本の循環(商品資本の循環「W′—G′—W…P…W′」)のP(生産過程)に含まれ、そのための生産諸手段(W)の購入はG′—Wのうちに含まれています。

なお、現行『資本論』では社会的総資本の循環(＝社会的総資本の再生産)には個人的消費も含まれると捉えられています。しかし、ここでの「資本の循環」とは個別資本の循環のことです。この点は後述します。

では、消費は、個人的消費を含まない「資本の循環」とどういう関係をもっているのでしょうか。このことへの考察が叙述Bでその後に述べられていることです。それを見て行きます〕。

② 消費と「資本の循環」とは、資本の「W′—G′」(販売)が相手側にとって「G—W」(購買)になることによって関係する。なぜなら、商品W′の購買者は商品W′の使用価値を生産的、あるいは、個人的に消費することになるからである。

③ ところで、「資本の循環」の一段階である「G—W」は生産

諸手段と労働力との購入を意味するが、このうちの労働力の購入（「G―A」）は労働力が存在するということ（＝労働者が消費諸手段を消費して自らを生産していること）を前提にしている。ということは、労働者が消費諸手段を支払われたGで購入していること、そして、その消費諸手段が、資本の販売（「W'―G'」）する商品W'を構成する部分であることを意味している。資本家の個人的消費についても同様なことが言える。すなわち、再生産過程が行われるには、労働者と資本家が存在しなくてはならず、その再生産過程によって労働者と資本家が再生産されなけばならない。このような意味で、「資本の循環」と個人的消費とは実体的（現実的）には関係している。これに次の文が続きます。「消費過程の資本主義的再生産過程にたいする現実の関係は、第3章の考察に属する」（同前、47ページ）。

④　〔叙述Bではこの④から⑪の終わりまで、この節のテーマでもある「流通過程の短縮」に帰着する問題が論じられています。その出だしのこの④の部分は、これから何を論じるかが提起されているのですが、マルクスの叙述ではそこが表に出ていないので、その点は補ってあります〕。

「個人的消費過程それ自体は、形態的には、資本の循環のなかに含まれていない」（同前、47ページ）。しかし、再生産過程の全体を考察すれば、③で述べたように、個人的消費によって労働者と資本家が再生産される。個人的消費と「資本の循環」とは実体的には関係しているのである。そのことによって、「資本の循環」には、ある形態がつくり出されているので、それを強調しておくことは重要である。以下、その点について論じる。（なお、つくり出される形態が商品資本の貨幣化を先取りする形態〔＝「流通過程を短縮する形態」〕です）。

⑤　資本の「W'―G'」（販売）について考えると、商品W'が貨幣G'に転化すれば、その後の資本の循環（資本の再生産過程）はそのまま進む。「だから、W'が本当の最終消費者によって買われているのか、あるいは、それをふたたび売るつもりでいる商人に

よって買われているのかは、直接には事態をなんら変えるものではない。したがって、再生産過程は、そこから突き出された商品──……──が個人的消費を予定されたものであって、現実には消費にはいっていなくても、ある範囲内では拡大された規模ないし同じ規模で進行することができる」（同前、48ページ）。

⑥　再生産過程の拡大がある範囲内では可能であると⑤で述べたが、そのような場合、生産手段の生産的消費も拡大するのであるが、それは労働力の消費の拡大（＝労働者の雇用増加）を含むので、それが労働者の個人的消費を拡大させることがありうる。「こうして、……労働者の消費と需要が増大し、全生産過程が繁栄のさなかにあるというにもかかわらず、商品の一大部分は、ただ見かけの上でだけ消費にはいったのであり、現実にはしかし、売れないまま転売者の手のなかにある。したがって、実際にはまだ市場にある、ということがありうるのである」（同前、48ページ）。しかし、やがて、これらのことは見かけの上でだけ起きていたことが明るみにでる。「そこで、全般的な瓦解〔Kladderadatsch〕、恐慌が勃発する。それが目に見えるようになるのは、消費需要がつまり個人的消費にたいする需要が直接減退することによってではなく、資本と資本との交換が、資本の再生産過程が縮小することによってである」（同前、48〜49ページ）。

⑦　「こうした現象が生じるのは、商品の貨幣への転化が──世界市場と信用制度とによって──最終購買者への商品販売から独立して行われるからである。つまり、商品の貨幣への転化が先取りされ、かつ、──ある範囲内で──それの現実の個人的消費の過程から独立して行われるからである」（同前49ページ）。

⑧　しかし、このような先取りの形態をつくり出すことは資本主義的生産様式には是非とも必要である。というのは、資本主義生産では、生産物とその規模（量）が、需要（満たされるべき諸欲望）の前もって定められた範囲によって規定されるのではなく、生産物とその規模のたえざる拡張欲求によって規定されるからである。資本主義的生産様式ではこのような先取りの形態が「ひとりでに生ま

れてくる」（同前、49 ページ）。

　［マルクスの文章自体には書かれていないのですが、続く文章との関連で見ますと、ここで書かれている、資本主義生産の「拡張欲求」が先取りの形態を生みだす第一の契機（動因）でしょう］。

　⑨　「資本主義的生産様式は、それの〔生産〕過程の規模にとって不可欠な、流通過程を短縮する形態を信用において手に入れるのであり、そして同時に、この生産様式がつくり出す世界市場は、具体的などんな場合にも、この形態の作用をおおい隠すのを助け、それと同時に、この形態の拡張に向けて、それに非常な活動の場を提供するのである」（同前、49 ページ）。

　⑩　「第二の契機は次のことである。大量生産は、ただ大量的な購買者だけをその直接的な買い手としうるのである。したがって、それは、現実の買い手の代わりに一つの虚構をおくのである。……第三の契機。資本主義的生産の基礎は、つねに等しく狭隘なままであり、大衆の、労働者の消費は、必要生活手段に局限されている」（同前、49 ページ）。［マルクスの文章には「第二契機」、「第三の契機」としか書かれていないのですが、このような先取りする形態を資本主義的生産様式が是非とも必要とし、それを生みだす契機であると思います］。

　⑪　［この⑪は叙述Ｂの末尾部分です。全文引用します］。「われわれが信用あるいは商人資本〔Kaufskapital〕について述べているかぎりでは、すべてこれらのことは、先取りされているのである。しかし、資本の流通諸形態が、それらは個人的消費それ自体を含まないで、商品資本の貨幣化を先取りする形態——こうした形態、つまり流通を短縮する形態〔abkurzende　Zirkulationsform〕は資本主義的生産過程とその諸条件の必然的所産である——がつくり出されるやいなや——ある限界内では——生じうるし、それも拡大された規模においてさえ生じうる、ということを示しているかぎりではそれはここに属する問題なのである」（同前、49 ～ 50 ページ）。

　［叙述Ｂでマルクスは信用や商人資本について述べていますが、これらは『資本論』第三部で扱われる対象であり、第二部での叙述

の範囲外です。それにもかかわらず、ここで述べている理由をこの
⑪で説明しています。資本の流通諸形態がここでの叙述の対象なの
であるから、その流通諸形態に、信用と商人資本との関わりで商品
資本の貨幣化を先取りする形態が生まれている以上、ここでの叙述
対象になる。そのため、信用と商人資本の叙述についても先取りし
て述べざるを得ないのである、というのがその理由です]。

　以上〈『資本論』第二部第一草稿における叙述Bの文脈〉。叙述B
とは草稿の 22 〜 23 ページに書かれている叙述のこと。(『資本の流
通過程』大月書店、46 〜 50 ページ)

(4) 第二部第一草稿の「流通過程の短縮」の内容を再規定する

　第二部第一草稿の叙述Bの文脈は以上のように読めます。さて、前項 (3)
の冒頭で、次のように述べました。「叙述Aと叙述Bとにもとづいて "流通
過程の短縮" について私なりに整理し再規定しておこうと思います。叙述A
についてはすでに (1) で検討しました。……問題は叙述Bです」。 叙述B
の内容については前項 (3) で見ましたので、それを踏まえて、「流通過程の
短縮」についてのマルクスの考えを検討します。叙述Bのなかで、「流通過
程の短縮」という用語が使われているのは、次の箇所です。すなわち、⑨で
の引用文のなかの「流通過程を短縮する形態を信用において手に入れる」、
および、⑪での引用文のなかの「商品資本の貨幣化を先取りする形態——こ
うした形態、つまり流通を短縮する形態」。この二箇所だけです。

i) 「流通過程の短縮」とするよりも、個別資本の「W′—G′の短縮」(あるいは「W′—G′の先取り」)とする方が適切である

　これらから確認できることは、⑪での引用文のなかにありますように、マ
ルクスが「商品資本の貨幣化を先取りする形態」について「流通を短縮する
形態」と言い換え、両者を同じ意味で用いていることです。「商品資本の貨
幣化」とは、商品資本の循環「W′—G′—W…P…W′」の最初の段階であ
る「W′—G′」(商品を販売し貨幣を得る過程)のことです。また、それを「先
取りする」とは、販売が完全には終わっていないのに、商品の価値に見合う
貨幣を得る(先取りする)ことです。この形態は、「W′—G′」という流通

過程を短縮する形態でもあるわけです。

　このように「流通過程の短縮」における「流通過程」とは、「資本の流通過程」（資本の循環）であり、「資本の流通過程」のなかの「W'―G'」のことです。ですから、マルクスがここでの叙述において「流通過程の短縮」という用語で捉えている事柄を一般的な規定として表現する場合には、「流通過程の短縮」とするよりも、「W'―G'の短縮」（あるいは「W'―G'の先取り」）とする方が適切であると考えます。「流通過程の短縮」では、「流通過程」が資本の流通過程なのか商品の流通過程なのか、資本の流通過程であるにしても、そのどの段階なのかが不明になり、誤解される心配があるからです。こう考えますので、以下、なるべく「W'―G'の短縮」、「W'―G'を短縮する形態」、「W'―G'の短縮形態」、「W'―G'の先取り」などと表現することにします。これが再規定の第1点目です。

　さらに、もう一点、重要なことを付け加えます。第二部第一草稿での「資本の循環」で対象とされているのは、「個別資本の循環」（多数の個別資本も含みます）であり、社会的総資本の循環ではありません。この点は後述します。ですから、「W'―G'の短縮」でのW'―G'は社会的総資本の循環としてのW'―G'には当てはまりません。（社会的総資本の循環はW'―G'―W…P…W'で表されますが、個別資本の循環の場合のようなW'―G'の短縮はありません）。この点を考えると、「流通過程の短縮」は「W'―G'の短縮」と表現するよりも、「個別資本の"W'―G'の短縮"」と表現する方がさらに適切です。ただ、長い表現になりますので、適宜、使い分けることにします。

ⅱ）個別資本の「W'―G'の短縮」と銀行信用との関係について

　叙述Bの文脈⑨での引用文のなかでマルクスは「流通過程を短縮する形態を信用において手に入れる」と述べています。資本主義生産様式は「W'―G'の短縮形態」を信用によって手に入れるということです。

　叙述Aで、マルクスは、銀行が資本家Aの商品W'を引き当てにして資本家Aに貸し付けを行なうと、資本家AのW'―G'が短縮され、「現実の需要」から独立化すると述べています。これと重なります。これが再規定の第2点目で、信用によってW'―G'が短縮される場合があるということです。

　なお、『資本論』第三部第五篇第27章「資本主義生産における信用の役割」

には、信用の役割の一つとして、一般的に、商品変態や資本の変態を加速することがあげられています。W'—G'とは資本の変態の局面の一つであり、変態の加速と変態の短縮とは同じ意味です。（叙述Aにおいても、「商品あるいは支払い手段〔手形〕が貨幣に転化される時間が先取りされ、それによって、流通過程が短縮され、再生産過程が加速される」と述べられています）。『資本論』の該当箇所を引用しましょう。

> 　流通または商品変態の、さらには資本の変態の個々の局面の、信用による加速、またこのことによる再生産過程一般の加速。（他方では、信用は、購買行為と販売行為とを比較的長期間にわたって分離することを許し、それゆえ投機の土台として役立つ）。
> 　　　　　　　　　（新日本新書版『資本論』⑩、756ページ）

　ところで、叙述Bの中に出てくる「信用」「信用制度」とW'—G'の短縮との関係についての不破氏の読み方はこれとは異なります。それについて検討しておきましょう。氏も、叙述Bの文脈⑨での引用文と同じ箇所を次のように引用して見解を述べています。

> 　資本主義的生産様式は、その過程の規模が必要とする、流通過程を短縮する形態を信用のなかでつくりだすのであり、そして、この生産様式によって同時につくり出される世界市場は、具体的などんな場合にも、この形態の作用を見えなくすることを助け、あわせてこの形態に、その拡張に向けて特別の活動の場を提供するのである。（『経済』2002年5月号、171ページ、『マルクスと「資本論」』②、105～106、波下線……川上）。

　波下線を付したのは、この部分が原訳文と異なっているからです。どう異なるかは叙述Bの文脈⑨での引用文と比較すればわかります。波下線を4箇所付しましたが、最初の「のなかでつくりだす」の原訳文は「において手に入れる」です。他の3箇所については意味の違いはなく、むしろ、わかりやすくなっていると思えますが、この箇所は、両者でニュアンスがやや違って

いるように思えます。この点は後で述べますが、このように原訳文に変更を加えて引用していることについての断り書きはここでもありません。先に、「伝播する」が「準備する」と変更されて引用されていることを指摘し、単純な転記ミスであろうと書きました。ここでの引用については、語句がこれだけ異なっていると単純な転記ミスとは思えません。氏の別の著書には「『資本の流通過程』からの引用文では『新メガ』によって訳文を訂正した箇所がある」との注がありますので、そうしたのかも知れません。

　それはともかく、この箇所を引用した後で、氏は次のように述べています。

　　「流通過程の短縮」という運動形態を見いだすにあたって、そのきっかけとなったのは、銀行信用の問題でしたが、恐慌の中心問題——「現実の需要」からの流通過程の独立化を引き起こすものが、銀行からの借り入れではなく、商人への販売にあったことは、すでに詳しく見てきたとおりです。マルクスがきっかけにした最初の事例でも、「現実の需要」からの独立化という役割をになうのは、手形の割引という行為ではなく、商人への販売という行為でした。だから、マルクスも、そのあとで、経済循環の諸局面を追いながら「流通過程の短縮」という運動形態がどういう働きをするかを検討した次の文章では、銀行資本は登場させず、もっぱら商人への販売という行為から出発して、過熱から崩壊への全過程を描いたのでした。（同前、172ページ、106ページ、傍点……川上）。

　この引用文で、氏は、銀行からの借り入れは「現実の需要」からの流通過程の独立化を引き起こさないと述べていますが、これについてはすでに批判しました。少し注意して見てみますと、傍点を付した「マルクスがきっかけにした最初の事例」というのが叙述Aに書かれていることであり、「そのあとで、……“流通過程の短縮”という運動形態がどういう働きをするかを検討した次の文章」というのが叙述Bのことです。氏は、この叙述Bではマルクスが「銀行資本は登場させ」ていないと述べています（ついでながら、氏は叙述BをW′—G′の短縮形態の作用を明らかにしたものとして読んでいますが、これは叙述Bの文脈のうち⑤〜⑪（後半部分）を切り出して、それ

に注目したからです。しかし、叙述Bは、W'―G'の短縮形態が生みだされることになった理由をも明らかにしたものとして、すなわち、全体を通して読まねばなりません）。

　しかし、叙述Bのなかには、「信用」「信用制度」がW'―G'を短縮させるものとして登場しています。これらでは銀行（銀行資本）が中心的な役割を果たします。なるほど「信用」が商業信用（掛け売り・掛け買い）を指す場合には銀行とは無関係かも知れませんが、商業信用は銀行の手形割引とすぐに結びつきます。「信用制度」と言えば銀行を抜きにしては考えられません。「銀行」という用語は登場していませんが、「銀行」を含む「信用」「信用制度」が登場しているのです。銀行からの借り入れによる「W'―G'の短縮」を「流通過程の短縮」の規定から除外する氏の解釈では叙述Bでのマルクスのこの文言の意味が通らない箇所があるので、氏は強引なことを言わざるを得ないのです。

　叙述Bには、「資本主義的生産様式は、それの〔生産〕過程の規模にとって不可欠な、流通過程を短縮する形態を信用において手に入れる」という文章があります。この原訳文にある「において手に入れる」を氏は「のなかでつくだす」として引用していると先に述べました。「信用において手に入れる」の場合は、信用（制度）を使えば流通過程が短縮されるという意味になりますが、これは氏の解釈にそぐわないことになります。「信用のなかでつくりだす」というと、信用（制度）を使って流通過程を短縮する形態を（新たに）つくりだすという意味合いが強くなります。銀行からの借り入れでは流通過程が短縮されないと考える氏は叙述Bの中のこの文章について次のように述べています。

　　この総括的な文書では、あらためて「流通過程が短縮」における信用制度の働きに目を向けて、この運動形態との関連で信用制度の重要性をあらためて意義づけました。……私は、マルクスがそのさい「流通過程の規模が必要とする」という言葉をそえているところに、とくに注目すべき点がある、と思います。商人への販売という行為が、W―Gを現実の需要から流通過程を独立させる役割をになったとしても、それが個々の地点での個々の行為にとどまってい

る状態では、資本主義生産様式の全体を左右する力はもちえませ
ん。流通過程の「現実の需要」からの独立化が、資本主義生産様式
のもとで、再生産過程の全体に対応するような規模で進行させるた
めには、個々の「短縮」行為を連結させ相乗させて巨大な規模をもっ
た過程に転化させる力が必要になります。マルクスはそこに、信用
制度のはたす大きな役割の一つを見ようとしたのではないでしょう
か。(同前、172 ページ、107 ページ)。

　この文章についての氏の解釈の要点は次のようになります。資本主義的生
産様式が「信用において手に入れる」のは、個々のW′─G′の短縮形態で
はなくて、資本主義生産の「規模にとって不可欠な」なW′─G′の短縮形
態である。個々のW′─G′の短縮形態は商人への販売という行為で既に手
に入れている。信用によって新たに手に入れるのは個々のW′─G′の短縮
形態を連結させ相乗させて巨大な規模に転化させることである。
　こう解釈したので、「信用において手に入れる」よりも、「信用のなかでつ
くりだす」の方が適訳であるとしたと推測されます。この推測があたってい
るかどうかはともかく、銀行からの借り入れによっても個々のW′─G′の
短縮形態が生みだされることは既に述べたとおりです。ただし、銀行からの
借り入れや商人への販売によって生みだされた個々のW′─G′の短縮形態
を信用制度が連結させ相乗させて巨大な規模に転化させるという把握につい
ては否定するものではありません。

iii)「W′─G′の短縮」とは、資本循環の範式における「W′─G′」と比較し
て短縮されるということである

　資本家の商品の販売(W′─G′)が商人に対して行われる場合に、W′─
G′が短縮されるという点については氏が強調するとおりです。叙述Bでは
このことが取り上げられて論じられています。
　叙述Bの文脈⑤では、W′─G′については、「W′が本当の最終消費者によっ
て買われているのか、あるいは、それをふたたび売るつもりでいる商人によっ
て買われているのかは、直接には事態をなんら変えるものではない」とあり
ます。その後の文脈で、「商人によって買われる」ことによって事態が進むと、

商品は売れないで実際は市場にあるのに、生産が拡大し、恐慌に繋がるとの議論がなされます。そして、文脈⑦では、その原因となったW′─G′について、「こうした現象が生じるのは、商品の貨幣への転化が──世界市場と信用制度とによって──最終購買者への商品販売から独立して行われるからである」とあり、文脈⑧での「このような先取りの形態をつくり出すこと」、文脈⑪での「商品資本の貨幣化を先取りする形態──こうした形態、つまり流通を短縮する形態」へと続きます。

　このように資本家が商品を商人に販売する場合に、W′─G′が短縮されると述べていることは明らかです。ただ、どのような意味でW′─G′の短縮と言えるのかについては、厳密に捉えておく必要があります。叙述Aおよび叙述Bで「W′─G′の短縮」とマルクス言う場合に基準になっている「W′─G′」とは、資本の流通過程（資本の循環）を表現する範式定式（定式）における「W′─G′」のことです。この範式においては、商人も（銀行も）捨象されています。ですから、資本家が商人に商品を販売する場合に「W′─G′が短縮」されるというのは、この資本循環の範式における「W′─G′」と比較して短縮されるということです。

　平たく言えば、資本家が商品を商人に販売する「W′─G′」は資本家が自分自身で商品を最終消費者に売る「W′─G′」に比べて短縮されるというわけです。（なお、資本家が商品W′を引き当てにして銀行からの借り入れで行う「W′─G′」の短縮も、資本家Aが自分自身で商品を貨幣に転化する「W′─G′」と比較しての短縮です）。

　『資本論』第二部の叙述の段階は「資本の流通過程」（資本の循環）を純粋に取り出して叙述する段階です。商人資本や利子生み資本は第三部「資本主義的生産の総過程」の対象となります。ですから、第二部で、商人や銀行を扱うのは第三部の叙述の先取りになるのです。しかし、「資本の流通過程」において、その一過程であるW′─G′を短縮する形態（＝W′─G′を先取りして実現する形態）が商人や銀行との関わりで生みだされているので、この点は、第二部の段階でも叙述の対象になります。この点が叙述Bの文脈⑪に書かれていることは先に述べました。

　このため、この「W′─G′の短縮」については第二部と第三部の両方での叙述の対象になります。現行『資本論』でもそのように取り扱われていま

す。ここでは『資本論』第三部第4篇「商人資本」第16章「商品取引資本」のなかにある関連する文章を引用しておきましょう。

　　商品資本の運動は、第二部〔……〕で分析されている。社会の総資本を考察するならば、その一部分は——……——つねに商品として市場にあって貨幣に移行しようとしており、他の一部分は、貨幣として市場にあって商品に移行しようとしている。社会の総資本は、つねにこの移行の運動、この形式的変態の運動を行いつつある。流通過程にある資本のこの機能が、一般に、ある特殊な資本の機能として自立化され、分業によってある特殊な部類の資本家たちに割り当てられる機能として固定化される限りで、商品資本は、商品取引資本または商業資本になる。　　　　　　（『資本論』⑨、456 ページ）

　　生産者であるリンネル製造業者が、自分の3万エレを商人に3000 ポンド ・スターリングで売ってしまえば、彼はそれで手に入れた貨幣で、必要な生産諸手段を買う。そして、彼の資本はふたたび生産過程にはいり込む。彼の生産過程は継続し、中断されることなく続行される。彼にとっては、彼の商品の貨幣への転化が行われた。しかし、リンネルそのものにとっては、すでに見たように、この転化はまだ行こわれていない。リンネルはまだ終極的に貨幣に再転化していないのであり、まだ使用価値として消費に——生産的消費にであれ個人的消費にであれ——はいり込んでいない。リンネル商人は、いまや、市場では、リンネル生産者がそこで最初に代表していたその同じ商品資本を代表している。リンネル生産者にとっては、変態の過程が短縮されたが、しかし、それは商人の手で続行されることになるだけである。（同前、467 ページ、傍点……川上）

　ここでは傍点を付した文章には、リンネル生産者がリンネルを商人に売ると、「リンネル生産者にとっては、変態の過程（＝W′—G′）が短縮された」とあります。（合わせて、リンネルという商品について見れば変態の過程が短縮されたわけではないことも述べられています）。第18章には、「商人資

本は、第一に、生産資本のために局面W―Gを短縮する」と一般的に述べている箇所もあります（同前、514 ページ）。

　やや長く述べましたが、W′―G′の短縮における、短縮についての厳密な把握が再規定の第3点目です。資本家のW′―G′が短縮されるとは、資本循環の範式におけるW′―G′と比較して短縮されるということです。

　なお、この点についての氏の把握を見ておきましょう。第3節（2）のⅰ）項で引用した氏の文章の一部を再び取り上げます。氏は次のように述べています。

　本来なら、その商品が最終的な消費者によって購入された時にはじめて、資本家Ａにとって、資本の循環局面であるW′―G′が完了したことになり、手に入れたＧ′を投入して次の生産過程を開始できるというのが流通過程の普通の進行です。しかし、その過程に商人と銀行が介在することによって、商品が消費者の手元にまだとどいていないその中途の段階で、つまり商品が流通段階にとどまっている段階で、資本家ＡにとってはW′―G′の流通が実現したことになるのです。（『経済』2002 年5月号、164 ページ、『マルクスと「資本論」』②、90 ～ 91 ページ、傍点……川上）。

　上記の引用文で述べていますように、氏は、資本の流通過程（資本の循環）を、（資本の）流通過程の「本来」の在り方、あるいは、「普通の進行」の姿であると捉えているようです。しかし、資本の流通過程（資本の循環）とは、端的に言えば、資本の流通過程（資本の循環）を表現する範式（定式）のことです。資本の流通過程（資本の循環）を『資本論』第二部の叙述段階（論理段階）で捉えたものです。このことは氏ももちろん理解しているとは思いますが、現実の資本主義社会を想起すると、生産資本家（産業資本家）が自らの商品を商人に売ることが資本の「本来」の在り方になっており、資本の「普通の進行」の姿ですから、ここは明確に規定することが求められていると考えます。

【探究】叙述Bでは何が重要問題として提起されているのか

　W'—G'の短縮についてどう把握すべきかについて叙述Aと叙述Bにもとづいて述べてきましたが、マルクスが叙述Bで提起している問題にこそ注目しなければならないと考えます。というのも、W'—G'の短縮は、その問題が生み出す一形態として捉えられているからです。(3)項で見た叙述Bの文脈①から④において、この問題が提起されています。その意味について考えてみましょう。(この項は、「再生産論と恐慌」の批判的検討を超えているとも言えるので、標題に【探究】を付しました)。

　「資本の流通過程」(個別資本の循環のこと)には生産的消費は含まれていますが個人的消費が含まれていません。この点については叙述Bの文脈①から③で述べましたが、一応確認しておきます。資本循環の範式を、ここでは、貨幣資本Gから始めて2循環について表記すれば、G—W…P…W'—G'—W…P…W'—G'—　となります。このなかのG—W…P(あるいはG'—W…P)の、生産過程(P)には生産的消費が含まれます。また、G—W(あるいはG'—W)はPをおこなうための生産諸手段と労働力の購入です。しかし、消費諸手段の個人的消費は含まれていません。そして、商品資本の販売(W'—G')は相手側の購買(G—W)が必要ですが、その相手側の購買のなかに個人的消費をおこなうための消費諸手段の購入が含まれています。この相手側の購買は資本循環の内部ではなく外部にあります。

　資本の循環(正確には個別資本における資本の循環)が個人的消費を含まないということは資本主義生産にとって当然の方式(様式)ですが、このことがもつ重要な問題を叙述Bでマルクスは提起しているのです。というのは、この方式ですと、資本による生産が拡大するとき、それに伴って生産的消費(生産諸手段の消費)は拡大するものの、個人的消費(消費諸手段の消費)はそれに伴って拡大するわけではないということになるからです。しかし、後述するように、生産と個人的消費とは本来(＝内的に)は統一していなくてはなりません。生産の拡大に個人的消費の拡大が伴えば生産の拡大も順調に進むのですが、そのような方式にはなっていないのです。

　しかも、生産の「絶えざる拡張欲求」と賃金抑制による個人的消費の制限が資本主義生産の特質です(これは『資本論』第一部「資本の生産過程」で明らかにされています。また、貨幣資本の循環範式G…G'は資本が増殖を

自己目的とすることを示しています）。「絶えざる拡張欲求」をもつ資本による生産の拡大は、この第二部第一草稿の叙述Bで指摘されているように、個人的消費を含まない資本の循環に則っておこなわれなければなりません。その個人的消費は制限されているのです。それへの対応として、資本の循環の方式に、W′—G′の短縮という形態が生まれ、生産の拡大が促されるが、逆に、これが恐慌の原因にもなる。叙述Bにはこのような趣旨が述べられていると考えます。

　生産と個人的消費とは本来（＝内的に）は統一していると述べました。個人的消費とは消費諸手段の人間による消費のことですから、本来の消費です。動物的な物質代謝においては、例えば、食物を確保することと食べることは同一の過程として行われており、この消費と生産とは未分離です。この動物的な物質代謝から生産を分離することによって人間と人間的な物質代謝が生みだされたのです（produce〔生産〕の原義は「前に引き出す」ということであり、消費は後に回されことになります）。分離された「生産」の生みだす生産物が「消費」されるということになったわけで、両者は内的に統一しています。

　人間社会が共同体を基本としている場合には、生産も消費も共同体で行われるので、生産と消費との分裂は起こりません。しかし、資本主義生産では生産を資本が担い、それを資本の価値増殖のために行います。そして、資本による生産過程には消費（個人的消費）が含まれていません。そのため、生産と消費（個人的消費）との分裂が起こることになります。（私的生産にもとづく商品生産が始まり、共同体が崩れると、この生産と消費〔個人的消費〕の分裂も始まり、資本主義生産で拡大するということです）。

　とは言え、資本主義生産においてもこの分裂には限度があります。生産と個人的消費とは内的には統一しているからです。マルクスはこのような言い方はしていませんが、その統一を表現しているのが、再生産論の均衡条件（＝社会的総資本の循環が完結する条件）であると言ってよいと考えます。単純再生産表式の均衡条件を例にしてごく簡単に説明しましょう。

　　Ⅰ　4000 c ＋ 1000 v ＋ 1000 m ＝ 6000
　　Ⅱ　2000 c ＋　500 v ＋　500 m ＝ 3000

　この単純再生産表式は均衡しているのですが、その均衡条件はⅠ 1000 v

＋ 1000 m ＝Ⅱ2000 c 、です。この表式で、Ⅰ部門は生産諸手段の生産を、Ⅱ部門は消費諸手段の生産を表しています。Ⅰ部門の生産物はすべて生産的に消費され、Ⅱ部門の生産物はすべて個人的に消費されます。ですから、Ⅰ部門は生産のための生産部門であり、Ⅱ部門は個人的消費のための生産部門と言えます。

このように生産部門をⅠ部門とⅡ部門に分割する場合、個人的な消費が含まれずに、生産的消費のみが含まれるという資本の循環（個別資本の資本循環）のもとでの生産拡大は、Ⅱ部門が拡大しなくてもⅠ部門は拡大するということになります。しかし、逆に、Ⅰ部門の役割はⅡ部門のための生産諸手段を生産することであるというのが再生産表式の均衡条件（Ⅰ 1000 v ＋ 1000 m ＝Ⅱ2000 c ）の含意なのです。この均衡条件から大きく離れると、部門間の均衡が崩れることになります。

上記の単純再生産表式においては、Ⅰ部門4000 c ＋ 1000 v ＋ 1000 mのうち、4000 c の生産諸手段はⅠ部門内部で生産的に消費されます。残りのⅠ 1000 v ＋ 1000 mの生産諸手段はⅡ部門に提供される以外になく、それがⅡ部門で生産的に消費される（Ⅱ2000 c ）という関係が表されています。したがって、Ⅰ 1000 v ＋ 1000 m ＝Ⅱ2000 c が成り立たなくてはなりません。

他方で、Ⅱ部門2000 c ＋ 500 v ＋ 500 mのうち、500 v ＋ 500 mの消費諸手段がⅡ部門内で個人的に消費され、残りの2000 c の消費諸手段がⅠ部門に提供される以外になく、それがⅠ部門で個人的に消費される（Ⅰ 1000 v ＋ 1000 m）という関係も表されています。ここでも、Ⅱ2000 c ＝Ⅰ 1000 v ＋ 1000 mが成り立たなくてはなりません。また、Ⅰ部門はⅡ部門に生産諸手段を提供したことによって、Ⅰ部門が必要とする個人的消費のための消費諸手段を手に入れることになります。全体として、単純再生産表式の均衡条件は生産と個人的消費との統一が表現されています。

なお、この（5）項で論じたことと関連して、第二部第一草稿にある次の叙述はとても参考になりますので、ここでも引用しておきます。叙述Aや叙述Bが第一章のものですが、この叙述は第三章（第七節）にあります。氏も注目して引用している箇所です。

個人的消費はしかし、再生産過程の必然的かつ内在的な契機では

あるが、消費と生産とはけっして同一ではないし、さらに個人的消費はけっして資本主義的生産様式の規定的かつ先導的な動機ではない。このあとのことは、生産者と消費者とが同一の場合にだけありうるのであるが、資本主義的生産様式の基礎はまさに、直接的生産者の・生産者大衆の・つまり労働者の・消費と生産とが相互にまったくなんの関係もなく、むしろ、資本主義的生産様式の発展に比例して分裂していく、ということなのである。この両契機の相互にたいする疎外と、他方での、両契機の内的関連あるいは相互一体性とは、それらの強力的な均衡化、〔すなわち〕恐慌において自己を貫徹する。したがって、生産と消費とは相互にある一定の内在的な限度と関係をもっており、生産の量はやはり結局のところは消費の量によって調節されなければならない、という恐慌に反対する理由は、まさに恐慌にとっての一つの根拠なのである。なぜならば、資本主義生産の基礎上ではこのような相互的調整は直接的には存在しないのだからである。

（『資本の流通過程』大月書店、283～284ページ、波下線……川上）

　付言しますと、この第4節の【探求】の項で述べたことは、氏の論文への直接的な批判ではないのですが、私自身もこれまで得ていなかった重要な認識です。氏の論文を検討によってもたらされたもので有り難く感じています。

第5節　個別資本のW'―G'の短縮形態を再生産論に位置づけることができるのか

　第二部第一草稿には「流通過程の短縮」という運動形態についての叙述があり、氏は、この運動形態が恐慌現象の解明に「きわめて貴重で重大な内容」をもつと述べています。第3節では、マルクスの叙述を氏がどのように理解して、そのように主張しているのかを検討し、第4節では、該当するマルクスの叙述に対する氏の理解の適否を検討し、そのマルクスの叙述についての私の理解を対置しました。そのなかで、「流通過程の短縮形態」などを一般的な規定として用いる場合は「W'―G'の短縮形態」などとする方が適切

であるとも書きました。本第5節では、このW′―G′の短縮形態を再生産論に位置づけることができるのかについて検討します。というのは、第7節で紹介するように、氏は、W′―G′の短縮形態を、再生産論のなかの「再生産過程の攪乱」の中心に位置づけられるものとしています。ですが、そもそも、それを再生産論に位置づけることが可能なのかどうかについて考えなければならないからです。

(1)『資本論』における再生産論と第二部第一草稿との関係

　この章に冒頭に紹介しましたように、不破氏は、2001年の新年インタビューで「『資本論』第二部では、再生産論を恐慌へと結びつけるかんじんの分析が出てこないのです」と述べています。ここで取り上げられている「再生産論」とは『資本論』第二部第三編「社会的総資本の再生産と流通」で、マルクスが明らかにした理論を指しています。マルクス経済学において「再生産論」とは一般的にこの理論のことです。すなわち、再生産論とは社会的総資本の再生産を意味して用いられています。ところが、「W′―G′の短縮形態」についての叙述がある第二部第一草稿においては社会的総資本の循環の概念がまだ未確立のように読めます。第二部第一草稿はこの点では非常に不十分なのです。

　前節の(3)「第二部第一草稿の叙述Bを読む」のなかで、第二部第一草稿(『第二部　資本の流通過程』)について、その構成などを簡単に見ました。そして、第1章「資本の流通」の第1節「資本の諸変態」において、マルクスが資本の循環をⅠ、Ⅱ、Ⅲ、Ⅳの四つの形態にわけて、それぞれの形態について説明していることを紹介し、次のように述べました。

　「現行『資本論』では、資本循環は、貨幣資本の循環、生産資本の循環、商品資本の循環の三つの形態にわけられています。これに比べると、定式も意義づけも大きく異なる点があり、第二部第一草稿の資本循環の分析はまだ完成していないと言えます。この点は、後述します」。「後述する」とした、この問題について、ここでその要点を述べようと思います。

　第二部第一草稿では資本循環をⅠ、Ⅱ、Ⅲ、Ⅳの四つの形態にわけています。その定式の記号での表現の仕方は、先に形態Ⅳについて紹介したように現行『資本論』のものとやや異なります。ここでは『資本論』の方式に直し

て紹介すると次のようです。

  Ⅰ：G—W…P…W'—G'

  Ⅱ：W…P…W'—G'—W

  Ⅲ：P…W'—G—W—P

  Ⅳ：W'—G—W…P…W'

このように、循環Ⅰが、『資本論』での、貨幣資本の循環に、循環Ⅲが生産資本の循環に、循環Ⅳが商品資本の循環に相当します。循環Ⅱは『資本論』では取り出されていない循環形態ですが、これは商品資本（資本家が購入した生産諸手段・労働力）を起点として、同種の商品資本を終点とする循環です。同じく、循環Ⅳも商品資本を起点とし終点とする循環です。第二部草稿では、まず循環Ⅰ、Ⅱ、Ⅲを区別した直後に、次のように述べています。

  なお、第四として、W'から、つまり生産された商品から出発する循環をつけくわえるべきであろう。すぐわかるように、この循環はある意味では（2）に含まれている。というのは、Wは（2）では資本主義生産過程の前提として現れているけれども、Wは、それよりまえの資本主義生産過程の結果だからである。しかしながら、完全を期して、この可能な第四の形態もここで作成しておこう。この形態がどの程度まで新たな諸観点を形成するかは、研究そのもののなかで明らかになるであろう。

        （『資本の流通過程』大月書店、16 ページ）

この引用文で（2）で示されているのは循環Ⅱのことです。マルクスは循環Ⅳは循環Ⅱと類似性の高いもので、両者の違いを、起点と終点としてのW（W'）がW…P…W'においてPの前にあるか後ろにあるかの違いだとしています。

循環Ⅱの起点・終点としてのWは、W…P…W'において、Pの前にあるWですし、循環Ⅳの起点・終点のとしてのW'はPの後ろにあるW'です。このようにマルクスは循環Ⅱも循環Ⅳも商品資本の循環として捉えています。この引用文では、循環Ⅳは循環Ⅱに「含まれている」と述べて、循環Ⅱの方を重視していますが、循環Ⅳの位置づけはその後の研究によって変わる

可能性があるとも述べています。

　現行『資本論』では、この循環Ⅳに相当する商品資本の循環が他の二つの循環（貨幣資本の循環、生産資本の循環）と並置され、資本循環はこれらの三つの循環の統一として捉えられています。ただし、この商品資本の循環は他の二つの循環とは異なる特別の性格をもつものとして位置づけられています。商品資本の循環は個別資本の循環を表現するものの、個別資本の循環としては完結せず、他の個別資本の循環を呼び起こすとが明らかにされているのです。すなわち、商品資本の循環は個別資本の循環を表現するだけでなく社会的総資本の循環をも表現することができ、社会的総資本の循環を表現するのに適した形態であるということです。

　なお、この点についての理解は第4章「社会的総資本の循環と商品資本の循環範式」を参考にしてください。ここでは、『資本論』の次の叙述を引用しておきます。

　循環W′…W′は、その進行のなかでW（＝A＋Pm）の形態にある他の産業資本を前提しているからこそ（またPmは、さまざまな種類の他の資本、たとえば、われわれの場合では機械、石炭、油などを包含するからこそ）、この循環そのものが、この循環を、次のように考察せざるをえなくする。すなわち、循環の一般的形態としてばかりでなく、すなわち個々の各産業資本（それが最初に投下される場合をのぞき）がそのもとに考察される社会的形態としてばかりでなく、同時に、個別諸資本の総和の運動形態すなわち資本家階級の総資本の運動形態として——個別の各産業資本の運動が、他の部分運動とからみ合い他の部分運動によって条件づけられる一つの部分運動としてのみ現われる運動として——考察するようにすることがそれである。たとえば、われわれが一国の年々の総商品生産物を考察して、それの一部分がすべての個別事業の生産資本を補填し、他の部分がさまざまな階級の個人的消費にはいり込む運動を分析するならば、その場合にはわれわれはW′…W′を、社会的資本の、ならびに社会的資本によって生みだされる剰余価値または剰余生産物の運動形態として考察するのである。

　これに対して、貨幣資本の循環と生産資本の循環は専ら個別資本の循環を表現します。また、資本の回転は個別資本を対象としたものであり、その基準になるのは貨幣資本の循環、および、生産資本の循環であると捉えられています（多数の個別資本についての平均回転期間、年平均回転数などは成り立ちます）。

　現行『資本論』第二部「資本の流通過程」の構成は第一篇「資本の諸変態とそれらの循環」、第二篇「資本の回転」、第三篇「社会的総資本の再生産と流通」です。これらの三つの篇の叙述の論理的な関係は大きく捉えると次のようになっています。第一篇「資本の諸変態とそれらの循環」で、資本循環に三つの形態（貨幣資本の循環、生産資本の循環、商品資本の循環）があることが明らかにされます。第二篇の「資本の回転」は貨幣資本の循環と生産資本の循環にもとづいて述べられ、第三篇の「社会的総資本の再生産と流通」は商品資本の循環にもとづいて述べられています。

　別の言い方をしますと、第一篇と第二篇は個別資本の循環と回転が対象ですが、第三篇は社会的総資本の循環が対象です。第一篇で、個別資本の循環を対象に分析することで把握できた商品資本の循環が社会的総資本の循環をも表現することを明らかにできたため、第三篇の「社会的総資本の循環」を明晰に叙述できたことになります。

　ところが、第二部第一草稿でのマルクスの分析はまだこの域に達していません。資本循環をⅠ、Ⅱ、Ⅲ、Ⅳの四つの形態にわけ、ⅡとⅣは同種の循環であると捉えていますから、事実上、貨幣資本の循環、生産資本の循環、商品資本の循環に区分して分析しているのですが、商品資本の循環が社会的総資本の循環を表現するのに適した形態であることまでは明らかにはできていません。それだけでなく、社会的総資本の循環という捉え方（概念）がまだ未確立です。

　そのため、第二部第一草稿の構成において第3章の捉え方と内容が『資本論』の第三篇と大きく異なります。すでに紹介しましたように、第二部第一草稿の構成は、第1章「資本の流通」、第2章「資本の回転」、第3章「流通と再生産」です。第1章と第2章とは『資本論』の第一篇と第二篇とほぼ重

なりますが、第3章と第三篇とは異なります。どちらも「再生産」をテーマにしているのですが、『資本論』の第三篇が社会的総資本の循環という角度から、「再生産」を取り上げているのに対して、異なる取り上げ方になっています。どのように取り上げているかについて、第二部第一草稿の叙述を見てみましょう。やや長く引用します。

> 第三章で行なうように、流通過程を現実の再生産過程および蓄積過程として考察するさいには、たんに形態を考察するだけではなくて、次のような実体的な諸契機がつけ加わる。
>
> (1) 実体的な再生産（これは蓄積――ここではただ、拡大された規模での再生産のことである――を含む）に必要な諸使用価値が再生産され、かつ相互に条件づけあう、そのしかた。
>
> (2) 再生産は、再生産を構成するその諸契機の、前提された価値＝価格諸関係によって条件づけられているのであるが、この諸関係は、諸商品がその価値で売られる場合は、労働の生産力の変化によって生じるその真実価値〔real value〕の変動によって変化しうるものである。
>
> (3) 流通過程によって媒介されたものとして表現される、不変資本、可変資本、剰余価値の関係。
>
> これにたいして、この第一章で展開しなければならないのは、新たなもろもろの形態規定性（範疇）だけであり、資本が流通過程を通過することによって生じる資本の新たなもろもろの形態規定性の形成だけである。　　　（『資本の流通過程』大月書店、9 ～ 10ページ）

述べられていることの中心点を繰り返すとおおよそ次のようです。

現実の再生産過程は第三章で考察するが、その場合には、資本循環の形態の面だけではなく、資本循環の実体的な面の分析が必要である。実体的な面として考えられるのは、(1)諸使用価値の間にある関係、(2)労働の生産力（生産性）の変化による価値の変動、(3)不変資本、可変資本、剰余価値の間にある関係、である。これから第一章で展開するのは資本循環の形態の面である。

ここで取り上げられている「資本循環の形態（の面）」が意味しているの

は、これまで述べてきましたように、個別資本の「資本循環」の形態のことです。社会的総資本の「資本循環」は含まれていません。しかし、現実の再生産過程は個別資本の循環としてではなく社会的総資本の循環として把握されます。『資本論』では、社会的総資本の循環を明らかにすることによって再生産表式が導き出され、実体面とされている（1）と（3）については明確に把握されています。

　社会的総資本の循環も資本循環の形態に含まれるのですが、第二部第一草稿では資本循環の形態が個別資本の「資本循環」として捉えられので、現実の再生産過程を社会的総資本の「資本循環」の形態にもとづいて把握するという捉え方にはなっていません。資本循環（＝個別資本の循環）の形態面の把握に実体面を付け加えることによって現実の再生産過程を捉えようとしているようです。また、第三章には再生産表式についての叙述もありません。先に、「再生産論」とは社会的総資本の再生産を意味して用いられていると述べましたが、内容の核となるのは再生産表式論です。それが第二部第一草稿の第三章にはないのです。

　念のために補足しますが、再生産、再生産過程という概念は個別資本を対象としてももちろん用いられます。個別資本の循環過程は、生産され起点となった資本が再び生産され終点となることですから、資本を再生産する過程です。起点・終点になる資本が貨幣資本の場合は、起点となる貨幣資本よりも終点となる貨幣資本の価値が増えていますから、それは価値増殖過程として現れます。

　起点・終点になる資本が生産資本の場合は、起点となった生産資本も終点となった生産資本も「生産過程」にある資本ですから、それは資本による生産過程の継続（繰り返し）、すなわち、再「生産過程」として現れます。この点については、『資本論』でも第二部第一草稿でもマルクスの捉え方は同じです。第二部第一草稿では循環Ⅲ（P…W′─G─W─P、生産資本の循環）について次のように述べています。「生産過程は、ここでは運動の出発点および終着点として、したがって再生産過程として現われる」（同前、42ページ）。

　また、第二部第一草稿では、循環Ⅳ（W′─G─W…P…W′、商品資本の循環）についての叙述の中で、このような個別資本の循環の形態で捉えられた再生産過程は「ただ形態的なものにすぎない」とし、現実の再生産過程

は「総資本の過程としてのみ把握されうる」と述べています。次がその引用です。

> 　第一段階のW'―Gも、そのGは、W'が生産条件としてそこにはいってゆく他の一資本の一段階の転化した姿態であるか、あるいは収入の転化した姿態である、ということを前提〔unterstellen〕にしている。これらの諸契機は、個別資本の再生産過程および流通においては現われず、そこではただ貨幣と現存する商品だけがたがいに交換されるのであるから、それ自体として孤立させられれば、こうした再生産過程はただ形態的なものにすぎないのである。現実の再生産および流通過程は、ただ、多数の諸資本の、すなわちいろいろな産業〔trades〕の諸資本に分裂している総資本の過程としてのみ把握されうる。したがって、これまでの考察方法とちがって、現実的再生過程の考察方法が必要なのであるが、それはこの部の第三章で行なわれる。
>
> （同前、59ページ）

　このように第二部第一草稿においてもマルクスは現実的な再生産過程を個別資本の循環ではなくて、総資本の過程（循環過程）として捉えうると述べています。それを第三章で行こなうとしているのですが、この第二部第一草稿では首尾良く進まなかったのだと考えられます。

　先に述べたように、第二部第一草稿には第一章「資本の流通」での資本循環の分析では「商品資本の循環」を取り出しているものの、その意義を十全には明らかにできていません。そのため社会的総資本の循環という捉え方も未確立です。このことが大きなな要因となって第三章「流通と再生産」で行なおうとしていた現実の再生産過程の叙述も思い通りには進まなかったのではないかと考えられます。この辺りの事情が第二部第一草稿を書く中で明確になったので、マルクスは、第二部の草稿を資本の循環を扱う最初の部分から完全に書き直すことにしたのでしょう。こう推測するのが合理的です。

　こうして、第二部第二草稿が執筆され、現行『資本論』の第二部は第二草稿を基礎にして編集されることになりました。もう少し詳しくみると、第二篇「資本の回転」が第二草稿と第四草稿、第三篇「社会的総資本の再生産と

流通」が第二草稿と第八草稿をもとにしていますが、資本循環を主題としている第一篇「資本の諸変態とそれらの循環」については、第二草稿だけでなく、第四草稿、第五草稿、第六草稿、第七草稿、第八草稿をもとに編集されています。第3章「商品資本の循環」は第五草稿です。

　なお、氏の論文に「『資本論』第二部草稿の執筆時期」を整理した表がありますが（『経済』2002年5月号、142ページ、『マルクスと「資本論」』②、38ページ）、それによると第二部草稿は八本（第一草稿～第八草稿）あり、現在の推定では第一草稿が1865年前半、第二草稿が1867～70年、第五草稿が1877年4月～10月、第八草稿が1879～81年に執筆されたそうです。

(2)「W '―G 'の短縮」が個別資本の循環についての規定であることの意味

　上の（1）項で述べたことと関連して、第3節で紹介しましたように、氏は、第二部第一草稿を『資本論』第二部の編集にあたって視野の外においたことがエンゲルスの編集に重大な弱点を生んだと述べています。この点は大切な論点なので、第3節で引用した氏の文章の後半部分を再度引用します。

> 　その流れのなかで見ると、マルクスは『六一～六三年草稿』で再生産論が基本的に解決されたことを踏まえて、『資本論』第二部・第一草稿で、運動論の角度からの恐慌現象への正面からの取り組みを、いよいよ開始したのだと言えます。
>
> 　ところが、エンゲルスはそのことに注目せず、第一草稿が「最初の……論考」として粗削りな点が多かったことを理由に、第二部の編集のさい第一草稿の全体をはじめから視野の外においてしまいました。私は、そのことが、第二部の編集に一つの重大な弱点を生む結果になった、と考えています。（同前、143ページ、40ページ）。

　しかし、（1）項で述べてきましたように、第一草稿についてはマルクス自身が全面的に書き改める必要があると考えたので第二草稿が書かれたと推測されます。氏が述べるように、マルクスは単純再生産表式の原型を『六一～六三年草稿』において完成させているのですが、第一草稿においてはそれを現実の再生産過程の分析に取り入れることができていません。第二部第二草

稿において再生産表式論を核として位置づけた再生産論が形成されたと言えると考えられます。『資本論』第二部が第一草稿を「視野の外において」、第二草稿を基礎にして編集されたのは当然のことです。これが第二部の編集に重大な弱点を生んでいるという氏の見解は、第一草稿のなかに再生産論の"空白"の中心部分を見出したという主張を根拠づけるための強引なものに過ぎません。

　『資本論』第二部のための諸草稿のうち早い時期に書かれた第一草稿〜第四草稿と『資本論』第二部の編集と関係について、エンゲルスは『資本論』第二部の序言で次のように述べています。やや長く引用します。

　　次の時期——第一部刊行後——のものとしては、第二部用に、二つ折り判の草稿を四つ集めたものがあり、マルクス自身によって第一から第四までの番号がつけられている。そのうち、1865年または1867年のものと推定される第一草稿（150ページ）は、現在の区分での第二部の最初の独立の、しかし多かれ少なかれ断片的な論考である。これからも利用はできなかった。第三草稿は、一部分は引用文とマルクスの抜き書き帳への指示を集めたもの——おもに、第二部、第一篇にかんするもの——からなっており、一部分は個々の論点の論稿、ことに固定資本および流動資本にかんする、また利潤の源泉にかんする、A・スミスの諸命題の批判からなっている。さらに、剰余価値率と利潤率との関係の叙述もあるが、それは第三部に属するものである。これらの指示は、新たな収穫をほとんどもたらなかった。仕上げられたものは第二部用のものも第三部用のものも、その後の改訂によって用をなさなくなっており、したがってこれもまた大部分は取りのけざるをえなかった。——第四草稿は、第二部の第一篇と第二篇の最初の諸章との印刷に付しうるばかりの論稿であり、それぞれ該当する個所で実際に利用された。これは、第二草稿よりも先に書かれたものと判明したが、形式においていっそう完全なので、第二部の当該部分のために有益に利用することができた。これは、第二草稿から若干の補足をするだけで十分であった。——後者の第二草稿は、第二部の論稿のうちで、ある程度まで

完成している唯一のもので、1870 年 のものである。最後の改訂の
　　ためのすぐ次に述べる覚え書きは、"第二草稿が基礎にされなけれ
　　ばならない"と明言している。　　　　　（『資本論』⑤、8〜9ページ）

　この引用文には、第一草稿〜第四草稿がそれぞれ大よそどのようなもので
あったかが述べられています。ですが、とりわけ注目しなければならないの
は、マルクスが第二部の編集では「第二草稿が基礎にされなければならない」
と明言していたということです（なお、この点は宮川彰氏〔東京都立大学名
誉教授〕が以前から強調されています。私もそれによって知ることになりま
した）。
　不破氏は、第二部の編集のさいにエンゲルスが第一草稿の全体を「視野の
外に」おいたことが、「第二部の編集に一つの重大な弱点を生む結果になった」
と述べています。この「一つの重大な弱点」として氏が捉えていることとは
具体的に何を指しているのでしょうか。それは、第一草稿に書かれている「流
通過程を短縮する形態」（＝W'―G'の短縮形態）が『資本論』第二部の再
生産論に位置づけられていないということです。これがエンゲルスの編集の
弱点だと言うのです。しかし、W'―G'の短縮形態は個別資本の循環につ
いての規定です。第二部の再生産論は社会的総資本の循環についての叙述で
すから、W'―G'の短縮形態はそのままでは再生産論になじみません。
　これまでに見てきたように、W'―G'の短縮形態は、第一草稿での資本
循環についての叙述Aと叙述Bとで与えられています。叙述Aで述べられて
いるように、資本家Aが自らの商品を担保に銀行から借り入れを行う場合、
また、叙述Bで述べられているように、資本家が自らの商品を商人に売る場
合、その資本家（個別資本）の販売過程（W'―G'）が短縮するというこ
とです。
　しかし、社会的総資本の循環においては、これからの場合、W'―G'の
短縮は起こりません。なぜならば、銀行も商人も大きくいえば社会的総資本
の機能の代行者だからです。前第4節（4）のⅲ）項で、商人との関わりで
生みだされるW'―G'の短縮について、商人（商人資本）の側からみた、『資
本論』第三部第4篇「商人資本」にある叙述を紹介しました。そこでは、商
人資本は社会的総資本の一部であると述べられています。すなわち、循環運

動をしている社会的総資本の一部の機能が「ある特殊な資本の機能として自立化され、分業によってある特殊な資本家たちに割り当てられ」たものとして捉えられています。また、リンネルを生産する資本家がリンネルを商人に売る場合、リンネル生産者は商品を貨幣に転化して生産を継続する（W′—G′を短縮する）と述べた文章に続けて次のように書いています。これは再度引用します。

> しかし、リンネルそのものにとっては、すでに見たように、この転化はまだ行なわれていない。リンネルはまだ終極的に貨幣に再転化していないのであり、まだ使用価値として消費に——生産的消費にであれ個人的消費にであれ——はいり込んではいない。リンネル商人は、いまや、市場では、リンネル生産者がそこで最初に代表していたその同じ商品資本を代表している。リンネル生産者にとっては、変態の過程が短縮されたが、しかし、それは商人の手で続行されることになるだけである。
>
> （『資本論』⑨、467ページ、傍点……川上）

　この引用文では、リンネル生産者にとっては短縮されたW′—G′が商人の手で続行されるとありますが、この商人が社会的総資本の機能を続行しているわけですから、社会的総資本の循環の場合はW′—G′の短縮は起きていないことになります。

　したがって、第二部第一草稿に書かれているW′—G′の短縮形態を『資本論』第二部の再生産論にそのまま位置づけることはもともと無理なのです。氏はエンゲルスへ無理な注文しているのですが、W′—G′の短縮形態は氏が主張するように重要な把握です。ですから、この把握は現行『資本論』に取り入れられています。先に検討した叙述Bについてはそのほとんどが『資本論』第二部第一篇第2章「生産資本の循環」のなかに再現されています。このことは氏も認めており次のように述べています。

　マルクスは、第一草稿でのこの経済モデル的な叙述に、この時点にとどまらない大きな意義を与えました。現行の『資本論』第二部

のなかでも、「第一篇　資本の諸変態とそれらの循環」のなかで、この叙述は、文章に仕上げの手をくわえたうえで、<ruby>ほぼ<rt>﹅﹅</rt></ruby><ruby>全文<rt>﹅﹅﹅﹅﹅﹅﹅</rt></ruby><ruby>が<rt>﹅</rt></ruby><ruby>再現<rt>﹅﹅</rt></ruby>しています。（『資本論』⑤ 117 〜 119 ページ、〔上〕Ⅱ 120 〜 122 ページ、ここは 1877 年執筆の第五草稿からとった部分です）」（『経済』2002 年 5 月号、170 ページ、『マルクスと「資本論」』②、103 ページ、引用文中に「経済モデル的な叙述」とありますが、叙述 B（の後半部分）を指しています。傍点……川上）。

　叙述 B のなかの W ' ─ G ' の短縮についての叙述は『資本論』では第二部第一篇第 2 章「生産資本の循環」に取り入れられています。貨幣資本の循環と生産資本の循環は個別資本の循環についての叙述です。これまでに強調してきたように、W ' ─ G ' の短縮は個別資本の循環についての規定ですから、それが『資本論』において、然るべき項目に位置づけられたということになります。

　そうなったのは、マルクス自身が第二部第一草稿にあった W ' ─ G ' の短縮形態という重要な把握を第二部第五草稿のなかで活用したからです。そのため第二部第一草稿をエンゲルスが「視野の外に」おいたにもかかわらず、W ' ─ G ' の短縮形態という重要な把握は第二部第五草稿を通して、現行『資本論』の編集に取り入れられています。それを知っていて氏はエンゲルスの編集になお弱点があると言っているのです。それでもそう言うのは、W ' ─ G ' の短縮形態についての現行『資本論』での位置づけが悪いということでしょう。結局、氏は、この第 5 節の冒頭で述べたように、W ' ─ G ' の短縮形態という把握が再生産論（そのなかの「再生産過程の攪乱」の中心部）に位置づけられていないことをエンゲルスの編集の弱点だと強弁しているのです。しかし、後述するように、再生産論を補完する「再生産過程の攪乱」をマルクスは書くことができなかったのですから、それもエンゲルスへの無理な注文ということになります。

【探究】個別資本の W ' ─ G ' の短縮は再生産論ではどう扱われるのか

　W ' ─ G ' の短縮形態は個別資本の循環についての規定です。第二部の再生産論は社会的総資本の循環についての叙述ですから、W ' ─ G ' の短縮形

態はそのままでは再生産論になじみません。前項（2）で、このように書き
ました。では、W'—G'の短縮は再生産論ではどう扱われるのでしょうか。
W'—G'の短縮形態は現行『資本論』二部の再生産論に取り入れられるべ
きだったというのが氏の主張です。前項（2）での私の主張はそれは無理で
あるというものです。しかし、個別資本の循環において生みだされた重要な
形態であり、恐慌などの原因にもなるW'—G'の短縮形態が生みだす事態
を再生産論に取り入れるべきだとの氏の主張自体は誤りではなく積極的なも
のです。そこで、『資本論』を補完する理論問題としてこの問題について考
えておきましょう。ここは氏の論文への直接的な批判ではないので、論証を
省き私の考えの要点を述べることにします。また、そのことを明示するため
に見出しの標題には【探究】を付しました。

　個別資本のW'—G'の短縮という形態はそのままでは再生産論にはなじ
みません。問題は、個別資本の循環においてW'—G'の短縮がなされたが、
それが社会的総資本の循環ではどういう形態で現れるのかというように提起
されねばなりません。この問題を考えるためには、社会的総資本の循環につ
いて『資本論』第二部第三篇「社会的総資本の再生産と流通」で明らかにさ
れていることを踏まえねばなりません。個別資本の循環と社会的総資本の循
環との違いに焦点を絞ると次の点が重要です。

　①　社会的総資本とは、その社会における個別諸資本の総計である。

　②　個別資本の循環は貨幣資本の循環、生産資本の循環、商品資本の循
環を含むが、社会的総資本の循環は商品資本の循環範式W'—G—W…P…
W'で表現される。

　③　個別資本の循環の起点・終点は、その個別資本の、始点と終点の貨幣
資本、生産資本、商品資本であるが、社会的総資本の循環の起点・終点は、
どちらも、その社会における総個別資本が一定期間（普通、「一年間」をとる）
に生産した総商品生産物（＝W'＝社会的総資本）である。したがって、社
会的総資本の循環とは年間総商品生産物のその社会での相互交換（W'—G
—W、総流通）のことであり、社会的総資本の循環が完結するとは、その相
互交換が完結することである。

　④　個別資本の循環には生産的消費を含むが個人的消費は含まれない。し
かし、社会的総資本の循環には生産的消費と個人的消費とがともに含まれる。

個人的消費も含まれることによって年間総商品生産物の相互交換が完結する。

⑤　社会的総資本の循環は再生産表式で十全に把握することができる。

　以上の５点ですが、『資本論』第二部は、価値、剰余価値にもとづく叙述の段階であり、①から⑤で述べた社会的総資本の循環や再生産論についても、現実経済の諸概念である利潤率、平均利潤率や生産価格、地代は捨象されています。また、現実の社会的総資本では、その機能の分化・自立化（分業）によって商人資本や金融資本が生まれていますが、これも捨象されています。

　なお、念のために、①と④についてのマルクスの叙述を短く引用します。

> 　社会的資本の運動は、これらの資本の自立化された諸断片の運動の総体、すなわち個別諸資本の回転の総体から成り立つ。個々の商品変態が商品世界の変態系列──商品流通──の一環であるのと同じように、個別資本の変態、その回転は、社会的資本のなかの一環である。
>
> 　この総過程は、生産的消費（直接的生産過程）ならびにそれを媒介する形態諸転化（素材的に見れば諸交換）とともに、個人的消費ならびにそれを媒介する形態諸転化または諸交換を包含する。
>
> （『資本論』⑦、556ページ）

　それでは、個別資本の循環におけるＷ'─Ｇ'の短縮形態は社会的総資本の循環ではどういう形態で現れるのでしょうか。個別資本Ａが自己の商品を商人に販売しＷ'をＧ'に転換させたけれども、それはまだ商人の手のなかにあり、生産的消費者や個人的消費者には販売できていない場合を取り上げて考えてみます。商人の手に留まっている商品を仮に商品Ｘとしましょう。この商品Ｘは社会的総資本の年間総生産物に含まれます。社会的総資本の循環が完結するということは、この年間総生産物がすべて相互交換され、生産的消費者か個人的消費者の手に入るということです。商品Ｘは商人の手のなかにあるのですから、その生産者であった個別資本Ａの資本循環にとっては商品ＸについてのＷ'─Ｇ'の転化が完結しているのですが、社会的総資本の資本循環にとっては商品ＸについてのＷ'─Ｇ'の転化は完結していないことになります。

ⅰ）「商品在庫の増加」概念の導入

　では、商品Ｘは、社会的総資本の総循環において、どのような形態で現れているのでしょうか。結論的に言えば、商品Ｘは商品在庫の増加（＝商品の在庫増加）という形態で現れます。ポイントとなるのは商品の在庫増加の概念です。手短に説明しましょう。

　一般に、社会の生産と消費が順調に進行するには生産物の一定量が備蓄されていることが必要です。生産を順調に進めるには原材料の備蓄が必要ですし、生産途上には仕掛り品が貯まりますし、生産された製品も貯まります。また、生活にとっても消費物資の一定量の備蓄は必要です。この備蓄品は、普通、倉庫に在りますので、経済学の概念としては在庫（在庫品）と呼びます。

　マルクスも在庫についてはしばしば言及しており、まとまった叙述は『資本論』第二部第一篇第６章「流通費」第２節「保管費」（「１ 在庫形成一般」「２ 本来の商品在庫」）にあります。また、第二部第一草稿でも先に紹介したように第１節「資本の諸変態」の「中見出し」のなかに「在庫形成」という項目があります。

　第二部第一篇第６章では、資本主義生産社会における在庫は三つの形態で存在すると述べています。

> 　事実、在庫は三つの形態で実存する──すなわち、生産資本の形態で、個人的消費元本の形態で、および商品在庫または商品資本の形態で。　　　　　　　　　　　　　　　（『資本論』⑤、220 ページ）

　そして、この「商品在庫」についてはこう述べています。

> 　生産物は、それが商品資本として定在するあいだ、またはそれが市場に滞留するあいだ、すなわちそれが出てくる生産過程とそれがはいり込む消費過程との合間にあるあいだは、商品在庫を形成する。……けれども、生産過程および再生産過程の流れは、多量の商品（生産諸手段）が絶えず市場に見いだされ、したがって在庫を形成することを必要とする。　　　　　　　　　　　（同前、216 ページ）

さらに、次のように述べています。

商品在庫が商品流通の条件であり、しかも商品流通のなかで必然的に発生した一形態でさえある限り、したがって、貨幣準備金の形成が貨幣流通の条件であるのと同様に、この外観上の停滞が流れそのものの形態である限り——ただその限りにおいてのみ、この停滞は正常である。これに反して、流水貯水池に滞留する諸商品が、あとから追いかけてくる生産の波に席を譲らず、この貯水池があふれるようになるやいなや、貨幣流通が停滞すれば蓄蔵貨幣が増大するのとまったく同様に、商品在庫が流通停滞の結果、膨張する。この場合、この停滞が産業資本家の貯蔵庫で生じるか商人の倉庫で生じるかは、どうでもよい。その場合には、商品在庫は中断のない販売の条件ではなく、商品の販売不可能の結果である。

(同前、232ページ、傍点……川上)

マルクスの叙述からこの問題を考えるうえで肝要な点をなるべく少なく引用しました。資本主義生産においては、商品生産物は、「市場に滞留するあいだ、すなわちそれが出てくる生産過程とそれがはいり込む消費過程との合間にあるあいだ」は商品在庫という形態をとります（これは資本循環において資本が商品資本のときと一致します）。そして、生産と流通が順調に継続するためには、商品在庫が必要であり、生産と流通が順調のときは商品在庫の量的水準は「正常」です。しかし、生産の水準がそのままで商品の販売ができなくなると、商品在庫は正常な水準よりも膨張（増加）することになるのです。

すなわち、個別資本の循環においては商品資本は商品在庫を形成し、その循環が順調のときは商品在庫の量的水準は正常ですが、商品の生産が増加し、それが順調に消費されない場合は、商品在庫の増加が発生します。このことは個別資本の循環だけでなく総資本の循環（商品資本の循環）についても同様です。

さて、商品在庫の増加という概念を用いれば、「個別資本Aが生産し商人

の手に留まっている商品Xは、社会的総資本の総循環において、どのような形態で現れているのか」という先の問題は次のように捉えられます。

　個別資本Ａが商品Xを生産し、その商品Xについて販売（Ｗ'―Ｇ'）を行なう場合について考えます。①買い手がつかない場合（個別資本ＡのＷ'―Ｇ'は未実現）は、商品Xの分だけ、その個別資本の商品在庫が増加します。②商人に売った場合（個別資本ＡのＷ'―Ｇ'は実現〔＝Ｗ'―Ｇ'の短縮〕）、商品Xの分だけ商人の商品在庫が増加します。③個別資本Ａが直接、あるいは、商人資本が最終消費者に売った場合、商品在庫は個別資本Ａにも商人にも増加しません。

　この三つの場合が社会的総資本の循環においてはどうなるかについて見ると、①と②の場合は社会的総資本の商品在庫が商品Xの分だけの増加し、③の場合は、社会的総資本の商品在庫の増加はなく、循環も順調に完結するということになります。

　①の場合と②の場合については社会的総資本の循環では形態としてはどちらも商品在庫の増加になり同じなのですが、実体は異なります。というのは、①の場合は、個別資本ＡにとってＷ'―Ｇ'の短縮は起こらず、商品在庫が商品Xの分だけ増加するのが当該の個別資本Ａですから（＝売れ残りが増えるということ）、生産の拡大に抑制が掛かります。これに対して、②の場合は、商品在庫の商品Xの分の増加が商人の商品在庫において生じます。そして、個別資本ＡのＷ'―Ｇ'は実現し、生産は抑制されずにそのまま順調に進みます。というわけで、実体的には、①の場合は、社会的総資本の商品在庫の増加は大きくならず、個別資本ＡのＷ'―Ｇ'の短縮が起こる場合に、社会的総資本の商品在庫の増加が大きくなるということです。この商品在庫の増加が大きくなり過ぎると恐慌の原因となるわけです。

（なお、個別資本の循環におけるＷ'―Ｇ'の短縮形態について、個別資本Ａが自己の商品を商人に販売しＷ'をＧ'に転換させたけれども、それはまだ商人の手のなかにある場合を取り上げて、それが社会的総資本の循環ではどういう形態で現れるのかについて考えてきました。もう一つの場合である、個別資本Ａが自己の商品を担保にしての銀行からの借り入れによってＷ'―Ｇ'を短縮する場合についても簡単に触れておきます。これは、上記の①でありながら、個別資本Ａが自己の商品の価値に見合う貨幣を入手することに

よって、W′—G′を実現したということです。ですから、社会的総資本の商品在庫の増加は商人においてではなく個別資本Aにおいて生じます。自己の商品の売れ残りは生じるのですが、W′—G′は実現し、貨幣は入手していますから、生産はそのまま進行させることができます）。

ⅱ）個別資本のW′—G′の短縮は再生産表式ではどう表現されるか

　以上の考察をもとに、次に、個別資本のW′—G′の短縮が再生産表式ではどう表現されるかについて考えます。

　先に次の趣旨のことを述べました。商人の手のなかにある商品Xについては、その生産者であった個別資本Aの資本循環にとってはW′—G′の転化が完結しているが、社会的総資本の資本循環にとってはW′—G′の転化は完結していない。というのは、社会的総資本の循環が完結するということは、この年間総生産物がすべて相互交換され、生産的消費者か個人的消費者の手に入るということであるから。

　この点について、どう扱われるのかについて、まず述べておきましょう。商品Xだけの「商品在庫の増加」が生じたとしても、商品Xが最終消費者の手に入ったわけではありませんから、社会的総資本の循環が完結するということにはもちろんなりません。しかし、「商品在庫の増加」という形態は社会的総資本の循環におけるW′—G′—Wを形式的に（擬制として）実現することになります。というのは、商品在庫の所有者がその増加分を購入した（＝G—Wを行なった）という形式のもとで「商品在庫の増加」が発生するからです。すなわち、商品生産者の商品が商品在庫の所有者に販売されたという形式をとり、そのW′—G′も実現します。

　なお、社会的総資本の循環において、総商品生産物の需給の不一致は常に起こることですから、商品在庫が一定量存在することと商品在庫の増減は不可欠です。（この場合、商品在庫の減少は、「商品在庫の増加」がマイナス〔負〕の値を示すことになります）。社会的総資本の循環は現実には正常の形態においても完全には完結しないということでもあります。しかし、この「商品在庫の増加」が大きくなり過ぎることは恐慌（社会的総資本の循環の破綻）の発生にも繋がるものであり、社会的総資本の循環の正常な形態ではないということになります。

次に、W'—G'の短縮が再生産表式ではどう表現されるかについて、個別資本の商品が商人の手に大量に留まっている場合を取り上げて考えます。『資本論』第二部再生産論での馴染みの単純再生産表式にもとづいての表現としましょう。

　I　4000 c + 1000 v + 1000 m ＝ 6000
　II　2000 c + 500 v + 500 m ＝ 3000

　『資本論』第二部の叙述段階では商品在庫（とその増加）は取り上げられていますが、商人（商人資本）は捨象されています。そこで、商品在庫の所有者としての商人についてだけは先取り的に導入することにします。すなわち、「商品在庫の増加（商人所有）」という項目を新たに設定することにします。

　「個別資本の商品が商人の手に大量に留まっている場合」について、単純再生産表式でどう表現するかを検討しているのですが、この場合の設定をもう少し具体的にしましょう。第II部門における多数の個別資本の諸商品（消費諸手段）が商人の手に滞留しているとします。（個人的消費は個別資本の資本循環に含まれていないので、また、賃金が抑制されているので、第II部門の商品生産物において滞留が発生しやすいと考え、こう設定しました）。

　数量的な設定としては、第II部門（総生産物3000）が10％（300）の増産を行ない、その300が商人の手に渡ってそのまま売れ残って（滞留して）商品在庫の増加になったとします。他に商品在庫の増加はないとの設定にすれば、社会的総資本の「商品在庫の増加（商人所有）」＝ 300、となります。

　この場合、第II部門は10％の増産ですから、次のようになります。

　II　2200 c + 550 v + 550 m ＝ 3300

　単純再生産表式の均衡条件が成り立つにはII 2200 ＝ I 1100 v + 1100 m であることが必要なので、第I部門は次のようになります。（個別資本の循環には生産的消費が含まれますから、第I部門は第II部門の 2000 c → 2200 c の増加に対応できます。その過程で自部門の 4000 c → 4400 c も実現できます）。

　I　4400 c + 1100 v + 1100 m ＝ 6600

　『資本論』第二部の再生産論における再生産表式は、使用価値の面では生産諸手段（I）と消費諸手段（II）の区別、価値の面ではcとvとmの区別のみの非常に単純化した表式です。「商品在庫の増加」などは取り上げられ

ていません。私は再生産表式を現実経済の分析に生かすために、再生産表式を合理的に表現できる表現形式（マトリックス表示）を考案し、それにもとづく研究を幾つか発表しています（『計量分析 現代日本の再生産構造』大月書店、『マルクス再生産表式論の魅力と可能性』本の泉社、など）。ここでも、再生産表式のマトリックス（行列）表示を用いて、「商品在庫の増加」を導入した単純再生産表式を表現しようと思います。まずは、単純再生産表式と拡大再生産表式のマトリックス表示とは次のようなものです。

先に挙げた馴染みの単純再生産表式をマトリックス表示を図1で示しました。また、図2は、次の拡大再生産表式をマトリックス表示したものです。

Ⅰ 4000 c + 1000 v + 1000 m = 6000
Ⅱ 1500 c + 750 v + 750 m = 3000

詳しい説明は省略しますが、太枠内の各項の数値について縦列に合計した数値、および横列に合計した数値が、太枠外に位置するそれぞれの数値と合致することによって再生産表式の均衡条件が示されています。

そして、図3が、再生産表式のこのマトリックス表示によって、先に導いた設定での単純再生産を表式の形式で表現した図です。その設定を確認すれば、第Ⅱ部門（総生産物3000）が10%（300）の増産を行ない、その300が商人の手に渡って滞留し商品在庫がその分だけ増加し、他に商品在庫の増加はなく、社会的総資本の商品在庫の増加も300になった場合の単純再生産です。

この（3）項の最後に、この図3によって明確になることを4点だけ挙げておきます。

第1に、総生産物3300の第Ⅱ部門において、300が個人的消費に入らずに、商人の手のなかで滞留し商品在庫の増加になっている場合、この300の商品在庫の増加がなければ、第Ⅱ部門が300だけ縮小（3300 → 3000）するだけでなく、第Ⅰ部門も600だけ縮小（6600 → 6000）することになる。

第2に、社会的総資本の「商品在庫の増加」300が商人の所有する商品在庫であるということは、商人はその300の価値を実現（貨幣に転化）していないけれども、第Ⅰ部門と第Ⅱ部門の生産資本（産業資本）は総商品生産物9900の価値をすべて実現（貨幣に転化）していることになる。なぜなら、「商品在庫の増加」300の部分は生産資本にとっては商人に売ることによって価

図1　単純再生産表式のマトリックス表示

需要（買い）＼供給（売り）		総生産物の価値構成					
		I部門の総生産物			II部門の総生産物		
		c 4000	v 1000	m 1000	c 2000	v 500	m 500
素材構成	I部門の総生産物 6000	4000			2000		
	II部門の総生産物 3000		1000	1000		500	500

図2　拡大再生産表式のマトリックス表示

需要（買い）＼供給（売り）		総生産物の価値構成						蓄積元本（余剰生産物）	
		I			II			I	II
		c 4000	v 1000	m 1000	c 1500	v 750	m 750		
素材構成	I 6000	4000			1500			500	
	II 3000		1000	500		750	600		150
追加資本の形成	不変資本 Δc			400			100		
	可変資本 Δv		100			50			

113

図3　個別資本の個別資本のW'―G'の短縮の再生産マトリックス表示

需要（買い）／供給（売り）		総生産物の価値構成						商品在庫の増加（商人所有）	
		I			II			I	II
		c 4400	v 1100	m 1100	c 2200	v 550	m 550		
素材構成	I　6600	4400			2200				
	II　3300		1000	1000		500	500		300
蓄蔵貨幣の増加	c 部分								
	v 部分		100			50			150
	m 部分			100			50		150

値を実現（貨幣に転化）できているからである。したがって、総商品生産物のc部分、v部分、m部分も貨幣に転化され、その貨幣による商品生産物の購入も「商品在庫の増加」300を除いてなされている。その「商品在庫の増加」300については、図3で示されているように、v部分のうち150、m部分のうち150、これらを合わせた300がⅡ部門の商品生産物を購入しなかったため生じたことになる。このv部分150、m部分150は「蓄蔵貨幣の増加」になる。

　第3に、拡大への欲求を内在させる資本主義生産には、個別資本の資本循環に個人的消費が含まれていないという矛盾がある。Ⅱ部門の生産資本が消費諸手段をさしあたって商人に販売し、生産を拡大するということは、この矛盾への対応である。この矛盾の方を主体として見れば、この矛盾へのこの対応は、この矛盾が自己を実現する運動形態の一つであり、この矛盾が自己

を解決する運動形態の一つでもある。しかし、この解決の形態による生産拡大には限度があり、商品在庫の増加が大きくなって滞留する期間が長くなれば、商品在庫の縮小へと転じざるを得ず恐慌の原因ともなる。したがって、この矛盾の運動形態が恐慌を発現させることにもなる（ちなみに、現実経済の分析するために「在庫循環」という経済用語も用いられています）。図3で示された社会的総資本の循環の姿はこの矛盾の運動形態の一断面である。

　なお、「この矛盾が自己を解決する運動形態の一つでもある」と書きましたが、その意味について少し補足します。矛盾が自己を解決する運動形態とは矛盾を無くすことではもちろんありません。図3は、商品在庫の増加300が生じたという設定での作図であり、この場合、ｖ部分とｍ部分に蓄蔵貨幣の増加300が生じることが示されている。ということは、商品在庫の増加分を購入することができる貨幣の増加分もまた用意されることが示されているのである。したがって、ｖ部分とｍ部分の所有者が商品在庫の増加分を購入する意志を持てば、この商品在庫の増加は解消でき、Ⅰ部門とⅡ部門ともに10％拡大した単純再生産表式がもたらされることになる。このような運動をも含み得るということです。

　［この部分を書いて我ながら驚いています。というのも、いま述べた設例の場合、総商品生産物の10％の拡大が拡大再生産表式のルートを経ずに実現しているからです。マルクスの再生産表式は単純再生産表式も拡大再生産表式も生産性の増加を想定していません。ここでの設例でも生産性の増加は想定されていません。拡大再生産表式の場合は、社会全体に蓄積元本が存在する条件のもとで、個別諸資本による資本蓄積がそれと結びつくことによって総商品生産物の拡大が実現します。（図2で表現されていますように、生産諸手段の蓄積元本はⅠ（ｖ＋ｍ）－Ⅱｃですので、これが正の値であることが条件です）。この「商品在庫の増加」を媒介とする設例ではⅠ（ｖ＋ｍ）＝Ⅱｃの条件のもとで総商品生産物の拡大が実現しています。

　拡大再生産表式の場合は、個別諸資本の資本蓄積が起点ですが、この設例の場合は、消費需要を超える増産が起点になっています。マルクスの再生産表式では「商品在庫の増加」などは想定されていませんので、総商品生産物のこのような拡大の方式があり得ることについては言及されなかったのでしょう］。

第4に、この【探求】の項のテーマとして、「個別資本のW'─G'の短縮は再生産論ではどう扱われるのか」を立てて検討してきたが、図3で示したように、W'─G'の短縮（あるいは流通過程の短縮）という形態は社会的総資本の循環にはそのままの形態では現れず、商人への商品の販売によってW'─G'の短縮が起きた場合には、商人が所有する商品在庫の増加という形態として現れる。

　最後に、付言すれば、「個別資本のW'─G'の短縮」を再生産論によって取り上げるという、この項のようなテーマは、マルクスによっては行なわれなかったことであり、現行『資本論』にとって理論的に欠けている部分ではなく、現行『資本論』を補完する課題ということになるでしょう。

第6節　個別資本のW'─G'の短縮と恐慌論との関連

　前節（第5節）では、W'─G'の短縮と再生産論との関連を検討しました。この節では、W'─G'の短縮と恐慌論との関連について検討しようと思います。このテーマが難しいのは、前節の再生産論については『資本論』において、展開部分はないものの、その完成品が提供されているのに対して、恐慌論については『資本論』においては未完成であると考えられることです。そのため、このテーマの検討には、マルクスが恐慌論をどう論じようとしていたのかについて推測しなければならないという困難さが含まれて来ます。しかも、私は再生産論については著書もあるのですが、恐慌論をテーマにした研究は行なったことがありません。しかし、氏の論文「再生産論と恐慌」は恐慌が標題に掲げられており、恐慌が主題の一つなのですから、このテーマの検討は外せません。

　そこで、恐慌論については基本点を論理的に押さえることを主眼にして検討しようと考えます。

　第3節の（2）で、整理して紹介したように、氏は、「流通過程の短縮」という運動形態が「恐慌現象の運動論的解明」という点で「きわめて貴重で重大な内容」であるとしています。この捉え方への検討として、第4節では、マルクスの叙述に照らして「流通過程の短縮」の真の意味を吟味し、個別資本の「W'─G'の短縮」と表現する方が適切であることなどを示しました。

また、前第5節では、個別資本の流通過程（W'—G'）の短縮という形態のままでは再生産論にはなじまないことなどを明らかにしました。しかしながら、第4節と第5節での検討を通して「W'—G'の短縮」という形態が恐慌の一つの原因となること自体はその通りであることも確認できました。ただ、この点に関しては、第二部第一草稿においてだけでなく、それと同じ内容が『資本論』にも述べられていることも確認しました。

　ですから、この節で検討せねばならないことは、主として、「W'—G'の短縮」の恐慌論にとっての位置づけの問題です。その場合、氏は、「W'—G'の短縮」という運動形態が「恐慌現象の運動論的解明」という点で極めて重要な内容を持っていると言っていますので、この「恐慌現象の運動論的解明」とは何を意味するのかについて明確に捉えることが肝要な点になります（前にも触れましたが「恐慌問題の運動論的解明」と表現されている場合もあります）。

(1)「恐慌現象の運動論的解明」とは

　「恐慌現象の運動論的解明」という捉え方はそれまでなじみのないものであったので、おそらく、氏によって提起された捉え方であると思います。そこで、まず、氏がどのような意味で「恐慌現象の運動論的解明」と述べているのかについて改めて見てみましょう。論文「再生産論と恐慌」の出発点になった新春インタビュー（第2章の冒頭に引用しています）なかで恐慌の問題について次のように述べています。

> 　ところが、『資本論』第二部では、再生産論を恐慌へと結びつけるかんじんの分析が出てこないのです。第二部にはその部分がない。再生産論が、恐慌の周期的な到来の仕組を解明する理論的な指針にまで、仕上げられないままでいるといった印象が非常に深いのです。

　この引用文からわかることは、氏が、恐慌論の解明にとって重要なことは、「恐慌の周期的な到来の仕組み」を明らかにできるまでに再生産論を仕上げることであると捉えていることです。これと同じ趣旨のことが論文「再生産論と恐慌」の冒頭ではこう述べられています。

> しかし、「生産と消費との矛盾」と再生産論との有機的な関連について
> は、現行の『資本論』には、必ずしも十分な解明が与えられ
> ていません。「生産と消費との矛盾」として現れる内在的矛盾が、
> どのように働いて再生産過程の均衡条件を破壊するにいたるのか、
> その破壊にいたる過程がなぜ産業循環という周期的な形態をとるの
> か、どのような仕組みがそういう循環的な運動を可能とも必然とも
> するのか──これらは恐慌問題の"運動論"的な解明とも言うべき
> 問題ですが、現行の『資本論』のなかでは、正面からこれらの主題
> に取り組んだ形での、系統的な説明はおこなわれてはいません。(『経
> 済』2002年1月号、142ページ、『マルクスと「資本論」』①、30
> ～31、波下線……川上)。

　氏の捉え方の紹介をもう少し続けます。論文「再生産論と恐慌」における
『一八六一～六三年草稿』を読む（その二）の中で、氏は、恐慌論についての、
マルクスの「その時点での理論的な到達点」について整理しています。「私
なり」の整理だとしての、イ～ニの４点にわたって一定の紙幅をとっての叙
述です。「恐慌現象の運動論的解明」についての氏の捉え方がよく出ている
箇所ですので、必要な叙述を引用しつつ、その要点を紹介します。

　（イ）なぜ恐慌が起こりうるのか？　：資本主義経済の基礎である貨幣流
通のなかに、「購買と販売との分離」という恐慌のもっとも初歩的な可能性
があることが『五七～五八年』草稿で明らかにされ、『経済学批判』では、
支払い手段としての貨幣の機能がもつ「恐慌の可能性」がつけ加えられた。

　（ロ）購買と販売との不均衡を拡大する原動力はどこにあるか？　：「生産
のための生産（剰余価値の拡大をめざし生産の拡大に突進する資本主義生産
の衝動）」が、その社会の消費（搾取によって労働者の消費は制限される）
によって制約されること。この「生産と消費との矛盾」が恐慌の「基礎」・「根
拠」・「原因」である。『五七～五八年』草稿以来マルクスが定式化につとめ
てきた資本主義的生産様式の根本矛盾である。

　（ハ）なぜ、この矛盾が、過剰投機といった過熱現象、恐慌を準備する異
常な「不均衡」にまで拡大するのか？　：資本主義経済での諸法則は「たえ

ざる逸脱と動揺、その不断の運動のなかで実現される」。例えば価値法則で
も価格はたえず変動するが、価格が上がりすぎれば、引き下げる力が働き、
下がり過ぎれば引き上げる力が働く。不断の価格の運動のなかで、その平均
として価値法則が実現する。平均利潤率の形成についても同じである。(こ
の趣旨の叙述に続く文章は次に引用します)。

　　ところが、恐慌での矛盾の爆発では、事情が根本的に違っていま
　す。購買と販売との矛盾から不均衡が生まれても、価値と価格との
　関係の場合のように、その不均衡にたいして均衡をとりもどす力が
　はたらくなら、いわば"不断の不均衡を通じて均衡を実現する"と
　いうことになって、恐慌のような破局的な事態にはいたらないです
　むでしょう。恐慌問題の最大の特質は、生まれた不均衡が是正され
　ないまま累積してゆく、というところにあります。その累積が、「過
　剰投機」などの過熱現象(バブル)となって現れるわけで、この過
　熱現象(バブル)がなぜ起こるのか、そこにいたる運動形態と仕組
　みの解明にこそ、恐慌論の基本問題があるというのは、マルクスが、
　現実の恐慌との取り組みのなかで到達した重大な問題意識でした。
　　これは、すでに明らかにしてきた恐慌の"可能性"や"基礎・根拠・
　原因"との関連でいえば、(一)恐慌の"可能性"がどうして"現実性"
　に発展して現実の恐慌をうみだすにいたるのかを解明することであ
　り、(二)生産を無制限的に拡張する資本主義的生産様式の傾向・
　衝動が、どのように経済過程を動かして、不均衡の累積と爆発、破
　局への道を突き進むのか、どんな仕組みでそういう事態が可能とも
　必然ともなるのかを解明することです。これは、恐慌発現の過程の
　運動論的な解明に属す課題ですが、この問題では、マルクスの取り
　組みは、まだ問題意識の域を出ていません。(『経済』2002年4月号、
　138〜139ページ、『マルクスと「資本論」』①、290〜291ページ、
　波下線……川上)。

　(二)　再生産論の骨組みが明らかにされたことによって恐慌を解明するた
めにどのような問題が提起されたのか?　:マルクスは『六一〜六三年草稿』

で再生産論の骨組みをつくりあげ、再生産が順調に進行するためには、生産諸部門のあいだに一定の均衡条件が必要なことを明らかにした。このことは、この均衡条件が大規模に攪乱されたり破壊されたりすれば恐慌が起こらざるをえないということでもある。（この趣旨の叙述に続く文章を次に引用します）。

　　つまり、再生産論は、商品流通での次元での可能性ではなく、資本主義的生産様式の運動そのものの次元での恐慌の可能性を、提出しているのでした。（同前、139ページ、292ページ）。

　さらに、このことは、恐慌の可能性から現実性への転化の問題を具体的に提起することにもなるとして、次のように述べます。

　　再生産過程の均衡諸条件の大規模な破壊が、なぜ、どんなしくみで起こるのか、また資本主義的再生産の進行のなかで、逸脱・不均衡のそのような極端な累積がどうして可能になるのか、運動論的な解明の課題も、より具体的な内容をもって提起されてきます。（同前、139ページ、292〜293ページ、波下線……川上）。

　氏の叙述をやや長く紹介しました。マルクスの「その時点での理論的な到達点」の整理としてどのくらい的確であるかについての検討は省きますが、「恐慌現象の運動論的解明」についての氏の捉え方が、とりわけ、（ハ）の部分と（ニ）の部分の叙述に表現されています。
　（ハ）では、恐慌の"可能性"が"現実性"に発展して現実の恐慌をうみだすのかについての解明、また、無制限的な拡張の傾向・衝動をもつ資本主義的生産が、どう経済過程を動かして、不均衡の累積と爆発、破局への道を突き進むのか、どんな仕組みでそうさせるのかの解明が大切であると述べ、これは、「恐慌発現の過程の運動論的な解明に属す課題」であるとしています。なお、（ハ）での主張である「恐慌問題の最大の特質は、生まれた不均衡が是正されないまま累積してゆく、というところにあ」るという指摘は重要だと思います。そして、（ニ）では、「再生産論は、商品流通での次元での可能

性ではなく、資本主義的生産様式の運動そのものの次元での恐慌の可能性を、提出している」とし、「再生産過程の均衡諸条件の大規模な破壊」が起こる仕組みを明らかにすることも「運動論的な解明の課題」だとしています。

　氏の捉え方はこのようなものなのですが、さらに、もう少し紹介を続けます。同じく『一八六一〜六三年草稿』を読む（その二）の中で、マルクスが「恐慌論の概念や考え方の整理に取り組」んでいる箇所の前半部分（『剰余価値学説史Ⅱ』〔マルクス・エンゲルス全集26Ⅱ、大月書店〕686〜694ページ、「第17章、リカードの蓄積論、その批判」〔10 恐慌の可能性の現実性への転化。ブルジョア的経済の全矛盾の現れとしての恐慌〕の部分）について氏が重要と考える点について叙述しています。

　『学説史』でのこの箇所では「恐慌の可能性」が資本主義生産によって「現実性に転化」することが叙述されています。「恐慌の可能性」とは、まずは、商品生産における販売と購買との分離のことです。マルクスは、この分離（商品の変態）を「恐慌の一般的な抽象的な可能性」とも、「恐慌の最も抽象的な形態」とも呼んでいます。これを踏まえて、「第二の形態における恐慌は、支払い手段としての貨幣の機能である」と述べています。これらの恐慌の形態は商品生産において生れたのですが、それが資本主義生産によって現実的なものになることが述べられているわけです。

　氏は、「第一の可能性（商品の変態）——"恐慌の内容規定の拡大"」、「第二の形態——支払い手段としての貨幣の機能」、「第三の形態——総再生産過程のなかで」、の三項の中見出しを立てて、このマルクスの叙述を紹介しています。この三項目の中見出しは、「第1の項目」が「第一の可能性」、「第2の項目」が「第二の形態」、「第3の項目」が「第三の形態」となっています。表現の統一性がとれていないのですが、「第1の項目」は、販売と購買との分離という「恐慌の可能性」が資本主義生産によって内容規定が拡大した形態（＝第一の形態）を意味すると思います。「第2の項目」、「第3の項目」は、資本主義生産による「恐慌の可能性」の内容規定の拡大についての、第二の形態、第三の形態の意味でしょう。

　ちなみに、マルクスの叙述には「恐慌の第一の可能性」と「恐慌の第三の形態」という規定はありません。それはともかく、氏の叙述のなかで注目されるものをこの順で、恐慌の可能性の「第1の項目」、「第2の項目」、「第3

の項目」に区分して引用しましょう。

「第1の項目」：

　　同じ商品の変態でも、資本主義的な再生産過程になると、多くの資本の変態が絡み合いもつれ合って、経済の連鎖が大規模に拡大する、ということです。これは、その連鎖のどこかある一点で破綻が起これば、その破綻は連鎖的に経済の全体に波及しうるということにほかなりません。この点を、マルクスが「恐慌の内容規定」の拡大と呼んでいるのは、注目されます。……中略……（……川上）

　　恐慌の可能性というのは、「恐慌の最も抽象的な形態」であって、「なにによってこの可能性が恐慌になるのか」の現実過程はそこに含まれていません。論じられているのは、直接的には、商品の変態のなかにある「可能性」についてです。そして、ここで述べられていることは、すべて、商品の変態のなかにある可能性だけでなく、恐慌の可能性のその他の形態にもあてはまることです。

　　この文章には、マルクスが、恐慌の可能性と恐慌を生み出す運動論的過程とを厳格に区別していることが、はっきりと現れています。（『経済』2002年4月号、157〜158ページ、『マルクスと「資本論」』①、329〜330ページ、波下線……川上）。

「第2の項目」：

　　このように、各産業部門の業者が、連鎖的に手形で支払をしあう形で、再生産過程が進行しますが、その一角で支払い不能が起これば、連鎖的に支払不能の状態が拡大して、どの業者も、自分の商品の価値を実現できず、不変資本の補填もできない状態がひろがってゆきます。

　　「こうして一般的恐慌が起こる。これはまったく、支払い手段として貨幣のところで説明した恐慌の可能性以外のないものでもないのであるが、しかし、ここでは、つまり資本主義生産においては、われわれは、すでに〔恐慌の〕可能性が現実性は発展しうるところ

の、相互的な債権と債務との関連、購買と販売との関連を見だすのである」（同前717ページ、『学説史』691ページ）。

　ここまでくると、恐慌の可能性は、資本主義生産の現実にかなり迫ってきます。しかし、マルクスはここでも、そこにあるのは「可能性」にすぎず、「根拠づけられた」恐慌ではないことを指摘します。……中略……（……川上）問題は実に鋭く、鮮明に出されていると思います。恐慌のこれらの「可能性」（形態）は、資本主義以前にも、恐慌を引き起こすことなしに存在してきた、資本主義生産のもとではじめて、これが恐慌の形態となった、このことを見ても、恐慌を「これらの形態」あるいは「可能性」だけからは明らかにすることはできない、というのです。そして、恐慌論として解決すべき中心問題は、「なぜこれらの形態がその危機的側面を表に出すのか」、「なぜこれらの形態に潜在的に含まれている矛盾が実際に矛盾として現れてくるのか」の追究にある——ここでは、恐慌にいたる過程の運動論を追究しようというマルクスの問題意識が、いちだんと明瞭に表明されています。（同前、158〜159ページ、331〜333ページ、波下線……川上）。

「第3の項目」：

　マルクスは恐慌の可能性の第三の形態として、資本の生産過程と流通過程を総合する「総再生産過程」に進み、そこには「さらに発展した恐慌の可能性」があることを指摘します。……中略……（……川上）注目すべき点は、マルクスが、恐慌の可能性の発展を段階的に追究しながら、あらためて再生産過程——資本の生産部面と流通部面との統一のなかにふくまれる恐慌の可能性の第三の形態に到達し、その形態に「さらに発展した恐慌の可能性」という規定をあたえたところにあります。このことは、再生産論と恐慌論との関連をとらえるうえで、非常に重要な意味をもつことでした。（同前、160ページ、333〜335）。

そして、マルクスが「恐慌論の概念や考え方の整理に取り組」んでいる箇所の後半部分（『学説史』694〜699ページ、「第17章、リカードの蓄積論、その批判」〔11 恐慌の諸形態について〕の部分）についての氏の叙述では次の点に注目しています。

　　　一つは、マルクスが、恐慌の可能性はあくまで可能性であって、恐慌の「原因」ではない、ということを、もう一度、強く論じていることです（第三項）。
　　　「三、恐慌の一般的な可能性とは、資本の形式的な変態そのものであり、購買と販売との時間的および空間的分裂である。しかし、このことはけっして恐慌の原因ではない。なぜならば、それは、恐慌の最も一般的な形態、したがって恐慌の最も一般的な表現における恐慌そのもの、以外のなにものでもないからである。だが、恐慌の抽象的形態が恐慌の原因である、などと言うことはできない。だれでも恐慌の原因を問う場合には、その人は、まさに、なぜ恐慌の抽象的形態、恐慌の可能性の形態が、可能性から現実性になるのか、を知ろうとしているのである」（同前、721ページ、『学説史』696ページ）。
　　　マルクスはここで、恐慌の「可能性」と「原因」とをきびしく区別しています。マルクスが、この文章のなかで、「原因」という言葉を、恐慌の根拠・基礎と意義づけられる「生産と消費との矛盾」の一般的指摘だけでなく、「なぜ……恐慌の可能性の形態が、可能性から現実性になるのか」の運動論的な解明をむしろ主要な内容とする言葉として使っていることは、注意すべき点です。（同前、161ページ、337〜338ページ、波下線……川上）。

　以上、氏がどのような意味で「恐慌現象の運動論的解明」と述べているのかについて見てきました。やや長い紹介になったのは、「恐慌現象の運動論的解明」とは氏によって提起された捉え方であると思うのですが、氏がこの捉え方について取り出して端的な説明を与えている箇所が論文のなかにはないように考えたからです。そこで、以上に見た氏の叙述を踏まえて、「恐慌

現象の運動論的解明」についての氏の捉え方について、その性格を私なりに再把握しておこと思います。

　以上に見た氏の叙述の中でも次の文章は氏の捉え方の中心点を表現していると思います。

> 「恐慌問題の最大の特質は、生まれた不均衡が是正されないまま累積してゆく、というところにあります。その累積が、"過剰投機"などの過熱現象（バブル）となって現れるわけで、この過熱現象（バブル）がなぜ起こるのか、そこにいたる運動形態と仕組みの解明にこそ、恐慌論の基本問題がある」（『経済』2002年4月号、138ページ、『マルクスと「資本論」』①、291ページ）。

　すなわち、生まれた不均衡が是正されないまま累積し、その不均衡が破綻する（＝不均衡の強力的な調整による均衡への回帰）のが恐慌であるから、そこにいたる運動形態と仕組みの解明が恐慌論の基本問題であるということでしょう。不均衡の発生→累積→破綻、であり、累積＝過熱、破綻＝恐慌という図式です。たしかに、この把握は恐慌論の基本問題の一つであると言えます。

　氏は、恐慌のこのような面の解明のこのことを「恐慌発現の過程の運動論的な解明」とも言っています。この場合、氏は、「運動論」という概念を、「恐慌発現の過程」が静止したもの（形態）ではなく、運動するもの（形態）であるという意味で用いています。恐慌は運動によって発現するものであるということです。

　この点はその通りであると考えます。しかし、「運動論」という概念は、一般的には、何の運動であるのか、あるいは、運動する主体（実体、内容）は何であるのかが明らかであることを前提にして成立する概念です。（さらには、運動する主体を運動させる動因としての矛盾などにも繋がる概念です）。恐慌は運動によって発現するのであって、恐慌自体が運動するわけではありませんから、その運動の主体について明確に規定する必要があるのですが、氏の叙述にはそれを行なおうとする考えが希薄であるように思います。そこで、運動の主体として何が想定されているかについて、氏の叙述から判

断すると、商品生産とは区別された資本主義生産一般であると考えられます。

　こうして、「恐慌現象の運動論的解明」という氏の捉え方の中心は、資本主義生産のなかに、資本主義生産の運動によって、不均衡が生まれ、累積し、破綻するのが恐慌であるから、その運動形態と仕組みを解明することであると言うことができます。端的に言うと、資本主義生産における恐慌の発現運動過程（仕組み）の解明です。

　この中心的な把握に加えての氏の主張は、この解明は再生産論によって大きく前進するはずである（資本主義生産の運動は再生産の運動であるから）ということ、加えて、この解明は「現行の『資本論』のなかでは、正面からこれらの主題に取り組んだ形での、系統的な説明はおこなわれてはいません」ということです。

　「恐慌現象の運動論的解明」という氏のこの捉え方は、恐慌論を発展させるうえで重要な観点であり、この面だけを取り出せば基本的には正しいと考えます。ただし、「資本主義生産における恐慌の発現運動過程（仕組み）の解明」（Ａ）は、恐慌のもう一つの側面の解明（Ｂ）と一体のものであると思います。それは、恐慌を可能とする（＝恐慌が現れる）ような生産の仕組みが社会的生産の発展のなかでどのように形成されてきたのか、という側面の解明です。Ａは、既存の資本主義生産を前提としての恐慌の発現運動の解明です。Ｂは、商品生産の出現によって恐慌を可能にする仕組みが形成されること、資本主義生産においては恐慌が必然となること、資本主義生産のさらなる発展は恐慌の形態を変えることなどの解明です。言い換えれば、Ｂは、資本主義生産の形成と発展によって恐慌発現の仕組みがどう形成され、どう変化するかの解明です。簡単に言えば、Ｂは、恐慌発現の仕組み形成の解明です。

　恐慌論にとって、このＢ（発現の仕組み形成）とＡ（発現運動〔仕組みの発動〕）は一体であり、ともに必要ですが、両者を区別する必要もあると考えます。氏が、Ａ（発現運動）の視点から、Ｂ（発現の仕組み形成）を明らかにせよと言っているとすれば、これも積極的な主張になります。しかしながら、恐慌論の主要な課題がＡ（資本主義生産を前提としての恐慌の発現運動の解明）にあるとの把握は一面的になります。氏にはこの傾向が見られるのです。

（2） マルクスが恐慌論を重視する理由と『資本論』での立論の仕方

　前項（2）の末尾に、恐慌論には二つの側面（発現の仕組み形成と発現運動）の解明が必要であると述べました。こう捉えることはマルクスの恐慌についての論じ方とも基本的には合致していると思います。

　恐慌とは資本主義生産に起こる重大事象です。この恐慌について、さしあたって内容を捨象し、その形式（抽象的な一般的な形態）に着目して捉えますと次のように言えます。経済的諸関係において、一体だったものが相互に分離し独立化が進行することがある。恐慌とは、そのような関係を強引に一体化し元に戻す形式であると。

　ところで、貨幣を用いる商品生産では販売と購買とが分離しています。しかし、この販売と購買との分離は一体を成す関係であったものが相互に分離するようになったものです。その分離が拡大すれば、例えば、ある一つの経済主体だけを取っても販売量に比べて購買量が多くなり過ぎれば、赤字が大幅に拡大し、それを強引に一体化せざるを得なくなります。商品生産における基本的な関係である、この販売と購買との分離のなかに恐慌の形式が既にあることが分かります。すなわち、販売と購買との分離は、恐慌の形式を持っており、その分離の内容によっては恐慌になるので、潜在的な恐慌であり、恐慌の可能性の形態であると言えます。

　先に、『学説史』のなかで、マルクスが、商品生産における販売と購買との分離（商品の変態）を「恐慌の一般的な抽象的な可能性」とも、「恐慌の最も抽象的な形態」とも呼んでいることを紹介しました。『学説史』のこの箇所をもう少し長く引用しますと次のようです。

　　　商品を貨幣に転化させることの困難は、もっぱら、商品は貨幣に転化されなければならないが貨幣はすぐに商品に転化されなくてもよいということからのみ、つまり、販売と購買とは分離しうるということからのみ生ずるのである。すでに述べたように、この形態は恐慌の可能性を含んでいる。すなわち、相互に一体を成す関係にあって分離しえない諸契機が、引き離され、したがってまた強力的に統一されるという可能性を、つまり、この諸契機の相互一体性がその

相互の独立性にたいして加えられる強力によって貫徹されるという可能性を、含んでいる。さらにまた、恐慌とは、すでに相互に独立化した生産過程の諸局面の統一を強力的に貫徹させること以外のなにものでもないのである。

　恐慌の一般的な抽象的な可能性とは、——恐慌の内容のない、十分な内容をもった動因のない、それの抽象的な形態以外のなにものでもない。販売と購買は分離しうる。したがって、それは潜在的な恐慌であり、それらの一致はいつでも商品にとって危険な契機なのである。しかし、それらは相互に円滑に移行もできる。したがって、恐慌の最も抽象的な形態（したがってまた恐慌の形式的な可能性）は、商品の変態そのものであり、この変態のなかには、ただ商品の統一のなかに含まれている交換価値と使用価値との、さらに、貨幣と商品との、矛盾が発展した運動として含まれているにすぎない。しかし、なにによって恐慌のこの可能性が〔現実〕の恐慌になるのかということは、この形態そのもののなかには含まれていない。そのなかに含まれているのは、ただ、恐慌のための形態がそこにある、ということだけである。

　そして、このことはブルジョア的経済を考察する場合には重要なことである。世界市場恐慌は、ブルジョア的経済のあらゆる矛盾の現実的総括および強力的調整としてつかまなければならない。

（『剰余価値学説史Ⅱ』、688 ～ 689）

　ここで述べられているように、恐慌の形式（＝恐慌の可能性）は商品の販売と購買との分離（＝統一への回帰の必要性）によって生み出されます。こうして恐慌の形式は商品生産を基盤に生み出されます。しかし、資本主義生産もまた商品生産を基盤に生み出されるのです。というのは、資本主義生産は労働力という商品を購入して生産を行なうことによって生み出されるからです。そして、資本主義生産は商品生産を基盤にしつつ、商品生産を最高度に発達させます。

　他方、商品生産による販売と購買との分離によって、恐慌は自分自身を実現するための形式を与えられます（＝形式はあるのだから内容を得れば恐慌

が実現する可能性を得ます）。しかし、販売と購買との分離は恐慌の形式で
はありますが、その形式のなかには、「なにによって恐慌のこの可能性が〔現
実〕の恐慌になるのか」は含まれていないのです。商品生産と商品の変態（販
売と購買との分離）とを発展させるのは資本主義生産ですから、この恐慌の
形式に具体的な内容を与え、恐慌を発現させ、恐慌のあり方を発展させるも
のは資本主義生産です。こうして資本主義生産と恐慌とは切り離せない関係
にあります。恐慌とは資本主義生産によって規定されるとともに資本主義生
産に反作用するものなのです。

　ということは、恐慌の諸形態の発達（恐慌発現の仕組み形成）の解明は資
本主義生産の仕組みを先行的に解明することによって行なわれることになり
ます。また、資本主義生産の発展段階や資本主義生産の型の違いによって、
恐慌の発現形態も異なるということにもなるわけです。マルクスの没後以降
も資本主義経済は発展しています。とりわけ、1929年の世界大恐慌への対
応として通貨体制が金本位制から管理通貨制度（国家が通貨の発行権をもつ）
になったことは重要であると思います。これによって国家の金融財政政策の
効果が増し、恐慌の発現形態も大きく変化しています。（なお、管理通貨制
度の意義については、拙著『マルクスに立ちケインズを知る』（新日本出版
社、2009年）の第3章第2節「管理通貨制度と"貨幣の掲棄"と第3節「政
府部門の赤字（財政危機）と国民経済」において私見を述べています）

　この章の第1節の（4）項「『資本論』の再生産論のなかにはミッシング・
リンクは存在しない」において、恐慌の解明についての理論の連鎖系列と、『資
本論』の理論体系の叙述の連鎖系列とは別のものであると次のように述べま
した。

　「恐慌の解明についての理論の連鎖系列についても『資本論』の叙述のな
かにある連鎖系列です。しかし、この連鎖系列は、『資本論』の理論体系の
叙述が段々と進むごとに、恐慌と関係がある場合についてはその段階で明ら
かにするべき必要な事柄を叙述し、最後に、おそらく恐慌という項目を立て
て、恐慌の実態と意味、そして、これまで叙述してきた系列の連鎖の全体を
振り返ってまとめる。──このような叙述をするというのがマルクスの構想
であったと考えられます」。これは、いま述べた、「恐慌の諸形態の発達（恐
慌発現の仕組み形成）の解明は資本主義生産の仕組みを先行的に解明するこ

とによって行なわれる」からだと思います。

　この項の終わりに、もう一つ述べておきたいことは、資本主義生産によって規定されるとともに反作用する恐慌の分析をマルクスが重視した理由についてです。それは、「ひとたび自分のものになってからは私の研究にとって導きの糸として役だった」とマルクス自身が述べている史的唯物論の見地に導かれたからであると考えます。

　というのも、資本主義生産の限界を顕わに表現するのが恐慌であるからでしょう。恐慌によって多くの人々も資本主義生産の限界を知ることになります。恐慌は資本主義生産様式の根本矛盾である生産と消費との矛盾の現れです。恐慌は累積した不均衡の強引な回復にはなるのですが、この根本矛盾を解決することにはなりません。しかし、資本主義生産の行き詰まりと根本矛盾の解決する体制への移行の必要性を明示するものになります。史的唯物論のなかでも、この点に関係深いマルクスの叙述を引用しておきましょう。

　　社会の物質的生産諸力は、その発展のある段階で、それまでそれらがその内部で運動してきた既存の生産諸関係と、あるいはそれの法律的表現にすぎない所有諸関係と、矛盾するようになる。これらの諸関係は、生産諸力の発展の諸形態からその桎梏に一変する。そのときに社会革命の時期が始まる。……一つの社会構成体は、すべての生産諸力がそのなかではもう発展の余地がないほどに発展しきらないうちは、けっして没落することはなく、また、新しいさらに高度の生産諸関係は、その物質的な生産諸条件が古い社会の胎内で孵化しきらないうちは、けっして古いものに取って代わることはできない。（マルクス著、宮川彰訳『"経済学批判"への序言・序説』新日本出版社、14〜15ページ）

【探究】「商人によるW′—G′の短縮」は恐慌論にとってどのような位置を占めるのか

　この項では、まず、「W′—G′の短縮」という運動形態が「恐慌現象の運動論的解明」において、どういう点で極めて重要な内容を持っていると氏が捉えているのかを確認し、それについてまず検討します。そのうえで、第5

節の【探求】の項も踏まえて、W´—G´の短縮が恐慌論にとってどのような位置を占めるのかについて考えます。そこで、この見出し項目にも【探究】を付しました。

　まずは、氏の捉え方の確認です。(1) 項で検討したように、「恐慌現象の運動論的解明」という氏の捉え方の中心は、資本主義生産のなかに、資本主義生産の運動によって、不均衡が生まれ、累積し、破綻するのが恐慌であるから、その運動形態と仕組みを解明することであると言うことができると思います。資本主義生産における恐慌の発現運動過程（仕組み）——不均衡の発生→累積→破綻＝恐慌という図式——の解明です。なお、この解明には再生産論が大きな役割をはたすと捉えられています。

　「W´—G´の短縮」という運動形態が恐慌においてどういう点で重要な役割を果たすと氏が捉えているかについては、「恐慌現象の運動論的解明」という氏の捉え方について検討する前に、一応の検討を済ませてあります。第3節の (2) のⅱ)「"流通過程の短縮"は恐慌とどのような関連があると氏は考えたのか」においてです。ここでは、その検討をもとづいて、「恐慌現象の運動論的解明」についての検討を行ないます。

　まず留意することがあります。氏は「流通過程の短縮という形態」という用語を個別資本が商品を商人へ販売することによって個別資本のW´—G´が短縮するという意味で用いています。「流通過程の短縮」は正確に言えば個別資本の「W´—G´の短縮」です。そして、個別資本のW´—G´の短縮は個別資本が商品を商人に販売するときだけでなく、商品を担保に銀行から借り入れを行こなうときにも起こります。これらの点については第4節で検討しました。しかし、氏は、<u>「流通過程の短縮」を商品の商人への販売による個別資本の「W´—G´の短縮」という意味で用いていますので、そのことを明示するために「商人によるW´—G´の短縮」と表記することにします。</u>

　また、氏の用語として「現実の需要」がキーワードとして使われていますが、これは商品をその商品の使用者（最終購買者）が需要する（購入する）ことを意味しています。ここでは、私も氏の用語法を受け入れて書いています（この点については第4節 (1)「第二部第一草稿の該当部分と氏の解釈の適否」で論じています）。

　このことに留意して、氏の考えを整理します。「商人によるW´—G´の短

縮」が「恐慌現象の運動論的解明」という点で極めて重要な内容を持っていると氏は捉えています。氏のこの視点に立って、第3節の（2）のⅱ）で見た氏の考えについて氏の叙述を引用しながら整理すれば、その要点は次の①〜⑥になるでしょう。

① 「商人によるW'—G'の短縮」について、「マルクスは、これが、"現実の需要"から再生産過程を独立させるもっとも簡単でもっとも基礎的な形態となること、言い換えれば、再生産過程のなかで恐慌を準備する萌芽的な運動形態となることを、発見した」（『経済』2002年5月号、165ページ、『マルクスと「資本論」』②、92ページ）。

② 販売（W—G）と購買（G—W）との分離をマルクスは「恐慌の可能性」（＝恐慌の形式）と言っているが、「商人によるW'—G'の短縮」は個別資本のW'—G'の後に商人のG'—W'—G"を続けることによって、個別資本のW'—G'（販売）を「現実の需要」から分離・独立させる。

③ 資本主義社会を全体として見ると、個々の「販売の独立化」が無数にからみあい連結しあい、「現実の需要」からの独立性は相乗的に拡大して再生産過程の全体をおおうものに発展してゆきます。こうして「恐慌が準備される」のです。（同前、165ページ、94ページ）。

④ 「商人によるW'—G'の短縮」によって個別資本のW'—G'（販売）が「現実の需要」から分離・独立するという状況のもとで、「再生産過程が"現実の需要"から独立して進行するようになったら、社会的再生産の均衡条件なるもののおおもとが崩れてくることにならざるをえません」（同前、166ページ、94ページ）。

⑤ W'—G'（販売）が「現実の需要」から分離・独立すると、「それが商品と資本の流通との絡み合いのなかで、その独立性はたがいに相乗的に作用して、再生産過程の内部の矛盾を累進的に大きくしていきます」（同前、166〜167ページ、96ページ）。

これは、恐慌を発現させる不均衡の累積がなぜ起こるのかを明らかにする「謎を解く重大なカギ」である。なぜなら、価値法則や平均利潤の法則などの資本主義生産の一般的な経済法則の共通の特徴は"不断の不均衡を通じて均衡が実現される"ということである。その共通の特徴に逆行して不均衡が累積する仕組みを明らかにしているのであるから。

　⑥　「商人によるＷ'—Ｇ'の短縮」は資本主義生産の無制限的な生産拡大の衝動の実現を可能にする運動形態となる。

> 　実際、「生産と消費との矛盾」が恐慌の根拠・基礎だというのは、「生産のための生産」の衝動に動かされた資本が、現実の消費の制約された限界を超えて、生産の拡大につき進むことです。ところが再生産過程が均衡諸条件に支配されている状況のもとでは、「生産のための生産」の衝動がいかに強烈に働いても、再生産過程が「現実の需要」から独立して生産拡大の道を突き進むことは、ごく狭い範囲でしか起こりえないはずです。ところが、"流通過程の短縮"という新たに発見された運動形態は、「生産のための生産」の衝動をはばむこの障害を、とりのぞく役割をはたします。（同前、167 ページ、97 ページ）。

　「商人によるＷ'—Ｇ'の短縮」についての、恐慌との関連での氏の把握を6点に整理しました。その中心点は次のようになります。①再生産過程を「現実の需要」から独立させるもっとも簡単で基礎的な形態である。②販売と購買との分離（恐慌の可能性）から生じた進んだ形態である。③「現実の需要」からの再生産過程の独立を再生産過程の全体に広げる形態である。④社会的再生産の均衡条件のおおもとを崩す形態である。⑤不均衡を累積させる形態である。⑥「生産のための生産」の衝動をはばむ「現実の需要」という障害を取り除く形態である。
　資本主義生産における恐慌の発現運動過程（仕組み）——不均衡の発生→累積→破綻＝恐慌という図式——の解明という観点から見ると、①、②、⑥は「不均衡の発生」を可能にし促す形態であるということであり、③、④、

⑤は「不均衡の累積」を可能にし促す形態、④は「破綻＝恐慌」に繋がる形態であるということになります。すでに見たように、「恐慌現象の運動論」の中心は、不均衡の発生→累積→破綻＝恐慌という図式ですから、「商人によるW′―G′の短縮」は「恐慌現象の運動論」全体を「解く重大なカギ」という捉え方です。

　次に、氏のこの捉え方についての検討に入ります。この捉え方には、新しい積極的な問題提起と不正確な把握、および、「商人によるW′―G′の短縮」が恐慌発現の主要因であると過大視する大きな問題点とが混在していると考えます。まず、不正確な把握の面について押さえておきましょう。第5節で詳しく論じたことですが、個別資本の循環と再生産と、社会的総資本の循環と再生産とは異なります。氏の論文「再生産論と恐慌」の大きな弱点の一つがこの区別を欠くことですが、氏のこの捉え方でもこの点について明確な区別を欠いています。

　「商人によるW′―G′の短縮」は個別資本の循環におけるW′―G′の短縮を意味します。ですから、①の「再生産過程を現実の需要から独立させる形態である」における再生産過程は個別資本の再生産過程です。①において指摘されている「再生産過程」について氏が個別資本の再生産過程として捉えているかどうかは不明確です。③の「現実の需要からの再生産過程の独立を再生産過程の全体に広げる形態である」における「再生産過程の全体」とは、大多数の個別資本の再生産過程という意味であれば正しいのですが、社会的総資本の再生産過程を意味しているとすると誤りになります。

　というのは、社会的総資本の循環は第5節で述べましたように、商品資本の循環の形態をとりますが、この循環には個人的消費も含まれています。そして、この循環が完結するには総商品資本（総商品生産物W′）がすべて売れなければなりません（W′―G′は実現しなければなりません）。しかも、売れた総商品生産物はすべて生産的か個人的に消費されます。ですから、社会的総資本の再生産過程が「現実の需要」から独立する形態は社会的総資本の循環の形態としては原理的にはないのです（総商品生産物の多くが売れ残れば、それは総資本の循環〔再生産過程〕の破綻です）。もちろん現実には、総商品生産物の一部が売れ残るということはありますが、それは「商品在庫の増加」という形態をとります。この「商品在庫の増加」という形態は社会

的総資本の循環におけるＷ'―Ｇ'の形式的な実現です（実質的な実現ではありません）。というのは、商品在庫の所有者がその増加分を購入した（＝Ｇ―Ｗを行なった）という形式のもとで「商品在庫の増加」が発生するからです。そして、この「商品在庫の増加」が大きくなり過ぎることは恐慌（社会的総資本の循環の破綻）の発生にも繋がるものであり、社会的総資本の循環の正常な形態ではないということになります。

　これに対して、個別資本の循環での「商人によるＷ'―Ｇ'の短縮」では、商品を商人に売った個別資本のＷ'―Ｇ'は実現しますが、その商品を転売のために買った商人が使用者（最終購入者）にまだ売っていない間は、その商品は商人のもとでの商品在庫の増加になります。ですから、個別資本の循環（＝再生産過程）は「現実の需要」から独立して進行します。その代わり、個別資本から商品を買った商人が「現実の需要」に拘束されることになるわけです。

　ですから、①の「再生産過程を現実の需要から独立させる形態である」を正確に表現するとこうなります。個別資本の「商人によるＷ'―Ｇ'の短縮」は、個別資本の再生産過程を「現実の需要」から独立させる。しかし、社会的総資本の再生産過程は現実の需要から離れることはあっても独立させることは不可能であり、逆に、このことが、商人のもとにある「商品在庫の増加」を過大にする要因ともなる。

　なお、④の「社会的再生産の均衡条件のおおもとを崩す形態である」についてはどうでしょうか。この「社会的再生産」は社会的総資本の再生産を意味していることは明らかです。「均衡条件のおおもと崩す」は意味がやや曖昧ですが、個別資本の「Ｗ'―Ｇ'の短縮」が社会的総資本の均衡条件そのものを崩すということは論理的にあり得ないことですから、均衡条件からの解離を大きくするという意味でしょう。均衡条件からの解離が大きくなれば、社会的総資本の再生産が困難になり、均衡の回復＝恐慌が発現する、という趣旨であると思います。この④については、この趣旨であれば正しいと考えます。

　以上の述べたように、氏の捉え方は、個別資本の循環と再生産と、社会的総資本の循環と再生産とを区別していない点で不正確なのですが、個別資本の「商人によるＷ'―Ｇ'の短縮」を恐慌の発現運動過程（仕組み）の中に

位置づけようと試みている点では積極的な意味を持っていると考えます。というのは、個別資本の「Ｗ′─Ｇ′の短縮」が恐慌と強く関連することは『資本論』においても叙述されていることです。しかし、この論点に限って言えば、科学的社会主義による恐慌研究はその継承が十分ではなかったように思えるからです。

　氏は、個別資本の「Ｗ′─Ｇ′の短縮」が起こるのは、個別資本が商品（Ｗ′）を商人へ販売する場合に限定しており、銀行からの借り入れ等が除外されているのは難点ですが、それでも、個別資本の「Ｗ′─Ｇ′の短縮」が恐慌に重要な役割を果たすという問題を提起しました。この提起の意義はあると思います。

　また、資本主義生産における恐慌の発現運動過程（仕組み）──不均衡の発生→累積→破綻＝恐慌という図式──の解明という観点が恐慌論において重要であるという趣旨を氏は述べています。この節の（1）項、（2）項で述べたように、その重視には一面性があるのですが、この観点の提起自体には意義があります。この観点との関連で、「不均衡の発生」および「不均衡の累積」を可能にし促す形態は何かという問題も提起されています。その問題に対して、どちらも、「商人によるＷ′─Ｇ′の短縮」であると自答しています。これについては部分的な解答に過ぎないと考えますが、この問題提起を行ない解答を示したこと自体は意義があると思います。

　氏の捉え方の要点を先に①〜⑥に整理しましたが、⑤「不均衡を累積させる形態である」、⑥「"生産のための生産"の衝動をはばむ"現実の需要"という障害を取り除く形態である」、において、この辺りのことが述べられていますので、それらについて検討しておきましょう。

　⑤について、氏は、「恐慌問題の最大の特質は、生まれた不均衡が是正されないまま累積してゆく、というところにあります」と述べ、「不断の不均衡を通じて均衡を実現する」価値法則や平均利潤の法則などと対比しています。私も、類似の問題意識を持っていました。例えば、拙著『市場原理と社会主義への展望』（本の泉社、2014年1月）では次のように書きました。

　　恐慌や景気循環を全面的に捉えるには恐慌論や景気循環論として展開しなければなりません。その際、"生産価格による市場価格・需給の調節"の原理が作用しているのに、資本主義経済はなぜ恐慌に陥るのかという視角が必

要になるということです。しかし、次のことは自明です。それは、社会の総供給能力（＝総生産能力）と総需要との間には、個々の生産物にたいする、その都度の需給調節では調節できないような大きな歪みが次第にたまっていくことです。この大きな歪みを調節するのが恐慌です。不必要になった生産力が恐慌によって破壊されるのです。（同書、106ページ）。

この場合、調節される需給の不均衡と調節されずにたまっていく（＝累積する）歪み（需給の不均衡）については次のように区別していました。市場の需給調節によって調節されるのは、バラバラに切り離された個々の生産単位での現時点での需給であり、その需給自身の背後に大きな歪みがある場合に、その都度、それが調節されるわけではない。（同書、106ページ）。

恐慌の周期性は固定資本の回転との関連で生じるという『資本論』の叙述については科学的社会主義による恐慌研究において継承されています。資本主義生産に需給の不均衡が発生し累積する大きな原因はこの観点から理解できます。もう少し具体的に言いますと、恐慌からの回復期に生産能力を増強するための設備等の投資（固定資本投資）が集中します。それは、需要面では、投資需要（機械設備等への需要）となって直ぐに現れますが、長くは続きません。他方の供給面では、投資された設備等による生産増加はやや遅れて現れ、かつ、その設備等の耐用年数（回転期間）の期間だけ続きます。このため、必然的に需給の不均衡と累積を招くことになります。生産能力の増強のための設備等の投資は、「現時点での需給自身の背後に大きな歪み」を招く大きな要因です。（なお、マルクスのこの見解について「再生産論と恐慌」で氏も検討しています。しかし、「恐慌の周期が"可変的"なものであるならば、それを何らかの別の固定的基準——固定資本の平均的な償却期間といった基準——と結びつける考え方は、論理的にいって、もはや成り立たなくなります」と述べ、否定的に評価しています〔『経済』2002年9月号、138ページ、『マルクスと「資本論」』③、105ページ〕。このマルクスの見解を需給の不均衡の累積という観点から氏は捉えていないのです。付言すれば、氏の恐慌論は投資などの要因への関心が稀薄です。）

「商人によるW'—G'の短縮」が「"生産のための生産"の衝動をはばむ"現実の需要"という障害を取り除く形態である」というのが氏の把握です。平たく言うと、個別資本（私企業）の生産物の生産が「現実の需要」（その生

産物を使用者の需要）を超えた場合、価値法則の作用によって、その生産物の価格が下落するから、「現実の需要」は生産量増加（という衝動実現）の障害となる。しかし、その生産物を商人に売れば、その分の需要が増えるから生産量増加を続行できるので、その障害を取り除くことができる。そして、それが価値法則のもとでの不均衡の発生と累積になるというものです。つまり、新投資などによる生産拡大の場合を考えなくても、個別資本（私企業）が常態として行っている生産に対して、不均衡の発生→累積という図式が適用していると捉えていると言えます。この問題について私は先に紹介した叙述の少し先の部分でこう述べていました。

私企業はもともと独立しているうえ、商業や金融の発達はその独立性を強めています。各私企業の生産物の需給はその時点ごとに市場で調節されます。しかし、仮に、ある生産物が消費者から購入されなくなったとしても、その生産物を商店が見込みで仕入れる場合は、その生産物は生産者にとっては売れたことになりますから、しばらくの間は生産が継続され、その原材料などの需要も発生し続けます。内的な関連によって制限されている需要を超えて生産・生産力が拡大するわけです。このような潜在的な過剰生産・過剰生産能力が市場競争のもとでの生産・生産能力の拡大競争のもとでは無数に生じます。（同書、107ページ）。

私のこの叙述では、累積する歪み（累積する不均衡）を生む原因として、生産物が消費者から購入されなくなったのに、商店が見込みで仕入れる場合をあげています。しかし、例をあげるに留まっており、「商人によるW'―G'の短縮」などの理論化はしていません。また、個別資本（私企業）が常態として行っている生産において、不均衡が調節されずに累積することが恐慌の問題を考えるうえで重要であるとの意識はありましたが、それを問題として立てて提起することはしていません。このことを振り返ると、「不均衡の累積」を可能にし促す形態は何かという問題を提起して、「商人によるW'―G'の短縮」という理論的な解答を試みること自体には意義があると思います。

しかし、「商人によるW'―G'の短縮」は、個別資本（私企業）が常態として行っている生産において「"不均衡の累積"を可能にし促す形態は何か」という問題への解答としては狭すぎます。商品を担保にした銀行からの借り

入れによる「W'―G'の短縮」によっても同様に「不均衡の累積」は起こります。そこで、この問題について、その中心点をここで改めて考えてみようと思います。

　中心にある問題は、個別資本が生産した商品がその商品の消費者（＝最終購買者）に売れないのに、その生産がそのまま継続できる形態としては、どのようなものがあるかということです。普通は、商品が売れない場合はその代金が入らないので生産を継続することは困難になります（市場で売れない場合は価格が価値〔生産価格〕より低下します）。それでもなお生産を一定の幅をもった期間について継続できる場合について順序立てて考えてみましょう。

　まずは、その個別資本に十分な資金力がある場合があります。商品が売れなくても、自らの資金によってその商品の生産を継続できます。これを〈1〉の場合ととします。もう一つ考えられるのは、個別資本が資金をその商品によって他者から得ることができる場合です。これが〈2〉の場合ですが、これについて考えます。いま問題にしているのは、その商品の消費者に売れない場合ですから、消費者に売れなくても商人に売れる場合には個別資本は生産継続のための資金を得ることができます。これが「商人によるW'―G'の短縮」に該当します。これを〈2〉―iの場合とします。さらに、個別資本がその商品を担保に銀行から借り入れを行こなえば生産継続のための資金を得ることができます。これを簡略に「銀行によるW'―G'の短縮」と呼び、〈2〉―iiの場合としましょう（なお、この「銀行によるW'―G'の短縮」については、内容的には、第4節（1）で取り上げています。そこでは、二つの場合が挙げられています。①資本家Aが商品W'を売って受け取った手形を銀行が割り引く場合、②資本家Aのまだ売れていない商品W'を担保に銀行が貸し付けを行う場合、この二つの場合です。ここでは、①の手形割引については事態を単純化するために無視することにします）。

　また、その商品によって他者から資金を得られる場合は、その商品の生産の継続を何らかの理由で必要とする公的機関からの援助や民間からの寄付なども考えられますが、これらも無視することにしましょう。

　このように考えると、「個別資本が生産した商品がその商品の消費者（＝最終購買者）に売れないのに、その生産がそのまま継続できる」のは、〈1〉「個

別資本に資金力がある」場合、〈2〉―ⅰ「商人によるＷ′―Ｇ′の短縮」の場合、
〈2〉―ⅱ「銀行によるＷ′―Ｇ′の短縮」の場合、であるということになります。
そして、これらが「“不均衡の累積”を可能にし促す形態」のもとになるわ
けです。

　「個別資本が生産した商品がその商品の消費者（＝最終購買者）に売れな
いのに、その生産がそのまま継続」できるのは、どのような場合であるかに
ついて見ましたが、それぞれの場合について、個別資本の循環に生じてい
る形態は何でしょうか。〈1〉「個別資本に資金力がある」場合には、個別資
本のもとで「商品在庫の増加」が生じており、〈2〉―ⅰ「商人によるＷ′―
Ｇ′の短縮」の場合には、商人のもとでの「商品在庫の増加」が生じており、
〈2〉―ⅱ「銀行によるＷ′―Ｇ′の短縮」の場合には、個別資本のもとで「商
品在庫の増加」が生じています。どの場合も、「商品在庫の増加」が生じて
います。商品がその使用者（最終購買者）に売れていないのですから、社会
的総資本の循環に「商品在庫の増加」が生じているのは当然のことなのです
が、それぞれの場合によって「商品在庫の増加」の生じる主体が異なること
になります。

　この点については、すでに第5節（3）で検討したように、個別資本のも
とに「商品在庫の増加」が起こるということは、売れ残りの商品が自分の手
許で増えるということですから、生産の拡大に抑制が掛かります。これに対
して、「商品在庫の増加」が商人のもとで生じ、個別資本のＷ′―Ｇ′が実現
する場合は、個別資本の生産は抑制されずにそのまま進みます（もちろん、
商人のもとでの「商品在庫の増加」はその商品の購入を商人が抑制すること
に繋がりますが）。

　このように考えてきますと、売れなくても生産が拡大するという「不均衡
が累積」する場合には「商品在庫の増加」が必ず生じており、それが「不均
衡が累積」する場合の基礎的な形態であることがわかります。したがってま
た、常態として行われている生産について「“不均衡の累積”を可能にし促
す形態は何か」という問題の解答としては、「商品在庫の増加」という形態
である、というのが正確です。そして、「商人によるＷ′―Ｇ′の短縮」は、
なかでも「商品在庫の増加」に結びつきやすい形態であるとして位置づける
ことができると考えます。

資本主義生産の基本は見込み生産です。商品の使用者からの発注を起点として生産が始められるわけではありません。ですから、見込みが需要より多すぎて売れない場合は常態になっています。その場合、商品在庫が増えることになります。すなわち、個別資本の商品生産が需要を超えると、その超過分が「商品在庫の増加」という形態になるわけです。そして、「商品在庫の増加」という形態が生まれてもなお生産を継続することを可能にする形態もまた存在しています。個別資本に資金力がある場合、銀行から資金を借り入れる場合、商品を商人に売って「商品在庫の増加」を商人に転嫁している場合です。氏の議論は、商品を商人に売る場合にのみ目を奪われことになっていると言ってよいでしょう。

　こうして、「恐慌現象の運動論的な解明」に画期的な意義をもつと氏が捉えた「流通過程の短縮」は、本質的には、「商品在庫の増加」の問題であることが明らかになりました。「商品在庫の増加」が大きくなり過ぎると、それを減らすことが不可能になり、恐慌を招きます。また、恐慌のときには必ず「商品在庫の増加」が過大になっています。ですから、「商品在庫の増加」の問題は恐慌の基礎的な要因であることは明らかなのですが、この問題を捉えることが「恐慌現象の運動論的な解明」に画期的な意義をもつとするのは過大評価である考えます。まして、恐慌についての中心部の解明が「流通過程の短縮」（「商人によるＷ′―Ｇ′の短縮）によって行なわれるとするのは無理です。

　ちなみに、近代経済学における景気循環論では、コンドラチェフ循環（技術革新の集団的発生が起因）、クズネッツ循環（建築循環、建築投資が起因）、ジュグラー循環（設備投資が起因）、キチン循環（在庫循環、在庫投資〔＝在庫品増加〕が起因）があげられます。その周期については、コンドラチェフ循環が50年ほどの長期循環、クズネッツ循環が20年ほど、ジュグラー循環10年ほどの中期循環、キチン循環が40カ月ほどの短期循環だとされています。これらの景気循環にはそれぞれ根拠があるわけです。

　「流通過程の短縮」（＝「商人によるＷ′―Ｇ′の短縮」）は「商品在庫の増加」を起因とする恐慌論ですから、上記の在庫循環による景気循環論に見合っています。もっとも、国民経済計算の在庫品は、原材料在庫、仕掛品在庫、製品在庫、流通在庫が区別され、在庫品増加（在庫投資）とは、それらが一定

期間（期首と期末）において、増加（あるいは減少〔在庫品増加が負の値になる〕）することを意味しています。「流通過程の短縮」が捉えているのは、商人の手許に貯まっている商品のことですから、在庫品のうちの流通在庫に限定されます。

　この在庫品の拡大（在庫品増加の正の値で大きくなる）と収縮（在庫品増加が負の値で大きくなる）には周期があり、それが40カ月ほどだというのが在庫循環です。流通在庫について言えば、好景気のときは市場に滞留する商品が拡大するが、滞留しすぎると縮小に転じるということです。この在庫循環の要因は恐慌論や景気循環を捉えるうえで、基礎的な要因になるでしょうが、これを主要因であるとするのは無理です。

　参考までに、手許にあった『国民経済計算年報（平成20年版）』（内閣府経済社会総合研究所国民経済計算部編、メディアランド株式会社発行）を見ますと、その「国民資産・負債残高」表には、生産資産のなかに「在庫」という項目があります。「在庫」の2006年末残高は89.3兆円ですが、その内訳は、製品在庫16.3兆円、仕掛品在庫27.1兆円、原材料在庫8.6兆円、流通在庫38.1兆円、（控除）総資本形成に係る消費税0.7兆円です（同書、436ページ）。

第7節　『資本論』の空白部分（再生産論を恐慌に結びつける分析）を埋めるものを見つけることはできたのか

　『資本論』第二部の再生産論には恐慌に結びつける分析が出てこない。ここにはマルクスが書く予定で書かなかった空白の部分がある。その部分をミッシング・リンク（失われた環）と呼び、マルクスの残した諸草稿のなかに、そのミッシング・リンクを具現するものがあるはずだ——このような着想のもとに、氏は、そのミッシング・リンクを探究する旅を論文「再生産論と恐慌」で行なってきました。その探究の旅についての検討作業も主要部分については終えました。残されているのは、探究の旅を終えた氏自身がミッシング・リンクを見つけたかどうかについてどのような見解を持っているのか、そして、客観的に見てどうだったのかについて検討することです。

(1) 再生産論を恐慌に結びつける分析はなかったが、その中心部分を見つけることはできた──これが氏の見解である。

　まず、ミッシング・リンクの具現物──再生産論を恐慌に結びつける分析──をマルクスの草稿のなかに見つけることができたのかどうかという点について氏自身はどう述べているのでしょうか。じつは、ミッシング・リンクという用語は論文「再生産論と恐慌」の着想と論文の動機を端的に表現する用語として使われましたが、その後は使われなくなっています（論文は雑誌『経済』の 2002 年 1 月号〜 10 月号に連載されましたが、ミッシング・リンクという用語が使われているの 1 月号だけです。目次で言えば、「今回の研究の主題は何か」において使用されているだけです）。しかし、ミッシング・リンクを見つけるという考えが氏から消えたのではなく、この着想を実現する方向で論文での探究は進められてきました。（なお、ミッシング・リンクという用語が使われなくなった理由については、第 2 節の（2）項を参照してください。マルクスの『資本論』構想（「覚え書」の構想）にあって現行『資本論』にない部分を氏は「『資本論』の空白部分」と呼び、それがミッシング・リンクに代替されて使われるようになっています）。

　この点を踏まえて、氏が、ミッシング・リンクの具現物──再生産論を恐慌に結びつける分析──を見つけることができたのかどうかについてどう述べているのかを見ておきましょう。

　論文「再生産論と恐慌」の構成（目次）において、「結び」の前の項目は「『資本論』現行第二部を読む」です。その最後の部分として「五」項（「第二部最後の章"再生産過程の攪乱"の内容を推測する」、『マルクスと「資本論」』では「第五章」となっている）が書かれています。氏の推測によれば、そこでは三つの主題が取り上げられ、そのうちの第三の主題が恐慌現象の運動論的な解明であり、その解明のための核となる概念が「流通過程の短縮」です。「五」項を構成する三つの項目のうちの（三）の標題は次のようになっています。

　　（三）第三の主題・運動論的な解明──「流通過程の短縮」
　"空白の領域"の中心部分がここにあった（『経済』2002 年 10 月号、158 ページ、『マルクスと「資本論」』③、241 ページ、傍点……川上）。

論文の中の文章ではありませんが、標題として、"空白の領域"の中心部分は、「流通過程の短縮」にあった、と述べています。「流通過程の短縮」は氏が第二部第一草稿のなかで氏が見つけ出したものなのですから、『資本論』の"空白"の中心部分を、間接的にではありますが、見つけることができたと言っていることになります。

　氏は、ミッシング・リンクの具現物そのもの（再生産論を恐慌に結びつける分析）は見つからなかったけれども、マルクスが「再生産過程の攪乱」の標題のもとにそれを書く構想をもっていたこと、および、その中心となる部分については見つけることができた。すなわち、「再生産過程の攪乱」はなかったが、その核心となる「流通過程の短縮」という運動形態という捉え方を見つけることができたとしています。見つからなかったわけではなく、実質的には見つけることに成功したと考えているのです。

　氏はこの項目（「五」項、「第五章」）の最後に次のように述べて、自らの探究を意義づけています。

　　　マルクスの理論形成の歴史をたどる私たちの探究の旅は、こういう点では、恐慌論の発展的な展望にもつながる意義を持っていた、ということができる、と思います。最後に、このことを確認して、10カ月にわたって、読者のみなさんとともに続けてきた、この探究の旅を終わりたい、と思います。（同前、166ページ、256ページ）。

　ミッシング・リンクを探究する旅は最初の着想を十全には実現しなかったけれども、ほぼ実現し、大きな成功のうちに終わったと捉えていることがわかります。

(2)「再生産過程の攪乱」は書かれなかったことを氏も確認した

　「第二部最後の章"再生産過程の攪乱"の内容を推測する」（「五」項、「第五章」）については（4）項で検討しますが、その前に、ミッシング・リンクの具現物——再生産論を恐慌に結びつける分析——はなかったということを氏自身が確認した項目について紹介しておきましょう。それが、「五」項（「第

五章」）の前に位置づけられている「四」項（「第四章」、「再生産論の執筆は
なぜ中断したか」）です。

『資本論』第三部の草稿は『六三〜六五年草稿』が唯一で最後のものですが、
第二部の草稿は八本あり、そのうち第三篇「再生産論」についての草稿は第
一草稿、第二草稿、第八草稿の三本です。このうちの第一草稿はすでに述べ
たように社会的総資本の循環の捉え方がまだ未確立です。エンゲルスは第二
草稿と第八草稿を編集して『資本論』第三篇（第18章〜第21章）を仕上げ
ました。第18章「緒論」は第二草稿、第19章「対象についての従来の諸叙述」
はほぼ第八草稿、第20章「単純再生産」は第二草稿と第八草稿、第21章「拡
大再生産」は第八草稿から編集されています。

氏の論文に「『資本論』第二部草稿の執筆時期」を整理した表があること
（『経済』2002年5月号、142ページ、『マルクスと「資本論」』、38ページ）
は第5節でも紹介しました。それによると、第二草稿は1867〜70年の執筆
で、第八草稿が1879〜81年に執筆されたそうです。第三部の草稿は『六三
〜六五年草稿』なのですから、『資本論』第二部第三篇「再生産論」がマル
クスが執筆した『資本論』の最後の部分であったのです。

さて、氏は、「四」項（「第四章」、「再生産論の執筆はなぜ中断したか」）
の最初に「再生産論には二重の意味での中断があった」という標題を立てて、
まず、次のように述べています。

　　　マルクスの再生産論の筆は、拡大再生産の表式を完成したところ
　　で止まっています。（『経済』2002年10月号、147ページ、『マルク
　　スと「資本論」』③、221ページ）。

ということは、第二部第三篇「再生産論」がマルクスの『資本論』につい
ての最後の執筆なのですから、「再生産論」において「再生産過程の攪乱」
の章は書かれなかったことになります。氏は「二重の意味での中断」につい
て、「一つは、拡大再生産論そのものの中断です」（同前、同ページ）と述べ
ています。そして、もう一つの中断を「第三篇および第二部全体の構成にか
かわる中断」（同前、148ページ、222ページ）としており、その中心的な意
味を「再生産過程の攪乱」の章が書かれなかったことと捉えています。

> もともと、第二部のなかで恐慌を論じるというのは、『六一年〜
> 六三年草稿』のなかで、『資本論』の構想のあらましを考えはじめ
> た最初の段階からの構想でした。（同前、148ページ、223ページ）。

　こう述べて、『資本論』の構想と恐慌の取り上げ方との関係をマルクスが
どう述べてきたかについて、氏が、これまで探究してきたことを簡単に振り
返ります。それをさらに短くして紹介すると次のようです。

　①『六一年〜六三年草稿』

> 　再生産過程のなかで発展する「恐慌の基礎」は、第二部の再生産
> 論のところで説明するが、それは、研究の論理的段階からいってま
> だ「不完全」な説明にとどまらざるえないから、第三部でその不完
> 全さを"補足"する。（同前、同ページ）

　②1864年の『第二部第一草稿』

> 　再生産論の最後の部分で、"再生産過程の攪乱"について独立の
> 章（その時点では"節"）を起こして考察するというプランをたて
> ました。（同前、同ページ）。

　③1869〜70年の『第二部第二草稿』（第1点目）

> 　「第二部　目次」にも、再生産論にあてた第三章の前半（第一節）
> で、単純再生産と拡大再生産との説明をおこなうが、そこで再生産
> 論を終わらせず、第二節（後半）で別個の考察をおこなうというプ
> ランが明記され……それまでの経緯からいって、「再生産過程の攪
> 乱」の問題が、後半の主題の一つとして予定されていたことは明白
> だと思います。（同前、148〜149ページ、223〜224ページ）。

④ 同『第二部第二草稿』（第2点目）

　……"覚え書き"で、"資本主義的生産様式の矛盾"とそれにも
とづく「過剰生産の問題」を"次の篇"の研究対象とすることを明
記していました。「次の篇」とは、第二部第三篇のことですから、
これは、再生産論のなかで恐慌論の本格的な研究をおこなうという
ことの、まぎれもない予告でした。（同前、149ページ、224ページ）。

⑤　1877年の『第二部第五草稿』

　「生産資本の循環」を論じたさい、「流通過程の短縮」という運動
形態をふまえた経済循環論を、第一草稿から取り入れましたが、こ
の運動形態に理論的考察をくわえた部分は、注意深くそこからはず
されました。それは、マルクスが、理論的考察そのものは、あとで
しかるべき場所でおこなうというプランを持っていたことを、予想
させるものでした。（同前、同ページ）。

　氏は、この五点について確認したあとで、①の『六一年～六三年草稿』で
の構想を前提にして、②～⑤を対象に次のように述べます。

　このように、1864年の第一草稿だけでなく、1869～70年の第二
草稿も、そして1877年の第五草稿も、「再生産過程の攪乱」――恐
慌問題を、再生産過程の考察の最後の部分でおこなうという構想を、
マルクスが一貫して持ち続けたことを、物語っています。この構想
は、実現されないままに終わりました。（同前、同ページ）。

　「再生産過程の攪乱」、すなわち、ミッシング・リンクの具現物――再生産
論を恐慌に結びつける分析――をマルクスが草稿のなかにも書かないで終
わったことを氏はこの文章で認めたわけです。しかし、同時に、マルクスが「再
生産過程の攪乱」を書くという構想を一貫して持っていたことを五点の根拠
をあげて強調しています。「再生産過程の攪乱」について書く構想をマルク

スが一貫して持っていたという点については私も同意見です。しかし、氏が
あげている五点の根拠のうち、⑤については全く賛同できません。

　それについての私の意見を述べる前に、再生産論のこの執筆中断を引き起
こした理由について触れておきましょう。氏は、「なにがこの中断を引き起
こしたか」という項を立てて、その最初の部分に、こう述べています。

> 　では、『資本論』の仕上げの過程で、第二部の草稿に取り組んで
> いた1881年に、この中断が起こったのは、なぜでしょうか。私は、
> その原因はマルクスの健康状態の悪化にあった、と思います。(同前、
> 149ページ、224〜225ページ)。

そして、氏がそう考える理由を説明しています。マルクスが亡くなったのは
1883年3月ですから、中断してから2年ほどの期間があります。この点に
ついては次のように書いています。

> 　しかし、マルクスは妻の死の直後の時期にも、健康が回復したら、
> 自分のもつ時間のすべてを「第二巻の完成」にあてたいという考え
> を、娘や知人に語っていました。……マルクスが、この間も、その
> 知的活動をやめなかったことについては、いりいろな記録があり
> ます。マルクスが、複数の歴史書によって世界史を研究し、紀元前1
> 世紀から17世紀までのヨーロッパ史を、四冊のノートからなる『年
> 表抜粋』にまとめたことも、その一つだと思います。全集の年譜で
> は『年表抜粋』作成時期は「1881年末ごろから1882年末まで」と
> されていますから、療養のためにヨーロッパ各地を転々としていた
> 時期に当たることになります。しかし、マルクスにとって、『資本論』
> の執筆活動は、こういう活動とくらべると、そそぎこむべき頭脳的・
> 肉体的エネルギーの次元がまったく違うものだったと思います。(同
> 前、151ページ、227〜228ページ)。

中断を引き起こした理由についての氏の説明については異論はありません。
「再生産過程の攪乱」は第二部第八草稿に続くものとして執筆されるはず

のものです。第二部第八草稿は『資本論』の最後の草稿です。それが健康上の理由によって、中断を余儀なくされたものですから、「再生産過程の攪乱」についてはマルクスは書くことができなかったことがはっきりしました。マルクスの草稿には、「再生産過程の攪乱」は残されていなかったわけです。

(3)「再生産過程の攪乱」の中心部分が「流通過程の短縮」であるという氏の主張は成り立たない

さて、元に戻ります。マルクスが「再生産論」において「再生産過程の攪乱」について書く構想を一貫して持っていたことについては氏の意見に同意するものの、それについて氏があげている五点の根拠のうち、⑤については全く賛同できませんと先に述べました。⑤とは、次の文章を指しています。

> ⑤ 1877年の『第二部第五草稿』では、「"生産資本の循環"を論じたさい、"流通過程の短縮"という運動形態をふまえた経済循環論を、第一草稿から取り入れましたが、この運動形態に理論的考察をくわえた部分は、注意深くそこからはずされました。それは、マルクスが、理論的考察そのものは、あとでしかるべき場所でおこなうというプランを持っていたことを、予想させるものでした。(同前、149ページ、224ページ)。

第5節で述べましたように、現行『資本論』第二部第一篇「資本の諸変態とそれらの循環」の第2章から第4章は、この『第二部第五草稿』をもとに編集されています。第2章が「生産資本の循環」、第3章が「商品資本の循環」、第4章が「循環過程の三つの図式」です。第3章では、社会的総資本の循環はこの商品資本の循環の範式で明らかにされることが述べられています。『第二部第一草稿』では、個別資本の資本循環と社会的総資本の資本循環との区別が未確立でしたが、この『第二部第五草稿』ではこの点が明確にされています。それと合わせて、生産資本の循環や商品資本の循環の概念もより整備されました。

この⑤で氏が述べている『第五草稿』と『第一草稿』での叙述の違いは、うえに述べた両草稿のこの性格の違いにもとづくものであり、「再生産過程

の攪乱」を書く構想をマルクスが持っていたこととは全く関係がないと考えられます。これも第5節ですでに述べたことですが、「流通過程の短縮」にかかわる叙述は、『第一草稿』では、貨幣資本の循環の項と商品資本の循環の項にまたがって書かれてました。氏が、それらから「流通過程の短縮」という運動形態という規定を引き出したのですが、それを正確に規定しなおせば、「商人による個別資本のＷ′―Ｇ′の短縮」という運動形態のことになります。この運動形態は生産資本の循環形態として位置づきますので、『第五草稿』（『資本論』）ではそのような正確な取り扱いがなされたのです。

「商人による個別資本のＷ′―Ｇ′の短縮」とは個別資本が商品Ｗ′を商人に販売すると、Ｗ′のＧ′への転化が実現され、Ｗ′の最終購買者への販売は商人に転嫁されることです。生産資本の循環とは、Ｐ…Ｗ′―Ｇ′―Ｗ…Ｐ（Ｐ′）、ですが、Ｗ′―Ｇ′が実現されれば、それに続くＧ′―Ｗ…Ｐ（Ｐ′）は順調に進行することになります。生産資本の循環は個別資本の再生産の形態ですが、「商人による個別資本のＷ′―Ｇ′の短縮」という運動形態によって、たとえＷ′が商人の手に滞留していたとしても、個別資本の再生産が順調に進行することが示されるわけです。

他方、貨幣資本の循環はＧ―Ｗ…Ｐ…Ｗ′―Ｇ′であり、個別資本の価値増殖の形態です。Ｗ′―Ｇ′の実現は循環が完結する部分にあり、それに続く形態の転化はありませんから、「商人による個別資本のＷ′―Ｇ′の短縮」という運動形態は貨幣資本の循環にはなじまないわけです。また、商品資本の循環はＷ′―Ｇ′―Ｗ…Ｐ…Ｗ′ですから、Ｗ′―Ｇ′は循環の始まる部分にあり、ここに位置づけることは可能であり、『第一草稿』では、「流通過程の第四の形態」の項で書かれていました。この「第四の形態」とは『資本論』の商品資本の循環に相当します。しかし、先に述べたように、『資本論』では、商品資本の循環は個別資本の資本循環のなかに必ず含まれている形態であるけれども、商品資本の循環としては、社会的総資本の循環を表現する形態として捉えられるようになりました。商品資本の循環が個別資本の循環を現すのは農業を収穫から始まり収穫に終わる循環として捉えるなどの特別な場合に限られるとの捉え方になっています。ですから、「商人による個別資本のＷ′―Ｇ′の短縮」という運動形態は商品資本の循環のなかに位置づけるのではなくて、生産資本の循環のなかに位置づけられるようになったと考えら

れます。

　参考までに、商品資本の循環について『資本論』には次のように書かれて
います。

> 　循環W´…W´が個々の個別資本の形態として現れるのは、たと
> えば、収穫ごとに計算が行なわれる農業においてである。
>
> （『資本論』⑤、156 ページ）

　⑤では、「流通過程の短縮」という「運動形態に理論的考察をくわえた部
分は、注意深くそこからはずされました」と氏は述べています。そして、マ
ルクスがこの部分をはずしたのは、はずされた部分を「あとでしかるべき場
所」（「再生産過程の攪乱」の項）で書くプランをマルクスが持っていたから
だと推測します。さらに、その推測に立って、逆に、マルクスがこの部分を
はずしたことをマルクスが「再生産過程の攪乱」を書くプランを持っていた
ことの根拠（「予想させるもの」という表現にはなっていますが）としてあ
げているのです。

　この⑤の議論は、論文「再生産論と恐慌」の「『資本論』現行第二部を読む（そ
の一）」という項目のもとでの氏の叙述がもとになっています。参考までに、
該当する部分の一部を引用します。

> 　もともと、第一草稿のその文章は、今後の理論的な考察の方向づ
> けをしたもので、その理論的な内容は、第二部全体の構成から言え
> ば、冒頭の循環論のなかではなく、恐慌問題の理論的考察そのもの
> が主題となるところで展開されるべきものでした。マルクスは、こ
> ういう立場から、第一草稿からこの部分の一連の文章を取り入れる
> さい、「純事実的諸関係」の記述と「理論的叙述」とを区別したの
> ではないでしょうか（……）。私の推論では、第一草稿中のここで
> 保留した論点を含め、この問題の「理論的叙述」が展開される場所
> と言えば、第二部第三編の最後の章、「再生産過程の攪乱」の章を
> 想定するのが、自然だと思われます。（『経済』2002 年 8 月号、169
> ～ 170 ページ、『マルクスと「資本論」』③、83 ページ）。

氏はこう述べていますが、『第五草稿』を介して『資本論』第二部第一篇第2章「生産資本の循環」には、「商人による個別資本のW´―G´の短縮」という運動形態はそのまま取り入れられています。これは「純事実的諸関係」の記述ではなく「理論的叙述」です。W´の最終購買者への販売は商人に転嫁され個別資本のW´―G´が実現し、個別資本の再生産が順調に進み、それが恐慌を原因になることなどを内容としているからです。たしかに、「流通過程の短縮」という運動形態という用語、および、それについての一般的な考察ははずされていますが、それは、第2章「生産資本の循環」に書く必要のない事柄だったからです。

　「流通過程の短縮」という運動形態に理論的考察をくわえた部分がはずされたと氏は言っていますが、どの部分がはずされたのかについて見ておきましょう。まず、『第一草稿』から取り入れられた叙述とは、第4節（3）「第二部第一草稿の叙述Bを読む」で検討した叙述Bのなかにある部分です。この第4節（3）で、私は、〈叙述Bの文脈〉を①から⑪に整理しました（氏は、「流通過程の短縮」についての叙述を⑤から⑪と捉えています）。このうち⑤と⑥の部分が『資本論』に取り入れられており、氏がはずされた部分と言っているのは⑦から⑨の部分です。（文脈の整理上は取り入れられた部分が五分の二になりますが、字数からみると五分の三ほどになります）。

　そして、第4節の〈叙述Bの文脈〉の④で次のように述べました。

　④〔叙述Bではこの④から⑪の終わりまで、この節のテーマでもある「流通過程の短縮」に帰着する問題が論じられています。その出だしのこの④の部分は、これから何を論じるかが提起されているのですが、マルクスの叙述ではそこが表に出ていないので、その点は補ってあります〕。

　「個人的消費過程それ自体は、形態的には、資本の循環のなかに含まれていない」（同前、47ページ）。しかし、再生産過程全体を考察すれば、③で述べたように、個人的消費によって労働者と資本家が再生産される。個人的消費と「資本循環」とは実体的には関係しているのである。そのことによって、「資本の循環」には、ある形態がつくり出されているので、それを強調しておくことは重要である。以下、その点について論じる。（なお、つくり出される形態が商品資本の貨幣化を先取りする形態〔＝「流通過程を短縮す

る形態」〕です）。

　言いたいことは叙述Bの文脈のなかで何が取り入れられ、何がはずされたかです。叙述Bの大きな流れは、この④で述べていますように、資本循環には個人的消費が含まれていないが、実体的には関係しているので、それに対応して、「流通過程の短縮」という運動形態がつくり出されるということです。そして、⑤、⑥で、つくり出された「商人による個別資本のW'―G'の短縮」という運動形態について叙述されています。これは生産資本の循環に位置づけられるので、『資本論』に取り入れられました。（ただし、この⑤、⑥では「流通過程の短縮」という規定は使われていません）。

　はずされた⑦、⑧、⑨で述べられていることの要点は次のようです。

　⑦：恐慌のようなことが起こるのは、W'―G'が最終購買者への商品販売から独立して行われるからである。⑧：このような先取りの形態（「流通過程の短縮」の形態）をつくり出すことは資本主義生産では必要である。⑨：「流通過程の短縮」の形態は信用制度によって必要な規模に拡大し世界市場によってその形態を拡張する（⑦、⑧、⑨は「流通過程の短縮」という規定が使われています）。

　これらは、叙述Bの文脈から見れば、資本の循環形態のなかに個人的消費が含まれていない資本主義生産において、「流通過程の短縮」という運動形態がつくり出される理由とそれが持つ意味などについての叙述です。これが『資本論』の「生産資本の循環」の章に取り入れられなかったのは、先にも述べましたが、そこに書く必要のない事柄だったからでしょう（なお、現行『資本論』では社会的総資本の循環〔＝社会的総資本の再生産〕には個人的消費も含まれると捉えられています）。これらがはずされたことをマルクスが「再生産過程の攪乱」の項で「流通過程の短縮」について書く構想があったという推論の根拠にするのは無理であると考えます。

　それにもかかわらず、氏は、「流通過程の短縮」という形態とその考察が『資本論』の「生産資本の循環」の章に完全には取り入れられなかったことを「再生産過程の攪乱」を書く構想があったことの根拠として主張しています。それだけでなく、次のように述べて、「流通過程の短縮」という形態とその考察こそが「再生産過程の攪乱」の理論的な中心部分になることの根拠の一つにもしているのです。

> 　……マルクスは第一草稿にあった、この運動形態（「流通過程の短縮」のこと……川上）をふまえての経済循環の経過のスケッチだけは、"生産資本の循環"の章に、手をくわえたうえで再現させましたが、理論的な部分に触れることは、そこではまったく行ないませんでした。
>
> 　こうしたことの経過からいって、「流通過程の短縮」という運動形態を軸にしての運動論的な考察の主要な部分が、第二部第三篇の最後の章の主題の一つ、あえていえば、もっとも重要な主題の一つとなるべきことは、十分に推測できることだと思います。（『経済』2002 年 10 月号、158 ～ 159 ページ、『マルクスと「資本論」』③、242 ～ 243 ページ）。

　しかし、「流通過程の短縮」という運動形態（＝「商人による個別資本のW′―G′の短縮」という運動形態）が『資本論』第二部第二篇の「生産資本の循環」の章に取り入れられたことは、この運動形態が個別資本の資本循環の形態であると捉えられているということです。繰り返しますが、生産資本の循環は個別資本の資本循環ですから。ところが、「再生産過程の攪乱」は再生産論ですから、社会的総資本の資本循環の運動形態のもとで扱われます。したがって、「流通過程の短縮」という運動形態とその考察は「再生産過程の攪乱」における理論的な中心部分になるはずがありません。とは言え、この運動形態は恐慌の原因となるのですから、内容としては「再生産過程の攪乱」での考察の対象になります。理論的にどう扱われるべきかについては、第5節の（3）「個別資本のW′―G′の短縮は再生産論ではどう扱われるのか」でその基本について検討を終えています。

(4)「"再生産過程の攪乱"の内容を推測する」の意味と問題点

　論文「再生産論と恐慌」の最後の部分に位置する章（項）として、「第二部 最後の章 "再生産過程の攪乱"の内容を推測する」が置かれています。この章（項）を氏が執筆した中心的な目的は「流通過程の短縮」が「再生産過程の攪乱」の中心部分であることを主張することにあると考えられます。

氏は、ミッシング・リンクの具現物──再生産論を恐慌に結びつける分析──を見つけるために、マルクスの諸草稿を探究してきました。その結果、この分析を「再生産過程の攪乱」という標題のもとでマルクスが書こうとしていたことと、それが健康上の理由で実現しなかったことを確認しました。しかし、『第二部第一草稿』において氏が「流通過程の短縮」と呼ぶ恐慌に結びつくマルクスの分析を見つけました。そして、この「流通過程の短縮」という把握が「再生産過程の攪乱」の中心部分であると確信するようになったと考えられます（この確信については論文から強く伝わってきます）。

　もし、「再生産過程の攪乱」が部分的にでも書かれていて、それが草稿から見つかり、その中に「流通過程の短縮」という把握が使われていたのならば、この確信は事実によって裏付けられます。ですが、「再生産過程の攪乱」は書かれなかったのですから、この確信を真に論証するためには、マルクスの理論を継承しながら「再生産過程の攪乱」の内容を再現し、その中に、「流通過程の短縮」を位置づけなければなりません。同じことですが、再生産論の枠組みのなかで「流通過程の短縮」という把握を軸にして、恐慌にも結びつく「再生過程の攪乱」についての理論を展開しなければなりません。しかし、氏の探究の結果による把握ではこれを行なうことは困難です。そうする代わりに、氏は、「再生産過程の攪乱」の内容を構成する項目を推測し、その項目のなかに「流通過程の短縮」を位置づけて見せたのです。言わば、推測によって論証もどきのことを行っているのです。

　もっとも、マルクスの「再生産論を恐慌に結びつける分析」（＝「再生産過程の攪乱」）を明らかにしたいという動機がこの論文の最も根本にあるとも考えられます。「再生産過程の攪乱」が書かれなかった以上、少なくとも、その内容を構成する項目を推測すること自体には意味があります。また、この論文の最終項目（章）としての必然性もあるとは言えるでしょう。

　さて、先にも紹介しましたように、氏の推測によれば、「再生産過程の攪乱」では三つの主題が取り上げられ、そのうちの第三の主題が恐慌現象の運動論的な解明であり、その解明のための核となる概念が「流通過程の短縮」でした。この第三の主題については、前項（3）で、「流通過程の短縮」という運動形態は個別資本の資本循環に位置づけられる運動形態であるから、社会的総資本の資本循環に位置づけられる再生産論において、内容的には対象とな

るものの、運動形態の中心部分なることはないと述べました。では、氏は、第一の主題、第二の主題としては何が取り上げられると推測し、また、何を推測の根拠としているのでしょうか。それらを簡単に紹介しつつ、「再生産過程の攪乱」の内容についての私のごく大まかな推測も対置しておこうかと思います。

　氏は次のように述べています。

> 　私は、この研究をはじめるにあたって、マルクスの恐慌論の基本的な要素として、（一）恐慌の可能性の問題、（二）恐慌の"根拠"（あるいは"原因"の問題）、（三）恐慌問題の"運動論"的な解明の問題の三つの領域をあげました。そして、これまでたどってきたマルクスの研究の経過、現行の『資本論』やその草稿に書き込まれた構想あるいはそれへの示唆など総合的にとらえ、そこから判断してみると、第二部の最後の部分で、マルクスが予定していた「再生産過程の攪乱」の章には、少なくとも、この三つの領域がすべて包括されていた、と推測するのが、妥当ではないか、と考えます。（同前、152 ページ、229 〜 230 ページ）。

　こう述べて、「再生産過程の攪乱」の第一の主題は「恐慌の可能性の問題」、第二の主題が「恐慌の根拠——"生産と消費との矛盾"」と推測しています。そして、第三の主題は、「流通過程の短縮」による恐慌問題の運動論的な解明なのですが、その範囲には「この運動形態の理論的究明（その二）——信用制度と世界市場」（同前、163 ページ、251 ページ）も含まれるとしています。

　この氏の文章で注目されるのは、「私は、この研究をはじめるにあたって、マルクスの恐慌論の基本的な要素として、……三つの領域をあげました」と述べ、「再生産過程の攪乱」の章には、少なくとも、この三つの領域がすべて包括されていた、と推測するのが、妥当」であるとしていることです。「再生産過程の攪乱」の章には、マルクスの恐慌論についての、氏があげる基本的な要素がすべて書かれることになると言っているのですから、この章で、恐慌論が全面的に論じられるという推測になります。これが氏の推測の第一の性格です。

たしかに、氏の論文「再生産論と恐慌」では、最初の項目として「今回の研究の主題は何か」が書かれており、そこには、三つの領域——恐慌の可能性の問題、恐慌の根拠としての「生産と消費との矛盾」、恐慌問題の運動論的な解明——があげられています（『経済』2002年1月号、139〜142ページ、『マルクスと「資本論」』①、26〜31ページ）。この点から見ると、マルクスの諸草稿についての氏の探究は、この三つの領域において、どのような研究がなされたのかについて行なわれたということになります。その中で、とりわけ新しい結果が出たのが、恐慌問題の運動論的な解明の領域において、「流通過程の短縮」という運動形態を見出したということでしょう。氏は、「再生産過程の攪乱」の章には、これがそのまますべて含まれると推測しています。これが氏の推測の第二の性格です。

　先に（2）項で、①『六一年〜六三年草稿』の叙述、②1864年の『第二部第一草稿』の叙述、③1869〜70年の『第二部第二草稿』の叙述、④『第二部第二草稿』の別の叙述（「覚え書」）、⑤1877年の『第二部第五草稿』の叙述を根拠にして、氏が次のように述べていることを紹介しました。「“再生産過程の攪乱”——恐慌問題を、再生産過程の考察の最後の部分でおこなうという構想を、マルクスが一貫して持ち続けたことを、物語っています。この構想は、実現されないままに終わりました」。

　氏はこの文章のなかで、「“再生産過程の攪乱”——恐慌問題」と書き、この両者を同一視しています。ここにも先に指摘した氏の推測の第一の性格が現れているのですが、この推測は正しいものなのでしょうか。この点についてまず検討しましょう。

　恐慌問題が『資本論』第二部の再生産論において扱われるという見解はこの探究を始める前から氏がもっていたものです。「今回の研究の主題は何か」のなかで、次のように述べられています。やや長く引用します。

　　これまで、『資本論』の各部を恐慌論での役割分担という角度でとらえるとき、第二部は、恐慌の“発展した可能性”の研究が主題であり、恐慌そのものの研究は、“生産と消費との矛盾”を論じる第三部以降の主題となっているとの見方が、一つの定説としての解釈としてかなり広くありました。

しかし、現行の『資本論』は、第三部では、〈恐慌の究極の根拠は"生産と消費との矛盾"にある〉という命題がいろいろな箇所で結論的に述べられているだけで、この矛盾を根拠として、恐慌がどのような仕組みで発現するのかについての理論的な解明は、商人資本論や信用論のなかでの部分的な接近はあるものの、まとまった形ではどこでもおこなわれていません。
　　しかも、マルクス自身、第二部第二篇の草稿に書きこんだ「覚え書」のなかで、「生産と消費との矛盾」から恐慌が生み出される問題について、これを第二部自身のなかで論じるという構想をはっきり明記しています。(同前、144 ページ、33 ～ 34 ページ、傍点……川上)。

　　なお、この「覚え書」はこの節の（2）項で紹介した④（『第二部第二草稿』〔第2点目〕で述べられている「覚え書」に相当します。
　　たしかに、「覚え書」には、「生産と消費との矛盾」から過剰生産（＝恐慌）が生み出される問題について、これを第二部自身のなかで論じるという構想がはっきり明記されています。しかし、これは「恐慌そのものの研究」ではなく、「恐慌の"発展した可能性"の研究」（＝「さらに発展した恐慌の基礎」）を指すと私は考えます。『資本論』の叙述としてマルクスが最後に取り組もうとしていた、この「さらに発展した恐慌の基礎」が書かれなかったのですから、第三部には、「恐慌の究極の根拠が"生産と消費との矛盾"にある」という命題以上のことが書かれていないのは当然のことでしょう。『資本論』第三部も完結してはいないのです。
　　また、同じ「今回の研究の主題は何か」のなかで、氏は、次のようにも述べています。

　　再生産論のなかで恐慌問題を研究するという構想についていえば、『剰余価値学説史』のなかにも、マルクスのこの構想を裏づける文章があります。
　　『学説史』は『資本論』の執筆に入る前の段階で書かれたものですが、そのなかでマルクスは、『資本論』の構成についても、いろいろと予告的な言明をおこなっています。……

> 「再生産過程と、この再生産過程のなかでさらに発展した恐慌の基礎とは、この項目そのもののもとでは、ただ、不完全にしか説明されないのであって、『資本と利潤』の章でその補足を必要とする」（『剰余価値学説史』全集 26 II 693 〜 694 ページ）……
>
> この文章で、最初に「この項目」と呼んでいるのは、資本の流通過程または再生産過程を扱う「項目」、つまり現行の第二部のことで、つぎに出てくる「『資本と利潤』の章」というのは、現行の第三部のことです。つまり、マルクスは、恐慌論を、第二部の再生産論のところで「不完全」ながら本格的に扱い、それを第三部で補足するという構想を、この段階ですでに明確にもっていたのです。（同前、145 ページ、35 〜 36 ページ、傍点……川上。

　なお、この『学説史』の文章はこの節の（2）項で紹介した①〔『六一年〜六三年草稿』の叙述〕に相当します）。

　また、この『学説史』の文章については、「再生産論と恐慌」の「『一八六一年〜六三年草稿』を読む」という項目のもとでは、次のように述べられています。

> 「資本と利潤」の章で論じるのは「補足」だという以上、マルクスが「流通過程」（第二部）、とくに再生産論のところで恐慌の基礎の問題を再生産過程とのかかわりでかなり深いところまで論じようとしていたことは、間違いありません。（『経済』2002 年 4 月号、164 ページ、『マルクスと「資本論」』①、344 ページ）。

　氏は、『学説史』のこの文章に「補足を必要とする」という語句があることを根拠にして、マルクスが再生産論において恐慌の問題を本格的に論じるとの趣旨を述べていると理解されるとしています。しかし、この文章の解釈には不正確さが含まれています。たしかに、「補足」（説明）とは、説明対象についての基本点の説明は済んでいることを前提に、「不十分なところを補う」（説明）という意味ですが、その場合、何が説明対象とされており、何を補なおうとされているかについて明確に掴まねばなりません。『学説史』

の文章では、説明対象とされているのは、「再生産過程と、この再生産過程のなかでさらに発展した恐慌の基礎」（傍点……川上）であり、「恐慌論」ではありません。第二部は、利潤についての説明も済んでおらず、価格は生産価格ではなく価値価格（価値を基準とした価格）であり、商人資本も信用制度も登場する前の叙述段階です。『学説史』の文章は、「再生産過程」についても、「この再生産過程のなかでさらに発展した恐慌の基礎」についても、この第二部の段階での説明では不十分であるから、第三部での「補足」を必要とすると言っているのです。このことは、氏が引用したこの文章の直前の次の文章を読むとはっきりします。

「しかし、現実の運動は現存の資本から出発する――すなわち、現実の運動というのは、それ自身からはじまりそれ自身を前提とする発展した資本主義生産を基礎とする運動にほかならない。だから、再生産過程と、この再生産過程のなかでさらに発展した恐慌の基礎とは、この項目そのもののもとでは……」（『剰余価値学説史』同前、同ページ）。

氏は、『学説史』のこの文章をもとに、「マルクスは、恐慌論を、第二部の再生産論のところで"不完全"ながら本格的に扱い、それを第三部で補足するという構想」を、この段階ですでに明確にもっていた」としていますが、「再生産過程と、再生産過程のなかでさらに発展した恐慌の基礎」と「恐慌論」とは全く異なりますし、「再生産過程のなかでさらに発展した恐慌の基礎」を取り出しても「恐慌論」（恐慌そのものの研究）とは異なります。

かいつまんで言えば、「再生産過程の攪乱」の章では、恐慌論が全面的に論じられる（恐慌そのものの研究が行なわれる）のではなく、「再生産過程のなかでさらに発展した恐慌の基礎」が論じられる。こう推測する方が妥当すると私は考えるわけです。

恐慌論をマルクスがどう論じようとしたかについては、第1節の（4）項で書き、第6節（2）項でもその点を繰り返しましたが、重要な論点なので、第1節の（4）項での私の叙述をそのままに再録することにします。

恐慌の解明についての理論の連鎖系列についても『資本論』の叙述のなかにある連鎖系列です。しかし、この連鎖系列は、『資本論』の理論体系の叙述が段々と進むごとに、恐慌と関係がある場合についてはその段階で明らかにするべき必要な事柄を叙述し、最後に、おそらく恐慌という項目を立てて、

恐慌の実態と意味、そして、これまで叙述してきた系列の連鎖の全体を振り返ってまとめる。このような叙述をするというのがマルクスの構想であったと考えられます。

　実際、この連鎖系列の途中までは『資本論』のなかに書かれています。しかしながら、『資本論』第三部には利潤論や信用論では恐慌についての叙述はありますが、恐慌それ自体を取り上げた項目はありません。そして、『資本論』の叙述においてマルクスが最後に書いた箇所が第二部の再生産論ですが、この再生産論を恐慌に結びつける分析はありません。ですから、恐慌解明についての理論の連鎖系列の叙述は後半部分を書けないで終わったと考えるのが妥当だと考えられます。

　こう考えますので、「再生産過程の攪乱」では「再生産論を恐慌に結びつける分析」がなされますが、恐慌そのものが取り上げられるのは更に後になるのではないかと推測するのです。

　じつは、論文「再生産論と恐慌」の「『一八五七〜五八年草稿』を読む（その一）」のなかで、氏も、恐慌問題についてのマルクスの論じ方については同様な趣旨のことを述べています。まず、この草稿を執筆する際にマルクスが立てた「経済学批判」の全体をどのように編成するかというプランを次のように紹介しています。

　　〔第三のプラン・六部構成〕最後に到達したのは、エンゲルスあての一八五八年四月二日付の手紙に書かれた、次のような六部構成のプランでした。
　　（一）資本。
　　（二）土地所有。
　　（三）賃労働。
　　（四）国家。
　　（五）外国貿易。
　　（六）世界市場。（全集（29）、246 ページ）」（『経済』2002 年 1 月号、161 ページ、『マルクスと「資本論」』①、67 〜 68 ページ）。

　ここに第三のプランとありますように、第一のプラン、第二のプランもあ

り、それらも紹介されています。第一のプランは五部構成で、その（五）項は「世界市場と恐慌」（傍点……川上）です。第二のプランは五部構成のものと六部構成のものとがありますが、五部構成のものは（五）項が「世界市場」であり、六部構成のものは（六）項が「世界市場」となっています。このように、プランの構成の終わりの項で、「世界市場」を問題とし、そこで「恐慌」を取り上げるというのがマルクスの「経済学批判」全体の構成のプランでした。この点について、氏は、次のように述べています。

　　　マルクスは、世界市場で発現する恐慌のうちに、資本主義的生産様式が社会の発展とともにのりこえられ、社会主義、共産主義の社会に移行してゆくことの歴史的な必然性をみているのです。そして、そういう意味で、「世界市場」あるいは「世界市場と恐慌」の篇を、「経済学批判」全体の「終篇をなす」ものとしたのでした。最後の六部構成のプラン──第三のプランにも、このことは引き継がれています。『五七〜五八年草稿』では、このプランの最後の「世界市場」の篇について、次のような解説がそえられています。

　　　「最後に世界市場。ブルジョア社会が国家をのりこえて押しひろがること。恐慌。交換価値のうえにうちたてられた生産様式と社会形態の解体。個人的労働を社会的労働として、またその反対に、社会的労働を個人的労働として実在的に措定すること」（同前〔『資本論草稿集1』〕311 ページ）。……

　　　マルクスは、このように、世界市場の問題と結びつけながら、"恐慌"の総括的な解明をもって著作の全体をしめくくろうとしたわけですが、これは、恐慌の問題を最後の篇だけで究明することではありません。それは、著作の最初から、必要な解明を積み重ねながら、その積み重ねをふまえて、最後の篇で恐慌問題の総括的、決定的な解明をおこなう、ということでした。つまり、恐慌問題の解明を、著作全体をつらぬく軸として位置づけた、ということだと思います。（『経済』2002 年 1 月号、162 〜 163 ページ、『マルクスと「資本論」』①、70 〜 72 ページ）。

恐慌の問題についてのマルクスの立論の仕方について、ここで氏が述べていることは、先に述べた私の捉え方と基本的には同じであると思います。しかし、この叙述は、『資本論』第二部の再生産論の中の「再生産過程の攪乱」において恐慌論が本格的に論じられるという氏の推測とは大きく異なっています。氏の論文『再生産論と恐慌』にはこの点についての論及はありません。もっとも、マルクスの当時のプランは『資本論』では大きく変更されたという見解もあり、この点についてはいわゆる「プラン問題」として議論されてきたところです。氏の推測は、恐慌論についてのマルクスの捉え方についても大きな変更があったという論理に結びつくことになります（その後の著作では、氏はこの変更論を主張するようになりますが、本書ではその問題には言及しません）。しかし、少なくとも、国家、外国貿易、世界市場についての本格的な叙述は『資本論』にはありません。これらは本格的には叙述されずに残されたと見るのが妥当だと私は考えます。

(5) 氏の推測に私の推測を対置する

　先に、「再生産過程の攪乱」の章では、恐慌論そのものが論じられるのではなく、「再生産過程のなかでさらに発展した恐慌の基礎」が論じられる。こう推測する方が妥当すると考えると述べました。この考えのもとでは、「再生産過程の攪乱」の章の内容を構成する項目として、どのようなものが推測されるのでしょうか。氏の推測は、①恐慌の可能性の問題、②恐慌の根拠としての「生産と消費との矛盾」、③「流通過程の短縮」による恐慌問題の運動論的な解明（信用制度と世界市場を含む）、でした。この推測を手掛かりとして考えることにします。

　この①〜③はすべて恐慌論そのものになっており、恐慌問題のうちの「再生産論過程の攪乱」として捉えられるものという限定がありません。これまで述べてきたことの繰り返しになりますが、この点には納得できません。また、これも先に触れたことですが、この氏の推測は、恐慌の可能性、恐慌の根拠（生産と消費との矛盾）、恐慌問題の運動論的解明の三つの領域について、マルクスの諸草稿を探究した結果をまとめたものになっています。なかでも、恐慌問題の運動論的解明の領域で見出された「流通過程の短縮」という運動形態が重視されているのが特徴です。そして、この三つの領域が「マルクス

の恐慌論の基本的な要素」であるという観点は「再生産論と恐慌」の研究を
はじめるにあたって氏が既にもっていたものです。①～③が項目としてあげ
られていますが、それらの項目間の内的な関連についての考察はほとんど行
なわれていません。とりわけ②と③との関連についての考察は必要だと考え
ます。

　私の考えを大まかに述べると、①～③の項目のうち、「再生産過程の攪乱」
の内容になることが確実なのは、②恐慌の根拠としての「生産と消費との矛
盾」です。というのは、この第7節の（2）項で述べたことですが、氏は、「再
生産過程の攪乱」について書く構想をマルクスが持っていたという根拠につ
いて、マルクスの著作をもとに五点を示しています。このうち、四点目にあ
げられている『第二部第二草稿』（第2点目）にある「覚え書」だけが「再
生産過程の攪乱」についての内容を示唆するものになっているからです。そ
れが第二部第三篇の再生産論で「生産と消費との矛盾」について取り上げる
という内容になっています。

　なお、氏があげている他の四点について言えば、五点目にあげている根拠
（『第二部第五草稿』）について賛同できないことは（4）項で述べました。一
点目から三点目にあげている根拠（『六一年～六三年草稿』、『第二部第一草
稿』、『第二部第二草稿』〔第1点目〕の諸叙述）は「再生産過程の攪乱」を
書く構想を持っていたことの根拠にはなっても、その内容については示され
ていません。

　恐慌の根拠としての「生産と消費との矛盾」が「再生産過程の攪乱」の内
容となるとする場合、それは再生産論として取り上げられなくてはなりませ
ん。

　「生産と消費との矛盾」は再生産論おいてどのような矛盾となって出現す
るのでしょうか。改めて確認すると、個別資本の資本循環が個別資本の再生
産であり、社会的総資本の資本循環が社会的総資本の再生産です。

　生産と消費との矛盾が再生産論上にどのような矛盾となって現れるかとい
う問題については、氏の「流通過程の短縮」という捉え方を検討するなかで
一つの重要な糸口が得られました。「流通過程の短縮」というような恐慌に
も結びつく運動形態について、マルクスは、個別資本の資本循環が個人的消
費を含まないことへの対応として生まれるという趣旨のことを述べていま

す。マルクスのこの叙述を読んで、個別資本の資本循環が個人的消費を含まないことについてはこれまでは事実上の当然のことと捉えていたのですが、そうではなくて、資本主義生産に特殊に固有なことが、個別資本の資本循環となって現れているという理解に至りました。現行『資本論』の第二部第三篇の再生産論では、社会的総資本の資本循環には個人的消費も含まれるということをマルクスは強調しています。この強調には、個別資本の資本循環には含まれないのとは逆に含まれるのだ、との含意があることも把握でき、これが社会的生産にとって当然のあり方であるという理解にもなりました。さらに、これはマルクスの叙述にはないと思いますが、単純再生産表式の均衡条件は社会的総資本の循環には個人的消費が含まれるということの表現であることも理解できました。これらの点については第4節の【探求】の項「叙述Bでは何が重要問題として提起されているのか」で述べました。

　このような捉え方は次のような捉え方を導きます。

　社会的総資本の資本循環には生産的消費も個人的消費も含まれる。社会的総資本とは個別諸資本の総計である。しかし、個別資本の資本循環には生産的消費は含まれるが個人的消費は含まれない。これは明らかに矛盾する。そして、個別資本の資本循環には個人的消費が含まれないのに、社会的総資本の資本循環には個人的消費が含まれるという、この矛盾は、先の「生産と消費との矛盾」と同等なもの（同等な矛盾）と考えられる（この点は論証が必要ですが）。

　この矛盾は再生産論上の矛盾ですから、「生産と消費との矛盾」を再生産論上の矛盾として捉えることができるので、仮に、「再生産論上の生産と消費との矛盾」と呼ぶことにします。この「再生産論上の生産と消費との矛盾」は「再生産過程の攪乱」をもたらすことになります。私は、「再生産過程の攪乱」の内容は、「再生産論上の生産と消費との矛盾」の展開であると推測するのです。

　氏の推測は、①恐慌の可能性の問題、②恐慌の根拠としての「生産と消費との矛盾」、③「流通過程の短縮」による恐慌問題の運動論的な解明、でした。先に、この推測には項目間の内的な関連についての考察がないと述べましたが、それらの内的関連について私は次のように考えます。②項の「生産と消費との矛盾」を「再生産論上の生産と消費との矛盾」に捉え直して、③

項の「流通過程の短縮」という運動形態（＝「個別資本のW'―G'の短縮」という運動形態）については、「再生産論上の生産と消費との矛盾」のなかに取り込むというものです。その際、社会的総資本の循環の運動形態を捉えるうえで重要な役割を果たす運動形態（概念）は、「流通過程の短縮」という運動形態ではなく、「商品在庫の増加」という運動形態になると考えます（この点については、第5節、第6節で述べました。なかでも、第5節（3）「個別資本のW'―G'の短縮は再生産論ではどう扱われるのか」ではかなり具体的に論じました）。

なお、①項の「恐慌の可能性の問題」が「再生産過程の攪乱」を構成する項目になると氏は推測しています。その理由は、「恐慌の可能性の問題」については『資本論』十分には叙述されていないので、恐慌論（恐慌そのもの研究）が叙述される「再生産過程の攪乱」で、再度、本格的に取り上げる必要があるということです。「恐慌の可能性」とは、第6節の（2）項「マルクスが恐慌論を重視する理由と『資本論』での立論の仕方」で述べたように、販売と購買との分離によって恐慌が発現する形式が生みだされたということです。たしかに、『剰余価値学説史』の方が『資本論』よりも詳しいのですが、『資本論』でも基本的な説明はなされています。「再生産過程の攪乱」の章で、この問題が再論されることはあり得ることですが、この章で、恐慌論（恐慌そのもの研究）が叙述されるわけではないと考えられますので、わざわざ、その構成項目としてあげる必要はないのです。

氏があげている①項、②項、③項以外の項目として、どうしても取り上げる必要のある課題は労働生産性（労働の生産力）の上昇の問題です。生産性の上昇が「生産と消費との矛盾」にもたらす影響は大きなものがあると考えられるからです。

現行『資本論』第二部の再生産論では生産性の変化による商品生産物の価値の変動の問題は捨象されています。単純再生産表式も拡大再生産表式も価値の変動はない（生産性は一定）との想定のもとに作成されています。しかし、マルクスが労働生産性の変動が与える影響について、『資本論』第二部においても考慮に入れる構想を持っていたことは確実です。『第二部第一草稿』の第一章の冒頭部分にある次の叙述はそのことを示しています（この叙述については第5節（1）項でも引用しましたので、ここでは、関係する部分に絞っ

て、再度引用します）。

> ｜第三章で行なうように、流通過程を現実の再生産過程および蓄積過程として考察するさいには、たんに形態を考察するだけではなくて、次のような実体的な諸契機がつけ加わる。
>
> 　（1）　……中略……
>
> 　（2）再生産は、再生産を構成するその諸契機の、前提された価値＝価格諸関係によって条件づけられているのであるが、この諸関係は、諸商品がその価値で売られる場合は、労働の生産力の変化によって生じるその真実価値〔real value〕の変動によって変化しうるものである。
>
> 　（3）　……中略……
>
> 　これにたいして、この第一章で展開しなければならないのは、新たなもろもろの形態規定性（範疇）だけであり、資本が流通過程を通過することによって生じる資本の新たなもろもろの形態規定性の形成だけである。｜　（『資本の流通過程』大月書店、9〜10ページ）

　この叙述の（2）項に「労働の生産力の変化によって生じるその真実価値の変動」を取り上げることが明記されています。この『第二部第一草稿』については本章で繰り返し取り上げており、すでに述べたことですが、幾つか念のために補足します。『第二部第一草稿』は現行の『資本論』の草稿としては使われなかったものですが、第一章「資本の流通」、第二章「資本の回転」、第三章「流通と再生産」となっています。（なお、『資本論』第二部は、第一篇「資本の諸変態とそれらの循環」、第二篇「資本の回転」、第三篇「社会的総資本の再生産と流通」です）。引用した上記の叙述は、第一章と第三章との区別を「形態の考察」（「形態規定性の形成」）と「実体的な諸契機」を付け加えたうえでの考察においています。その実体的な諸契機の三つのうちの一つとして、労働生産性の変化による価値の変化をあげています。ただし、『第二部第一草稿』の第三章には、それに該当する叙述はありません。この第三章の第九節の標題が「再生産過程の攪乱」となっているのですが、実際には執筆されずに終わっているからかも知れません。

それはともかく、「再生産過程の攪乱」の内容として、「再生産論上の生産と消費との矛盾」の展開において、労働生産性の上昇が及ぼす影響を取り上げる必要があると考えます。以上が「再生産過程の攪乱」の章で取り上げる項目内容についての私の大まかな推測ということになります。

なお、生産性の上昇が再生産表式にどのような影響を及ぼすかという問題については、拙著『マルクスの再生産表式の魅力と可能性』で論じたことがあります。拙著では、「［付論］再生産表式論を現実経済分析にどう活用するか」の項で、（1）新条件の追加による新命題の探究、（2）計量経済分析への適用、について書きました。（1）は、①「資本の有機的構成とレーニンの表式」と②が「生産性向上（相対的剰余価値の生産）と再生産表式」となっています。この②が生産性の上昇と再生産表式との関係を論じています。参考にしてください。

(6) 「再生産論と恐慌」の検討を終えて

論文「再生産論と恐慌」について批判的に検討してきましたが、以上で一応終えることにします。『資本論』第二部の再生産論にはミッシング・リンク（失われた環）があるという着想にもとづき、その着想を実現しようとの志向で進められた探究とその結果がこの論文です。ミッシング・リンクの具現物そのものは存在しませんでした。この論文で、そのことについては氏も認めています。しかし、氏は、ミッシング・リンクの具現物の中心を構成する捉え方である「流通過程の短縮」という運動形態（「商人によるW′—G′の短縮」）を見つけたと主張しています。それが緻密さを欠く強引な解釈となっており、多くの点で誤ったものになっていることは明らかになったと考えます。

しかし、検討終えて、この論文での主軸となっている主張は基本点で誤っているにもかかわらず、それとは別の面で、評価すべき点があることに気づきました。氏は、マルクスの草稿を書かれた順にすべて読んで再生産論と恐慌についての重要な叙述を洗い出し、自らの解釈を組み立てています。この努力によって氏は埋もれていたマルクスの貴重な個々の叙述に新たに注目し、それを発掘しています。それらの叙述についての解釈については見てきたように誤りも多いのですが、叙述の発掘自体には意義があります。とりわ

け、氏が「流通過程の短縮」という規定を取り出した『第二部第一草稿』における叙述Ｂ（第４節で私がそう呼び、文脈を整理した叙述）は私にとっては新しい認識を含むものでした。また、「流通過程の短縮」（「商人によるＷ'―Ｇ'の短縮」）という規定の解釈は誤っていますが、その重要性の提起自体は意義があると言えます。

　『資本論』第二部の再生産論にはミッシング・リンクがある、そして、それはマルクスの残された諸草稿なかに見つかるはずだ。この氏の着想には違和感があり、それについて批判してきました。着想自身に誤りが含まれていたことは明らかになったと考えます。ですが、氏がこの誤りを含んだ着想を得なければ、このような取り組みのエネルギーも生まれなかったのかも知れないとも思いました。誤った着想での取り組みが、その着想とは別の面で成果を導く場合もあり得るわけです。

　『資本論』はもともと未完の書です。マルクスが書くつもりで書けなかった部分があることは周知のことです。その部分をそのまま『資本論』の理論的な「空白部分」と言うことはできません。そのほとんどは『資本論』の理論展開が完結せずに残された部分です。その未完成部分を補完することはマルクスが後継者に残した理論的な課題です。マルクス死後150年を超える今日でもなおその課題は十分に達成されていないと考えられます。『資本論』の完成された部分をもとにして、その課題を達成することは十分に可能であるとは思いますが、マルクスの諸草稿のなかにも、手掛かりとなる重要な叙述があることを氏の論文は実際に示して見せたとは言えるのではないでしょうか。

　なお、論文「再生産論と恐慌」の主軸となっている主張についての批判的な検討はここで一応終えます。氏がこの論文で得た結論をもとに、新たな議論を展開していることは概略知っていますので、それについては「おわりに」で触れることにします。

第3章

論文「再生産論と恐慌」に見受けられる論理的認識上の問題点

　前章では論文「再生産論と恐慌」の主軸となる見解を批判的に検討しました。この章では、この論文に見受けられる氏の論理的認識上の問題点を指摘しようと思います。

　不破氏の論文に強い違和感をもったのは、論文「再生産論と恐慌」が最初であると、本書の「はじめに」で述べましたが、個々の見解についてはそれ以前から違和感をもつときがありました。そのなかの一つに、氏の論理学についての見解があります。例えば、『前衛』1997 年 8 月号に、氏と吉井清文氏との対談（『エンゲルスと「資本論」』の世界）が掲載されましたが、そこで語られている氏の次の発言についてはしっくりしないものがありました。

> 　『資本論』の論理学として書かれたものは、率直にいってあまりおもしろくない。そもそも論理というのは現場で展開されるから味があるのです。マルクスやエンゲルスが、当時さまざまな問題とぶつかり、レーニンがさまざまな問題とぶつかって、それを、どういう方法論で解いていったのか、どんな理論を組み立てたのか、そこをつかむと、かなりの応用可能性のある何かをつかむことができますが、それを抽象的なテーゼにしてしまうと、なんというか、歴史的な具体性を抜いた抽象論理だけになってしまうという感じですよ（笑い）。（同書、44 ページ）。

　科学的社会主義を受け継いで行こうする立場でない方の発言であれば、論理というものについての一つのあり得る見解であろうと思います。しかし、日本の科学的社会主義を代表する理論家であると自他共に許している氏が論理というものについてこのようなことを言っていいのかなと感じました。というのは、マルクスもエンゲルスもドイツ哲学の嫡流であり、ヘーゲルの観念論的弁証法を受け継ぎ、それを唯物論に転換にし、弁証法的唯物論を打ち

立て、それを自らの哲学としました。弁証法的唯物論の哲学は科学的社会主義の構成部分です。これはあまりにも明らかであり、氏に対して言うのは釈迦に説法でしょう。（ヘーゲルの）弁証法は科学的社会主義の成立に無くてはならない重要な貢献をしていると思います。

　哲学（世界観と論理学）というものは、たしかに現場での具体的な問題の解決に役立ち、それによって発展もします。しかし、現場での問題解決になぜ役立つのかと言えば、その哲学には、問題を解決する力がもともと内在しているからです。そして、哲学がそのような力をもっているのは、現場の問題を抽象的な意味で対象にしてきているからです。哲学は問題解決の方向を示し、その客観性（正しさ）を保障するものです。この意味で、問題解決の現場での具体性を離れた抽象的な諸概念の論理学的な運用の仕方を身につけることは非常に大切なことであると考えます。つまり、「抽象論理だけになってしまう」ことになっても、味合うという精神が必要なのではないでしょうか。

　氏は「『資本論』の論理学として書かれたものは、率直にいってあまりおもしろくない」と言っています。このような本は幾つかあるとは思いますが、例えば、見田石介氏の著書『資本論の方法』は、その代表的なものでしょう。今では問題点もいろいろと感じるようにもなりましたが、私の場合は、20代の頃とても学ばされ面白く読みました。もっとも、具体論が好きか抽象論が好きか、さらには、具体論のなかで働く論理（抽象的なもの）が好きか、抽象論そのものが好きかというのは個人差でしょう。どちらが良いということではなく、人それぞれの持ち味の違いということです。しかし、一般的に言えば、その辺についての自己分析と自覚は必要でしょう。

　「そもそも論理というのは現場で展開されるから味がある」という氏の見解を批判的に紹介しました。氏は、多くの理論的著作を執筆しています。理論には抽象的な論理力は不可欠ですから、氏は「現場の論理力」は高いと考えます。しかし、おそらく、氏は、抽象的な諸概念についての弁証法論理学的な運用の仕方についての関心がそれほど強くないのではないでしょうか。その面での不十分さが論文「再生産論と恐慌」に見受けられます。第1節と第2節とにわけて二つの問題について取り上げようと思います。

第1節 理論体系を叙述する方法と研究の方法
──「マルクスを歴史的に見る」という方法の問題点──

　2000年の「新春インタビュー」(「しんぶん赤旗」)では次のように語っています。

　　こんどのレーニン研究にあたって、私は自分の研究方法を"レーニン自身の歴史のなかでレーニンを読む"という言葉で表しましたが、これは、実際には、レーニン研究にとどまらず、マルクス研究にもエンゲルス研究にも通用するものだと考えています。

　　私は「レーニンと『資本論』」を書く前に、同じ雑誌『経済』に「エンゲルスと『資本論』」を連載しました(15回)。これも、ふりかえって総括してみると、"『資本論』を『資本論』自身の歴史のなかで読む"という作業の一コマでした。あの研究自体では、エンゲルスとのかかわりでの『資本論』の歴史が中心でしたが、そのなかには、とくに第二部、第三部とのかかわりで、マルクス自身の歴史もかなり大きな比重をおいて研究しました。こうやって、歴史の流れのなかに『資本論』をおいて研究すると、やはりマルクス経済学のいろいろな側面、部分、命題──そういうものが、どういう成り立ちと筋道のなかで展開されてきたものかが、あらためて浮き彫りになり、さらに、マルクスが、本来書くつもりでいたが書きのこした部分があることに気がつくし、エンゲルスが編集にあたって、あ、ここは読み違ったな、というところもあります。そういう点で、『資本論』そのものについても、『資本論』自身の歴史のなかで読むという読み方が大切だというのは、この研究を通じて痛感した点です。

　　じつは、私自身の研究の計画としては、「レーニンと『資本論』」が終わったら「マルクスと『資本論』」という研究に手をつけたい、と思っています。マルクスの経済学の全体を歴史的に研究するというわけにはゆきませんが、まず、恐慌論と再生産論に焦点をあてて、『五七〜五八年草稿』から『六一〜六三年草稿』へ、さらには『資本論』

自身の草稿にいたる全過程を追跡する、という計画です。

　（聞き手；この方法は、レーニン研究では、たいへんな威力を発揮していますね）。

　ソ連時代のソ連公認の"レーニン学"というのは、歴史がないんですね。いわばレーニンは生まれながらの科学的社会主義の達人であって、マルクス主義のすべてにわたる体系的な見解をもっていて、事が起きるのに対応してそれを展開してゆく、すべてがそういう調子で研究されていました。……ところが、実際には、どの問題、どの分野をとっても、レーニンの理論活動は、歴史的な発展の連続です。それをできるだけ正確につかみだしたい、というのが、研究全体を通じての私のなによりの問題意識でした。（不破哲三『世紀の転換点に立って』、新日本出版社、31 ～ 33 ページ）。

　さて、第2章の第1節の(4)項の中で、( )をつけて、次のように述べました。(なお、『資本論』の再生産論の位置づけについての氏の捉え方には、「マルクスを歴史的に見る」という方法の問題点——問題の探究・解決の叙述を理論体系の叙述と同一視する傾向——が反映されているのですが、これについては第3章第1節で取り上げます)。この問題を取り上げようと考えて、「マルクスを歴史的に見る」という方法について氏が的確に述べている文章を引用しました。ここで氏が述べていることは納得できると考えます。

　（ついでながら、この引用文では、氏は、「マルクスと『資本論』」という研究に手をつけたい、とまず述べて、その具体化として、「恐慌論と再生産論に焦点をあてて、『五七～五八年草稿』から『六一～六三年草稿』へ、さらには『資本論』自身の草稿にいたる全過程を追跡する、という計画」について語っています。ということは、このとき既に、恐慌論と再生産論との関係において理論的な問題が残されているという問題意識はあったと思われます。第2章の冒頭に引用した、1年後の新春インタビューでは、これに該当する部分は、「いわゆる"ミッシング・リンク（失われた環）"があるのではないか、というのが私の考えです。その問題意識で、マルクスの資本主義批判の歴史を、『一八五七～五八年草稿』、『一八六一～六三年草稿』、それから『資本論』とその草稿へと、追究してみたい」となっています。恐慌論と再生産

論との関係において残されている理論的な問題が「いわゆる“ミッシング・リンク（失われた環）”がある」という形で明確化されていったと推測されます）。

(1) 叙述の方法と研究の方法との形式的区別

本題に戻ります。「マルクスを歴史的に見る」という方法について氏が述べていることは納得できると書きました。では、何が問題なのでしょうか。マルクスが生きた社会と理論の状況のもとで、問題の発見と解決を何度も繰り返しながら自らの理論を形成する過程を具体的に見る。これが「マルクスを歴史的に見る」ということの中心であろうと思います。言い換えれば、マルクス理論の形成史を研究する、あるいは、マルクスの問題探究の歴史を研究するということになります。これはマルクスの理論（『資本論』）の理解を深めるうえでとても意義のある研究です。しかし、形成されたマルクスの理論（『資本論』）の理解とは異なります。一般的に言えば、学説史・科学史の研究と学説・科学そのものの理解とは異なるのと同様です。

『資本論』を念頭にして言えば、諸問題を発見し探究し解決すること、すなわち、研究と、研究で明らかになったことをもとに一つの包括的な理論体系を叙述することは区別されます。この点については、『資本論』第一部の第二版への「あと書き」に、「叙述の方法と研究の方法との区別」として知られているマルクスの有名な文章があります。『資本論』第一部への的確な批評に対してマルクスが自らの見解を述べたものです。

> もちろん、叙述の仕方は、形式としては、研究の仕方と区別されなければならない。研究は、素材を詳細にわがものとし、素材のさまざまな発展諸形態を分析し、それらの発展諸形態の内的紐帯をさぐり出さなければならない。この仕事を仕上げてのちに、はじめて、現実の運動をそれにふさわしく叙述することができる。これが成功して、素材の生命が観念的に反映されれば、まるである“先験的な”構成とかかわりあっているかのように、思われるかもしれない。
> （『資本論』①、27 ページ）

マルクスはこう述べているのですから、『資本論』は叙述の仕方についてのこの捉え方に則って書かれたものでしょう。例えば「現実の運動」を資本の運動に置き換えて読めば、資本の「素材」に相当するものは「価値」と考えてもよいでしょうから、研究によって、価値の発展諸形態と内的関連とをすべて明らかにしてから、自己増殖する価値である資本の現実の運動はそれにふさわしく順序よく叙述できる、と述べていると読めます。『資本論』は、そのように書いたということです。そして、『資本論』のその総括的な叙述によって、資本の現実の運動をマルクスの思考のなかに最終的に再生産し、わがものにしたということでしょう（この場合、総括的な叙述も実は研究ですが）。『資本論』は、諸問題を発見し明らかにする研究をそのまま叙述したものとは異なるのです。

そのため、『資本論』では、叙述の順序と段階（篇別構成）——部、篇、章、節の構成——の論理的な関係が非常に重視されています。

この捉え方には一つの厄介な問題が含まれています。それは、研究によって不十分な把握が克服され新しい関係が明らかになった場合には、理論体系の叙述全体が変更されることもあり得るということです。ということは、分かったことを小出しに出版することができなくなることに繋がります。このことに関連して、先の 2001 年の新春インタビューのなかで氏が述べていることをもう一つ紹介したいと思います。

　　マルクスとエンゲルスというのは、まったくえがたい組み合わせだったと思いますね。理論活動への取り組み方も、それぞれの個性が大違いなのです。マルクスは、研究を始めたら、とことん自分の胸におちるところまで問題をとらえつくさないと、研究の成果を発表しない。だから、『資本論』の第二部、第三部にしても、1860 年代に書きあげてあった草稿を、エンゲルスがマルクスの死後に読んで、"経済学の全体を変革するようなすごい発見を、20 年以上も前にやっていて、なぜだまっていたのか"と嘆息をもらす場面がありました。マルクスはこうした徹底研究派です。これにたいして、エンゲルスは速筆が特徴でした。……。(同前『世紀の転換点に立って』、60 ページ)。

マルクスの個性ということもあるでしょうが、『資本論』の場合はその叙述についてのマルクスの上に述べた捉え方が影響していると考えます。『資本論』第一部の「資本の生産過程」については、すべてが明らかになり、それらを順序よく叙述できたから1867年に出版することができました。しかし、第二部「資本の流通過程」と第二部「資本主義的生産の総過程」については、「すごい発見」をしても、すべてを明らかにはしていないから総括的な叙述はできていないと考えたので、出版しようとは思わなかったのではないでしょうか。

　諸概念を組み立てることによって対象を理論的に明らかにするという科学の著作においては、研究ですべてを明らかにしてから、それを順序よく叙述できるということは、考えてみれば当然のことです。明らかになっていないことを叙述することはできませんから。マルクスの場合は対象が資本主義生産という生きた複雑な全体ですから、その対象にふさわしい叙述ということが特段に重要になったのだと考えられます。（「そしてここに私の弁証法的方法を用いた」と先の引用文の直後に述べています。なお、先の引用文に、叙述の仕方は、研究の仕方とは「形式的には」区別されなければならないとありますが、ということは、「内容的には」一致させなければならないということです）。

　科学的な理論体系の叙述は論理の順序にもとづいて前後の段階的関係を積み重ねて行われます。これは研究ですべての段階を明らかにしてから、首尾よく行うことができるわけです。とは言っても、実際の叙述においては、叙述が後段に進んでから、前段の不十分さがわかり、前段の研究をさらに進める必要が出てくる場合もしばしばあります。マルクスは価値や資本について、おおむね明らかにできた段階に達したと考えたので、『資本論』の執筆に取り組んだと考えられます。その場合、それまでの研究をもとに、叙述の順序（篇別構成）を考えて、その順序に従って書き進めることになりますが、その書き進めるうちに、前段の研究の不十分さがはっきりしてきて、その研究を進めねばならないことも出てきたでしょう。さらには、前提としていた篇別構成の内容を変更する必要も出てくることもあるわけです。

　『第二部第一草稿』はその典型的な例であると考えます。第2章で詳しく

述べましたが、この草稿は、第1章「資本の流通」→第2章「資本の回転」→第3章「流通と再生産」の構成で、ほぼ書き終えられているのですが、全体としては、『資本論』第二部には用いられませんでした。マルクスはそれを全面的に書き直しました。（なお、『資本論』第二部の構成は、第一篇「資本の諸変態とそれらの循環」→第二篇「資本の回転」→第三篇「社会的総資本の再生産と流通」です）。そうなったのは、資本循環の捉え方の不十分さに『第二部第一草稿』を執筆するなかで気がついたからだと考えられます。そのため、『資本論』第二部の篇別構成の内容が変更されることになったのです。

　ということは、『第二部第一草稿』と『資本論』第二部とは同列上のものとしては扱うことはできないということです。マルクスの最後の到達点である『資本論』第二部の正確な理解に立って、その途上にあるマルクスの諸草稿は位置づけられねばなりません。「マルクスを歴史的に見る」という方法についても、それを文字通り真に正しく用いるならば、いま述べた点を明らかにすることが求められることは当然です。しかし、「マルクスを歴史的に見る」という方法を用いたという氏の探究は、『第二部第一草稿』を「全体をはじめから視野の外に」おき、第二部に取り入れなかったのはエンゲルスの編集上の一つの重大な弱点になったというような結論を導いています。

　この主張は、マルクスが行ってきた研究とその成果を時系列に沿って見てきて、氏が重要だと評価した研究をそのまま『資本論』に取り入れるべきだとするものであり、誤りです。それは、『資本論』第二部の十全な理解に立って、『資本論』第二部と『第二部第一草稿』との基本的な違いを理解したうえでの主張ではありません。「マルクスを歴史的に見る」という氏の方法は、現行『資本論』が出来上がるまでのマルクスの研究に注目するということを主眼にしていますから、『第二部第一草稿』は無批判的にそのまま重視されてしまったのです。

(2) 問題の探究・解決の叙述を理論体系の叙述と同一視する傾向

　このように「マルクスを歴史的に見る」という方法はそれ自体としては正しいものですが、中途半端な用い方をすると誤った結論を導く危険があります。これまで述べたこととも関連して、もう一つ、「マルクスを歴史的に見る」

という方法についての氏の捉え方に感じる問題点を述べます。それは、第2章の冒頭で指摘した「問題の探究・解決の叙述を理論体系の叙述と同一視する傾向」です。

　先に述べましたように、「マルクスを歴史的に見る」ことの中心は、「マルクスが生きた社会と理論の状況のもとで、問題の発見と解決を何度も繰り返しながら自らの理論を形成する過程を具体的に見る」ということです。時系列に沿って、「問題の探究・解決の叙述」を軸に見て行くことになります。しかし、「問題の探究・解決の叙述」と「理論体系の叙述」とは区別されなければなりません。問題の探究・解決の叙述は、研究主体が何に問題を発見し、どう探究し解決したかが叙述されます。この叙述にはどうしても外在性と偶然性が付きまといます。これに対して理論体系の叙述は、研究対象である客観がどう発展し運動するかの叙述であり、内在的、必然的な叙述です。ですから、研究者は自ら（主観）が研究して明らかにした内容を、対象（客観）の運動として捉え直さなければなりません。引用したマルクスの文章に指摘されていた「叙述の仕方と研究の仕方との形式的区別」について、先には、前後関係〔研究の叙述が前、理論体系の叙述が後〕として見ましたが、ここでは、客観を主体とする叙述か主観を主体とする叙述かの関係として見ました。

　もちろん、「問題の探究・解決の叙述」と「理論体系の叙述」とは一体ですから、マルクスの諸草稿には、この二つは混在しているわけですが、主としてどちらの叙述の仕方を用いているかは、それぞれの叙述ごとに全体として、またそれらを構成する諸部分ごとで異なっていると考えられます。『資本論』および『資本論』草稿は全体としては後者の叙述の仕方ですし、本書や氏の「再生産論と恐慌」は全体としては前者の叙述の仕方です。ところが、「マルクスを歴史的に見る」という方法に立つという氏にはこの区別が曖昧であると考えられます。というよりも、後者の仕方で書かれている叙述についての理解が不十分であり、後者の仕方で書かれている叙述を前者の仕方で書かれたものとして理解しようとしたりします。

　本書の第1章第1節で、論文「再生産論と恐慌」での拡大再生産表式の章（第21章）についての氏の見解を二つ取り上げて拙著で批判したことを紹介しました。そのうちの第1節（1）で述べたことが「理論体系の叙述」を「問

題の探究・解決の叙述」として読むという誤りの典型的な例になっています。次のような内容です。

『資本論』第21章の編集にはエンゲルスの大きな欠陥がある。それは、マルクスによる「三回にわたる挑戦と失敗の記録」と4回目の挑戦による成功の記録とが同列に扱われていることだ——こう氏は述べています。しかし、正確に読めば、この章は拡大再生産の諸条件の解明、および、拡大再生産表式に行き着くまでの論理を正常な形で展開したものなのです（この点については、拙著『マルクス「再生産表式論」の魅力と可能性』第4章［補足説明2］エンゲルスの編集が不適切だとする不破哲三氏の見解について」を参照してください）。

『資本論』第21章の課題を拡大再生産表式の作成・定式化のための叙述にあると狭く捉えたため、表式の作成に直接つながらない叙述は失敗に見え、表式の作成に直接つながる叙述のみが成功に見えたからである。私はこう推測しました。この推測をもっと抽象的に言いますと、理論体系の叙述である第21章を問題の探究・解決の叙述として読んだことに起因する誤りということになります。

「『資本論』の論理学として書かれたものは、率直にいってあまりおもしろくない」と語る氏は、おそらく、問題の探究・解決の視点から物事を捉えるのが得手なのだろうと思います。先に、「しんぶん赤旗」の2000年の「新春インタビュー」では、氏が自らの研究方法を「レーニン自身の歴史のなかでレーニンを読む」と表現していることを紹介しました。それに続く文脈で氏は次のように語っています。

　　じつは、三年前（1997年）に連載を始めた時には、ここまで研究が広がるというつもりではなかったんです。……いったん研究を始めたら、どこまで広がるか分からない、という予感はありました。それで、連載第一回の「はじめ」の文章に、「まだ全体の構想がかたまっているわけではなく、例によって、執筆しながらの展開ということになりそうですが」と断り書きを書いたのです。そうしたら、編集長から、連載を始めようというときに「構想がかたまっていない」と書かれても困る、といわれて（笑い）。しかし、私の研究は

　レーニンによる問題の探究・解決の歴史を研究対象として、レーニンの歴史の流れに沿いながら、氏が、そこにある問題を探究・解決して行く叙述をおこなう。たしかに、この研究方法は、叙述を進行させながら問題を探りつつ構想をかためることができ、一定の成果の見込める方法です。ですが、この方法の過大視が問題の探究・解決の視点から物事を捉える氏の傾向を限度を超えて強めたのではないでしょうか。

　論文「再生産論と恐慌」からもう一つ例をあげておきましょう。『資本論』第二部第三篇「社会的総資本の再生産と流通」は、第18章「緒論」、第19章「対象についての従来の諸叙述」、第20章「単純再生産」、第21章「蓄積と拡大再生産」、から構成されています。氏はこれについて次のように述べています。

　　冒頭の「緒論」は、第二部における再生産論の位置づけの説明に主眼がおかれていますが、再生産論の基本的な骨組みは、単純再生産にかんする限りは、内容的にすでに完成していましたから、マルクスは、出来上がっている再生産論を論理的にいかに意義づけるかに力をいれています。そこには、それなりの新しい解明があります。しかし、私にはどうも、この再生産論にかけたマルクスの意図を見るためには、この"緒論"での論理的な解明よりも、マルクスが試行錯誤の苦労をかさねた理論形成の過程をふりかえった方が、わかりがよいように思われます。（『経済』2002年9月号、161ページ、『マルクスと「資本論」』③、151ページ）。

　しかし、この氏の見解とは逆に、第18章「緒論」と第20章の第1節「問題の提起」がマルクスの再生産論の理解には極めて重要だと私は考えます。ここで、再生産論とは、社会的総資本の循環を解明することであり、その循環には資本循環だけでなく、個人消費を媒介する一般的な商品流通を含むことが明らかにされています。また、社会的総資本の循環は、年間総商品生産物を商品資本の循環範式によって捉えることによって解明されることも明ら

かにされています。単純再生産表式はこの捉え方によって導出できます。この辺のことは拙著『マルクス「再生産表式論」の魅力と可能性』で解説しました。

　では、氏は何を指して「マルクスの理論形成の過程をふりかえった方が、わかりがよい」と言っているのでしょうか。それはマルクスの問題意識の形成に注目するという見方です。氏は「マルクスの問題意識を形成過程からふりかえる（その一）」、「同じく（その二）」という見出しを立てて、マルクスの二つの問題意識について述べています。先に二つ目の問題意識について見ますと、氏は次のように述べています。

　　再生産論の形成過程に現れたマルクスのもう一つの大きな問題意識は、これによって、資本主義生産の総過程を、一つの有機的な構造をもってとらえることができる、という点にありました。……実際、再生産論が仕上げられていなかったら、『資本論』は、個々の資本の運動についての科学的な解明はあっても、資本主義的生産の運動の全体については、多数の資本の運動が絡み合い、交錯し合い、媒介し合うという認識にとどまらざるをえなかったでしょう。再生産論と再生産表式を仕上げることによって、はじめて、資本主義的生産様式の総運動を、一定の法則的な構造と連関をもった一つの有機的な全体としてとらえることが道が開かれたのです。しかし、この問題意識もまた、「緒論」には明示されていません。（同前、162〜163ページ、153〜154ページ）。

　「社会的総資本の循環」を捉えるということが、まさに、総資本の全体の運動を、一つの有機的な構造をもってとらえることです。第18章「緒論」ではそのことを書いています。「この問題意識もまた、"緒論"には明示されていません」と氏は述べていますが、マルクスの問題意識はより純化された形で表現されています。

　マルクスの再生産論についての一つ目の問題意識として氏は何をあげているのでしょうか。氏は、次のように述べています。

> 　資本主義的生産は、諸部門の相互関係のなかで、自分の生産物を補填しながら、言い換えれば、全生産物を消化するだけの市場をみずからつくりだしながら、進行することができる、ということを証明することにありました。マルクスは、この問題が古典派経済学では未解決にとどまったことを指摘して、これを「本来の難問」と呼び、全力をあげてその解決に取り組んだのでした。
> 　……私はこの問題でのマルクスの探究の経過を、連載第三回で詳しく追究しました。……「本来の難問」の解決には、これだけの長期にわたる取り組みが必要とされたのです。……しかし、「緒論」には、この問題意識もほとんど反映していません。（同前、161 〜 162 ページ、151 〜 152）

　かなり省いて引用しましたが、趣旨はわかると思います。この点についても、社会的総資本の循環が完結するということは、年間総商品生産物の相互交換が完結するということですから、第18章「緒論」、第20章第1節「問題提起」のところで十全に捉えられています。ただし、対象（資本）の内在的な展開に即してであって、マルクスの問題意識の展開に即してではありませんが。

　ついでながら、上記の引用文で、マルクスが行なった「本来の難問」の探究・解決の経過を「連載第三回」（『経済』2002年3月号掲載の論文）で詳しく追究したと氏は述べています。『六一〜六三年草稿』（『剰余価値学説史』）における該当部分を読解したということです。ここは全体として、マルクスが行ったアダム・スミスなどの諸学説批判の叙述をマルクスによる問題の探究・解決の叙述と取り違えて読んでいるのではないかとの疑問を感じます。

　諸学説の批判は、理論体系の叙述に入る前に済ませておかねばならないという点では、問題の探究・解決の叙述と同類であり、叙述のなかに両者は混在するでしょう。しかし、その叙述の主な目的が諸学説の批判なのか、それとも立てた問題の解決なのかの区別はあります。

　マルクスが行なった「本来の難問」の探究・解決の経過についての氏の詳しい追究の全体を取り上げて、それが取り違えであると論証するには一定の叙述が必要ですので、全体については疑問だと言うだけにします。ですが、

氏が追究の出発点としている「本来の難問」（マルクスがそう呼んだ）についての氏の理解は明らかな取り違えなのです。氏は次のように述べています。

　　では、ラムジは、この二重の補填の問題を解決しているのか？いや、そうではない、「ラムジは、スミスを雑多な諸矛盾に巻き込んだ本来の難問を解決していない」、とマルクスは言います。その難問とはなにか。それは、「生産中に消費される不変資本の価値が、いかなる労働によって補填されるのか」という問題です。「補填」とは私たちが使いなれた言葉でいえば、「実現」と言い換えてよいでしょう。「難問」とは、生産物のうち、"生産中に消費される不変資本の価値を代表する部分は、市場でどのように実現されるのか、誰によって買われるのか"ということになります。（『経済』2002年3月号、148ページ、『マルクスと「資本論」』①、224ページ）

　氏は、マルクスがこの「本来の難問」を自らに提起し、探究した結果、再生産論に達したとしているのですが、この「本来の難問」についての氏の解釈は誤りです。氏は（注）をつけて、自らの解釈を説明していますので、そこを見てみましょう。

　　（注）この「難問」を、マルクスは、次のように定式化しています。わかりやすいように、さきほど私なりに翻訳して説明したのですが、マルクスの立論の大事な点ですから、ここで、マルクスの言葉そのものを紹介しておきます。
　　「ラムジは、A・スミスを没頭させ彼を雑多な諸矛盾に巻き込んだ本来の難問を解決していない。率直に言えば、その難問とはこうである。全資本は（価値としては）労働に分解し、一定量の対象化された労働にほかならない。ところが、支払い労働は労働者の賃金に等しく、不払労働は資本家の利潤に等しい。したがって、全資本は、直接にか間接にか、賃金と利潤に分解されえなくてはならない。それとも、どこかで、賃金にも利潤にも分解しない労働、しかも生産中に消費される価値、といっても再生産の条件である価値〔不変

資本のこと──不破〕を補填するという目的だけをもつ労働が、な
されるのだろうか？　だが、だれがこの労働を行うのか？　というの
は、労働者の労働はすべて二つの量に、すなわち、一つは彼の生産
能力を維持するもの、もう一つは資本の利潤を形成するものに、分
解するものだからである」（『資本論草稿集５』108 ページ、『学説史』
同前 100 〜 101 ページ）」（同前、149 〜 150 ページ、226 〜 227 ページ）。

　文脈の中で読まないと意味がはっきりしない文章も多いものですが、氏が
紹介している「マルクスの言葉そのもの」はこれだけ取り出しても意味がはっ
きりしており、また完結しています。解決していない「本来の難問」とは労
働の二重性のことです。アダム・スミスを批判したラムジもマルクスが既に
解決した経済学にとっての「本来の難問」である労働の二重性の問題を解決
していないと言っているのです。
　『資本論』でマルクスは次のように述べています。

　　商品に含まれる労働のこの二面的性質は、私によってはじめて批
　判的に指摘されたものである。この点は、経済学の理解にとって決
　定的な点である。　　　　　　　　　　　　　　　（『資本論』①、71 ページ）
　　（なお、労働の二重性は、1859 年に出版された『経済学批判』にお
　いて明らかにされています）。

　労働の二重性とは、言うまでもなく、労働には、使用価値をつくる具体的
有用労働と価値をつくる抽象的人間労働との二重性（二面性）があるという
ことです。労働の二重性を理解することによって、商品生産物をつくる労働
は抽象的人間労働の面でｖ＋ｍ（の価値）を形成し、具体的有用労働の面で
ｃ（の価値）を移転するので、商品生産物の価値がｃ＋ｖ＋ｍの価値になる
ことも理解できます（ｖは労働力の価値、ｍは剰余価値、ｃは不変資本の価値）。

　　それとも、どこかで、賃金にも利潤にも分解しない労働、しかも
　生産中に消費される価値、といっても再生産の条件である価値〔不
　変資本のこと──不破〕を補填するという目的だけをもつ労働が、

　氏が引用した上記のマルクスの文章で述べられている難問とは、アダム・スミスやラムジなどのブルジョア経済学にとっての難問です。しかし、マルクスにとっては既に解決済みの問題です。不変資本の価値を補填する労働は商品生産物を生産する労働者の労働における具体的有用労働です。生産的に消費された生産諸手段に含まれていた価値（c、不変資本の価値、資本家にとっての費用）は具体的有用労働によって商品生産物に移転されます。商品生産物に移転されたcによって、生産的に消費された生産諸手段に含まれていた価値c（資本家が支出した費用）は補填されるのです。

　たしかに、価値は労働（抽象的人間労働）によって形成され、その形成された価値は、支払い労働（賃金、v）と不払い労働（利潤、m）に分解されます。しかし、商品生産物の価値には、労働によって形成された価値とは別に労働（具体的有用労働）によって移転された価値（不変資本の価値、c）があるから、商品の価値はc＋v＋mになるわけです。

　このことは個別資本の生産物でも全資本の総生産物でも同じです。しかし、アダムス・スミスは個別資本の生産物についてはcが含まれるかどうかについて曖昧でしたが、全資本の総生産物について、cを無視する誤った理論を作りました。一定期間の全資本の総生産物の価値は（c＋v＋m）ではなく（v＋m）になると主張したのです。労働の二重性、および、具体的有用労働による価値移転について無理解であったからです。ラムジはスミスの誤りの幾つかには気がついたのだけれども、労働の二重性という「本来の難問」を解決していないとマルクスは議論しているのです。

　氏は、「"補填"とは私たちが使いなれた言葉でいえば、"実現"と言い換えてよいでしょう」と述べていますが、誤りです。「補填」と「実現」とは意味が異なります。氏は、商品生産物に含まれているcは売れて（実現して）はじめて、費用として掛かったcを回収する（補填する）ことができるのだから、補填と実現とを同じだと考えたのかも知れません。しかし、マルクスがこの文章で問題にしているのは、売買（価値の実現）の前段の、労働による価値の消費と形成のレベルでの問題です。cは労働によって生産的に消費されたが、労働によって形成されるのがv＋mであるならば、そのcを補填

する労働があるのかという問題です。商品生産物にcを移転させる具体的有用労働こそが、費用として掛かったcを補填する労働なのです。

　氏は、「難問」（本来の難問）とは、生産物のうち、「生産中に消費される不変資本の価値を代表する部分は、市場でどのように実現されるのか、誰によって買われるのか」ということだと述べています。

　個別資本の商品生産物（c＋v＋m）の場合は、外部に多くの個別資本が存在することが前提ですから、その商品生産物が売れることも前提することができるので、個別資本はその商品生産物に支払ったcを実現し補填することができます。しかし、全資本の総商品生産物（c＋v＋m）の場合は、すべてが売れるという前提を置くことはできませんから、総商品生産物がどう相互に交換されれば、すべての交換が完結するのかを明らかにしなくてはなりません（それができて、cが補填されることも明らかにできます）。これが再生産表式論の課題ですから、氏の言う「本来の難問」とは、再生産表式論の課題の一部ということになります。しかしながら、氏が引用したマルクスの文章には、そのようなことは一言も書かれていません。

　氏は「本来の難問」という言葉をマルクスがマルクス自身に提起した問題として、マルクスが探究しなければならない問題として理解（誤解）しています。氏が引用したマルクスの文章では、たしかに、ラムジが「本来の難問」を解決していないという、ラムジへの批判がまずあります。その「本来の難問」の内容によっては、それがまさしくマルクスにとっての「本来の難問」であり、それを私（マルクス）が解決せねばならないという文脈にもなり得ます。ところが、その「本来の難問」についての内容を正確に読めば、「本来の難問」とは（ブルジョア）経済学にとっての「本来の難問」であったもので、マルクスがすでに解決した「労働の二重性」の問題であることがわかり、氏のような理解は誤解であることもわかります。

第2節　経済学の諸概念の捉え方（いわゆる経済的形態規定）について
──「利潤率の傾向的低下の法則」についての氏のマルクス批判の問題点──

　論文「再生産論と恐慌」の主軸となる見解ではありませんが、氏は、『資本論』の中にある「利潤率の傾向的低下の法則」についてのマルクスの見解を批判

しています。『資本論』では、この法則がとても重視されているのですが、マルクス没後の資本主義経済の発展のなかでは、これまでのところ、言われているほどの作用を及ぼしていないのではないかと捉えていた時期がかつて私にもありました。ですから、氏がこの法則について検討の対象にしたこと自体については賛成します。しかし、この法則が資本主義的生産様式の限界示すものだというマルクスの見解を否定することには賛成できません。氏の見解をやや長く引用します。

　　私は、この利潤率の傾向的低下のなかに資本主義的生産様式の歴史的限界を見るというマルクスの見方には、いくつかの問題点があると考えています。

　　第一に、マルクス自身が述べているように、「一般的利潤率の累進的な低下の傾向は、労働の社会的生産力の累進的発展を表わす、資本主義的生産様式に特有の表現にほかならない」ものです。たしかに、「利潤率」とか「不変資本」「可変資本」等々というのは資本主義的な表現ですが、社会が社会主義、共産主義の段階に発展した場合でも、「社会的生産力の累進的発展」にともなって、生産過程における固定資本の比重が累進的に大きくなり、生産物の「価値」構成（注）のなかでも、「剰余労働」の部分の比重が小さくなり、「剰余労働分」（これが資本主義生産での「利潤」にあたります）の、生産手段の消費分を含めた総「生産費」（これが「不変資本」と「可変資本」との合計にあたります）にたいする比重が累進的に低下するという法則は体制の転換とはかかわりなく作用し続けるはずです。（注）……

　　このように、「剰余労働」の、「生産費」にたいする割合が累進的に低下するというのは、文字通り「労働の社会的生産力の累進的発展」を表すものであって、資本主義社会と共産主義では、表現の形式が違っても、その実態的な内実は変わりません（注）。そうなると、この低下の傾向そのものが資本主義的生産様式の歴史的な限界を示すものだというマルクスの指摘は、成り立たないのではないでしょうか。（『経済』2002年6月号、158〜159ページ、『マルクスと「資

本論』』②、126～127ページ、傍点……川上、注の引用は省いた)。

　この氏の見解(利潤率の傾向的低下の法則についての問題点を指摘する「第
一の見解」と呼びます) について意見を述べる前に、一応、数式と数値例を
示しながら、マルクスの見解について確認しておきましょう。不変資本の価
値をc、労働力の価値をv、剰余価値をmとします。そうすると、総資本（前
貸し資本＝投下資本）Cはc＋vとなり、利潤率 p'＝m／C＝m／（c＋v）
となります。『資本論』では、vを100、mを100で一定〔剰余価値率も100パー
セントで一定〕とし、 cが、50→100→200→300→400と5段階に変化
するならば、利潤率 p'＝m／Cは、66.33%→50%→33.33%→25%→20%
と低下するという数値例が示されています。なお、数値例では、 c／v（資
本の構成）が0.5→1→2→3→4、と大きくなっています。この数値例に
もとづいてマルクスは次のように述べています。やや長い文章ですから、抜
粋しながら引用します。

　　資本構成におけるこの段階的変化が、単に個別的な生産諸部面に
　おいて起こるだけでなく、多かれ少なかれすべての生産部面におい
　て、また少なくとも決定的な生産諸部面において起こると仮定すれ
　ば、したがって、この変化が、一定の社会に属する総資本の有機的
　平均構成における諸変化を含むと仮定すれば、可変資本に比べての
　不変資本のこの漸次的増大は、剰余価値率、すなわち資本による労
　働の搾取度が不変である場合には、その結果として、必然的に一般
　的利潤率の段階的下落をもたらさざるをえない。しかし、資本主義
　的生産様式の一法則としてすでに明らかにしたように、この生産様
　式の発展につれて、可変資本は、不変資本に比べて、それゆえ運動
　させられる総資本に比べて相対的に減少する。……不変資本それゆ
　え総資本に比べての、可変資本のこの累進的な相対的減少は、社会
　的資本の平均的な有機的構成の累進的な高度化と同じことである。
　それはまた、労働の社会的生産力の累進的発展の別の表現でしかな
　いのであり、この発展は、まさに、機械設備および固定資本一般の
　ますます多くの使用によって、ますます多くの原料および補助材料

が同じ数の労働者たちによって同じ時間内に——すなわちより少ない労働によって——生産物に転化される。ということに現れる。……資本主義的生産は、不変資本に比べての可変資本の累進的な相対的減少につれて、総資本の有機的構成のますますの高度化を生み出すのであり、その直接の結果は、労働の搾取度が変わらない場合には、またそれが高くなる場合にさえも、剰余価値率は、恒常的に一般的に低下する一般的利潤率で表現されるということである。したがって、一般的利潤率のこの累進的な低下の傾向は、労働の社会的生産力の累進的な発展を表わす、資本主義的生産様式に特有な表現にほかならない。……資本主義的生産様式が進展するうちに、一般的な平均剰余価値率が、下落していく一般的利潤率に表現されざるをえないということが、資本主義的生産様式の本質から一つの自明な必然性として示されているのである。

（『資本論』⑨、362〜364ページ）

(1) 氏の文章でやや不正確な部分

　それでは、氏の見解の検討に入ります。まず、氏の文章でやや不正確な部分を指摘しておきます。一つは、氏は「固定資本の比重が累進的に大きくなり」（私が傍点を付した部分）と述べていますが、正確には「固定資本」ではなく「不変資本」です。引用したマルクスの文章にも、「可変資本に比べての不変資本のこの漸次的増大」とあります。「社会的生産力の累進的発展」は主に機械設備（不変資本である固定資本）が増大することによってもたらされますが、それは原材料や補助材料の使用量（不変資本である流動資本）をも増大させます。この点も引用したマルクスの文章のなかに書かれています。

　「不変資本」ではなく「固定資本」としていることについて、単なる書き違えと思ったのですが、その後の文章にも「固定資本」となっていますので、そうではない（不変資本のなかの固定資本を特別視している）のかも知れないので、ここはもう少し述べておきます。たしかに、労働の社会的生産力の発展にともなって、機械設備（固定資本）が大きくなりますが、それだけをあげるのは一面的です。

　「利潤率の傾向的低下の法則」は『資本論』第三部第三篇の標題となって

いますが、利潤概念が登場する前の、この法則に対応する叙述が第一部第七篇「資本の蓄積過程」の第23章「資本主義的蓄積の一般的傾向」の第二節「蓄積とそれにともなう集積との進行中における可変資本部分の相対的減少」にあります。参考になる箇所を引用します。

　　労働の社会的生産性の度合いは、一人の労働者が所定の時間内に労働力の同じ緊張度をもって生産物に転化する生産諸手段の相対的な量的大きさで表現される。労働者が労働するために生産諸手段の総量は、彼の労働の生産性にともなって増大する。これらの生産手段は、そのさい二重の役割を演じる。一方の生産諸手段の増大は労働生産性の増大の結果であり、他方の生産諸手段の増大は労働の生産性の増大の条件である。たとえば、マニュファクチュア的分業と機械設備の充用とにともなって、同じ時間内により多くの原料が加工され、したがってより多量の原料および補助材料が労働過程にはいり込む。これは、労働生産性の増大の結果である。他面では、充用される機械、役畜、鉱物性肥料、排水管などの総量は、労働生産性の増大の条件である。建物、溶鉱炉、運輸手段などに集積される生産諸手段の総量も同様である。しかし、条件であろうと結果であろうと、生産諸手段に合体される労働力に比べての生産諸手段の量的大きさの増大は、労働の生産性の増大を表現する。したがって、後者〔労働の生産性〕の増加は、労働によって運動させられる生産諸手段の総量に比べての労働総量の減少のうちに、または労働過程の客体的諸要因に比べての主体的要因の大きさの減少のうちに現われる。

　　資本の技術的構成におけるこの変化、すなわち生産諸手段に生命力を与える労働力の総量に比べての生産諸手段の総量の増大は、資本の価値構成に、すなわち資本価値のうちの可変的構成部分を犠牲とする不変的構成部分の増加に反映する。

（『資本論』④、1071 ～ 1072 ページ）

少し補足しますと、上記の引用文の最初に、「労働の社会的生産性の度合いは、一人の労働者が所定の時間内に労働力の同じ緊張度をもって生産物に

転化する生産諸手段の相対的な量的大きさで表現される」とあります。一般には、労働の生産性は、一人の労働者が所定の時間内に生産する労働生産物の量で表されます。労働の生産性は、具体的有用労働について規定する概念です。所定の時間内に、どれだけの生産諸手段を、どれだけの有用な労働生産物に加工することができるかを表す概念です。ですから、労働生産性を、一人の労働者が所定の時間内に、生産的に消費する生産諸手段を量で測ることも、生産する生産物の量で測ることもできるわけです。

　氏の文章で、やや不正確なもう一つの点は、利潤率を求める分母となる資本（不変資本と可変資本との合計）に関してです。氏は、商品生産物に含まれる不変資本と可変資本との合計である「生産費」としていますが、これは正確ではありません。利潤率とは、資本に対する利潤（＝剰余価値）の比率のことであり、資本が一定期間にどれだけの利潤を得るかを示す比率（普通、年間利潤率が用いられる）です。この場合、基準とされる資本はその期間に、前貸しされている、あるいは、投下された資本であり、その期間に使用され消失した資本（＝生産費）ではありません。利潤率とは投下資本（＝前貸し資本）の増加率を表すものです。

　投下資本は生産費としての資本とは異なります。投下資本には、不変資本を構成する固定資本がすべて含まれますが、生産費としての資本には、固定資本のうちの商品生産物に移転された価値部分（固定資本の減価部分〔磨滅部分〕）しか含まれません。また、資本の回転についての反映のされ方が、この二つの資本概念では全く異なります。投下資本は回転の主体となる概念です。他方、生産費としての資本は、投下資本が年に何回か回転することによって生産された年間生産物に、どれだけの資本が結果として支出されているかを捉える概念です。

　ただし、これら二つの不正確な点は氏の見解（第一の見解）の論理には直接的にはかかわってはいません。氏の見解は私の言葉で整理すると次のような論理になると考えます。

(2) 氏の「第一の見解」の論理

　①　「一般的利潤率の累進的な低下の傾向は、労働の社会的生産力の累進的発展を表わす、資本主義的生産様式に特有の表現にほかならない」とマル

クスは述べている。

　②　たしかに、「労働の社会的生産力の累進的発展」は「資本の構成（有機的構成）」の高度化をもたらし、それによって、「利潤率の傾向的低下」はもたらされたものである。

　③　しかし、「資本の構成」の高度化に、「実態的な内実」として相当する関係は、社会が、資本主義の段階から社会主義、共産主義の段階になっても「労働の社会的生産力の累進的発展」とともに進展し、「実態的な内実」として利潤率に相当する比率の低下をもたらす。

　④　したがって、上記③の「実態的な内実」として利潤率に相当する比率（＝「剰余労働」の、「生産費」にたいする割合）の低下もまた「労働の社会的生産力の累進的発展」を表している。

　⑤　利潤率の傾向的な低下は労働の社会的生産力の累進的発展を表わす、資本主義的生産様式に特有の表現であるとマルクスは述べている。しかし、上記の③の、実態的な内実として利潤率に相当する比率を加えて捉えれば、それらは「文字通り"労働の社会的生産力の累進的発展"を表すもの」である。

　⑥　そうなると、「この低下の傾向そのものが資本主義的生産様式の歴史的な限界を示すものだというマルクスの指摘は、成り立たない」。

　氏の「第一の見解」の論理について①～⑥に整理しました。このうち、①～④については正しいと考えます。しかし、⑤の命題については、利潤率と、「実態的な内実」として利潤率に相当する比率とを同一視する（③、④では一応区別されていた）という大きな問題点があります。さらに、⑥の命題については、⑤の命題から導かれていますが、その根拠はもう一つ明確ではありません。

　明確ではないというのは、⑥は、氏の文章をそのまま引用したものですが、「この低下の傾向そのもの」が「資本主義的生産様式の歴史的な限界を示すものだ」というマルクスの指摘と書かれています。しかし、マルクスが資本主義の歴史的限界を示すとしたのは「利潤率の低下の傾向」であって、「この低下の傾向そのもの」ではないからです。なぜ、氏が「この低下の傾向そのもの」という表現をしたかと言えば、利潤率と、「実態的な内実」として利潤率に相当する比率とを同一視したからでしょう。それ以外には考えられないと思います。⑤の命題と⑥の命題にはこの両者を同一視するという同じ

大きな問題点があることになります。

「労働の社会的生産力の累進的発展」は資本主義社会では利潤率を傾向的に低下させる。しかし、同じ「労働の社会的生産力の累進的発展」が社会主義、共産主義の社会では「実態的な内実」として利潤率に相当する比率を傾向的に低下させる。利潤率とそれと同等の比率（「実態的な内実」として利潤率に相当する比率）が、同じ「労働の社会的生産力の累進的発展」によって、資本主義の社会でも社会主義、共産主義の段階の社会でも、傾向的に低下するのだから、「この低下の傾向そのもの」は資本主義の歴史的な限界を示すものではない。これが氏の「第一の見解」の論理だと考えられます。

(3) 利潤率は「資本主義的形態規定」である

氏の見解の論理についての私の理解が妥当であるとして議論を進めます。

利潤率と、「実態的な内実」として利潤率に相当する比率とは同じものではなく、決して同一視はできません。氏が同一視しているのにはとても意外に思いました。というのは、利潤率は「資本主義的形態規定」であり、「実態的な内実」として利潤率に相当する比率は、利潤率の「内容規定」です。「資本主義的形態規定」と「内容規定」とを決して同一視せずに、区別と関連において捉えるというのがマルクスの経済学の基礎にある捉え方だからです。

例えば固定資本（「資本主義的形態規定」）とその「内容規定」である機械設備とは同じではありません。これを同一視するブルジョア経済学を批判するところにマルクスの経済学の特質があると言ってもよいと思います。マルクス著『賃労働と資本』の有名な叙述を引用します。

> 資本は、新しい原料、新しい労働用具および新しい生活手段を生産するために用いられる、あらゆる種類の原料、労働用具および生活手段からなっている。資本のこれらの構成部分はすべて、労働の創造物、労働の生産物、たくわえられた労働である。新しい生産のための手段として役だつ、たくわえられた労働が、資本である。
> 右のように経済学者たちはいう。
>
> 黒人奴隷とはなにか？　黒色人種に属する人間である。右の説明のねうちは、この説明と同じ程度のものである。

> 　黒人は黒人である。一定の関係のなかではじめて、かれは奴隷に
> なる。綿糸紡績機械は、綿糸をつむぐための機械である。一定の関
> 係のなかでのみ、それは資本になる。この関係から引きはなされる
> と、金がそれ自体としては貨幣ではなく、砂糖が砂糖価格ではない
> のと同じように、綿糸紡績機械は資本ではない。
> （マルクス著・服部文男訳『賃労働と資本』、新日本文庫、51 ～ 52 ページ）

　固定資本という概念は資本主義的形態規定です。蓄積された労働も機械設備も固定資本の「内容規定」（内容を規定したもの）に相当しますが、それらは固定資本ではなく、資本主義という生産関係のなかでのみ固定資本という資本主義生産の仕組みのなかに位置づけられた一つの形態になるのです。

　資本主義生産は人類の生産の歴史的な発展のなかで必然的に通過する一つの段階であり一つの生産様式（生産方式）です。ということは、生産物を道具（さらには機械）によって生産するという人類の生産に共通する歴史貫通的な方式の内容が、資本主義生産に特有の形態（これも生産方式ですが）になって出現しているのです。その辺がどうなっているのかを明らかにするのが極めて大切なわけです。

　「利潤率の傾向的低下の法則」が「資本主義的生産様式の歴史的な限界を示すものだ」というマルクスの見解は、資本主義という生産関係によって形態規定された概念である利潤率を対象に述べた見解です。利潤率とは前貸し資本（投下資本）の増加率のことです。そして、利潤を獲得し資本を増殖させることが生産の目的となっているのが資本主義生産です。資本による生産を推進する動機が資本の増殖ですから、資本の増殖率である利潤率が傾向的に低下するということは、資本が生産を推進する動機が次第に弱まってくるということです。したがって、これは文字通り「資本主義的生産様式の歴史的な限界を示すもの」です。

　利潤の獲得を推進動機として資本主義生産は大きく発展しましたが、それは「労働の社会的生産力の累進的発展」に大きく寄与しました。その「労働の社会的生産力の累進的発展」が逆に「利潤率の傾向的低下」を招いているわけです。「労働の社会的生産力の累進的発展」は人類に共通の歴史貫通的な生産方式の内容にかかわる規定です。つまり、利潤を推進動機とする資本

主義生産は人類に共通の歴史貫通的な生産方式の発展に役立つのですが、その役立つ期間（時代）には限界があるということです。

「利潤率の傾向的低下の法則」についてのマルクスの見解への氏の批判（第一の見解）は、マルクスの経済学の諸概念についての氏の捉え方における不十分さを現したものなのです。

(4) いくつかの補足

関連して、幾つか補足します。

① 利潤率は「資本主義的形態規定」であり、「実態的な内実」として利潤率に相当する比率は、利潤率の「内容規定」です、と述べました。ここで、「資本主義的形態規定」と「内容規定」という用語を使いました。マルクスの「経済的形態規定」という用語にもとづいて、これらの用語を私は若い頃から使っているのですが、マルクス自身は、これらの用語そのものは使っていないと思われるので、その点、念のために述べておきます。なお、マルクスの「経済的形態規定」という用語法については、久留間鮫造編『マルクス経済学レキシコン 3 方法II』(大月書店 1969 年 12 月)のⅦ「形態規定、形態規定性（経済的）」に詳しく紹介されています。

『賃労働と資本』からの引用文に「綿糸紡績機械は、綿糸をつむぐための機械である。一定の関係のなかでのみ、それは資本になる」とあるように、資本主義生産様式という関係のなかで、綿糸紡績機械は資本という形態を受け取ります。つまり、綿糸紡績機械は「経済的形態規定」を受け、「資本」（固定資本）になるわけです。この引用文の場合、「経済的」の「経済」は資本主義経済のことですので、それを明確に表すために、「資本主義的形態規定」という用語を使うようにしたのです。（もちろん、「経済的」の「経済」が「商品経済〔商品生産社会〕」のこともあります。労働生産物は商品生産社会という関係のなかで、商品になります）。

一方、「内容規定」というのは、「形態規定」が成立していることを前提にしています。あらゆるものが、経済的形態規定をもつわけではありませんので、その形態規定の内容になっているのが何であるかを明らかにして規定することです。例えば、生産資本としての「固定資本」とは、生産資本としての「流動資本」に対立する資本の形態ですが、「流動資本」が原材料、部品、

補助材料、労働力などがその内容となるのに対して、「固定資本」は機械設備、工場建物がその内容になります。氏は、利潤率を前提にして、「実態的な内実」として利潤率に相当する比率を取り出していますが、これは、利潤率の「内容規定」を行う試みです。

　②　もう一つ。マルクスは「一般的利潤率の累進的な低下の傾向は、労働の社会的生産力の累進的発展を表わす、資本主義的生産様式に特有の表現にほかならない」と述べています。これまで述べてきたように、この文章は資本主義生産の矛盾を鋭く突いたものです。氏は、この文章を次の命題を含むものとして読みました。すなわち、労働の社会的生産力の累進的発展は社会主義や共産主義の社会でも、一般的利潤率に相当する比率を累進的に低下させることになる、という命題です。この命題自体は誤りではないのですが、利潤率の傾向的低下が資本主義生産の限界を示すことについて、この命題を根拠に反対するのは誤りであることは既に批判しました。

　私は、このマルクスのこの命題の陰には、「労働の社会的生産力の発展は必要労働に対する剰余労働の比率の増加で本質的には表現される」という命題があると考えるのが適切ではないかと思います。

　労働の社会的生産力は、すでに述べましたように、一人の労働者が所定の時間内に生産的に消費する生産諸手段の量でも、生産する生産物の量でも表示できます。一般的には、労働の生産力（労働生産性）が高くなるということは、一人の労働者が所定の労働時間内に生産する生産物の量が多くなるということです。

　労働生産性は具体的有用労働を対象とした概念です。労働生産性が２倍になって、それまでは１時間の労働によってある商品生産物を１個生産していたのに、２個生産できるようになったということは具体的有用労働に起こった変化であり、抽象的人間労働が１時間であることは変わりません。そのため、その商品生産物を１個に１時間分の価値（v＋m）がそれまでは追加されていた（具体的有用労働によって移転された価値cに追加される）のに、労働生産性の上昇によって２個に同じ１時間分の価値が追加されることになって、１個の価値はその分だけ低下することになります。商品生産社会の場合は、抽象的人間労働（労働時間）が価値という物的な形態をとって現れますので、労働生産性の上昇がこのような影響を及ぼすことは周知の通りで

す。では、人類に共通の歴史貫通的な生産方式においては、労働生産性の上昇は、抽象的人間労働（労働時間）の面では、どう表現されるのでしょうか。

　生産労働時間における必要労働（時間）の短縮として、それは表現されます。ということは、剰余労働（時間）の増加として表現されるということです。すなわち、必要労働に対する剰余労働の比率の上昇として表現されると考えます。つまり、労働の生産力が発展するほど、所定の労働時間で生産できる生産物量が増えるわけですから、短い時間だけ労働すれば生活が維持できるようになるという命題です。この命題については、『資本論』第三部第三篇第15章「この法則の内的諸矛盾の展開」のなかでマルクスも資本主義においても貫かれるとして、次の叙述の第一の指摘として書かれています。

> 　使用される労働力にかんしても、生産力の発展は、これまた二重に現われる。第一には、剰余労働の増加に、すなわち、労働力の再生産に必要とされる必要労働時間の短縮に、現われる。第二には、与えられた資本を増加させるために一般に使用される労働力の量（労働者数）の減少に現われる。　　　（『資本論』⑨、421ページ）

　「労働の社会的生産力の発展」は「剰余労働／必要労働」の増加によって端的に表されます。労働の生産力何百万年もの長期にわたって続いた原始共産制の時代は労働の生産力が低く、すべての労働時間が必要労働として使われ剰余労働は無く、それが共産制の根拠であったと言われています。労働の生産力の上昇によって剰余労働が発生したことが、その剰余労働を強制力によって奪う支配階級を発生させました。奴隷制や封建制などの階級社会の成立です。

　資本主義社会は、労働者の労働時間に剰余労働時間が安定的に含まれる労働の生産力の段階になっていることがその成立の条件であると考えられます。資本主義社会においては剰余労働に対する必要労働の比率は剰余価値率（$m／v$）という形態をとります。資本家が労働力の売買（vを支払って$v＋m$を得る）によって労働者を雇用した場合に、剰余価値率が一定の水準以上になっていて、一定量のmを確実に確保できることが資本主義生産の成立と発展のためには必要だからです。

マルクスは『資本論』で剰余価値率を 100％と仮定する場合が多いのですが、この数値は一定の根拠があってのことです。その後の労働の生産力の上昇によって（相対的剰余価値の生産が進み）、現在の日本の物質的生産部門の剰余価値率はごく大まかに言って 200％を超える水準になっていると考えられます（拙著『搾取競争が、格差を広げ、地球環境を破壊する』、本の泉社、2016 年）。労働の生産力の発展を端的に示す比率である「剰余労働／必要労働」は資本主義社会では「剰余価値率（m／v）」という形態をとるのですが、これは他方で搾取率です（ただし「剰余労働／必要労働」と「剰余価値率（m／v）」は単純に同じ数値ではありません。例えば、長時間労働や低賃金の強制は前者に比べて後者の値を大きくします）。ですから、資本主義生産は搾取率の引き上げと労働の生産力の引き上げとが一体となって推進される体制であると言えます。ということは、労働の生産力の上昇は資本主義的生産様式においては「剰余価値率」の上昇として表現されると言って良いように考えられます。これは一面ではその通りです。私たちは資本主義の「剰余価値率」の値を科学的分析によって知ることができます。

　しかしながら、この「剰余価値率」は資本主義生産様式においては決して表現されないのです。資本主義は奴隷制や封建制とは異なり搾取が無いように見える社会的な生産体制です。資本主義生産は資本の増殖（利潤の獲得）が推進動機であり、利潤率はその目安となります。ところが、剰余価値率（＝搾取率）はマルクスの科学的分析によって初めて明らかにされた資本主義生産体制の最奥の隠された関係（資本主義的形態規定）だからです。

　この節の始めの部分に、利潤率の傾向的低下についてのマルクスの叙述を『資本論』から引用しましたが、その一部を再度引用します。

　　労働の搾取度が変わらない場合には、には、またそれが高くなる場合にさえも、剰余価値率は、恒常的に一般的に低下する一般的利潤率で表現されるということである。したがって、一般的利潤率のこの累進的な低下の傾向は、労働の社会的生産力の累進的な発展を表わす、資本主義的生産様式に特有な表現にほかならない。……資本主義的生産様式が進展するうちに、一般的な平均剰余価値率が、下落していく一般的利潤率に表現されざるをえないということが、

　ここでマルクスが言っているのは、資本主義的生産様式では、剰余価値率はそのまま表現されることはなく、それが高くなる場合にさえ、傾向的に低下する一般的利潤率として表現されるということです。資本主義は相対的剰余価値の生産を目指して生産力を向上させ、一般的には剰余価値率を高くします。ですから、資本主義生産様式は高くなる剰余価値率が一般的利潤率の傾向的低下によって表現されることになるわけです。

　③　さらに、もう一つ。氏が述べるように、社会主義、共産主義の社会でも「実態的な内実」として利潤率に相当する比率は「労働の社会的生産力の累進的発展」によって傾向的に低下することになります。この点については、どう考えればよいのでしょうか。社会主義、共産主義の社会では、資本主義社会とは異なり利潤の獲得による資本の増殖が生産の推進動機ではなくなります。「実態的な内実」として利潤率に相当する比率は利潤率という形態をもたなくなります。ですから、利潤率に相当するが比率が低下しても生産に直接的な影響を及ぼすことはなくなります。

　もう少し、具体的に述べましょう。商品生産社会や資本主義社会の場合には、個々の生産単位は私的に所有されています。そのため、個々の生産単位は個々バラバラに切り離されたうえで、商品交換によって全体に結びつけられるという仕組みになっています。社会主義、共産主義の社会は生産諸手段は社会的に所有されることになりますから、個々の生産単位は社会の所有する全生産の一つの単位いうことになります。

　個々の生産単位が私的なもので独立している生産体制と、個々の生産単位が社会の所有する生産の一つの単位である生産体制では、生産を規制する法則は大きく異なります。例えば、資本主義生産では、ある私企業（生産単位）の生産物が売れなくなって倒産すれば、資本家の資本は失われ、雇用されていた労働者は解雇されるということになります。しかし、それが社会の所有する全生産の一つの単位ということであれば、その生産単位を廃止して、それに従事していた労働者が他の生産単位に移動すれば済みます。

　ここでは、利潤率がどうなるかという問題（社会主義、共産主義の社会で

は利潤率に代わってどのような概念〔社会主義的形態規定〕が用いられるようになるか）に絞って原理的に考えてみます。

　利潤率（一般利潤率ではなく個々の利潤率）とは、ある生産単位の所有者である資本家が、その生産単位の生産に投下した資本の増加率（増殖率）を示すものであり、その増加率はその生産自身の増加率を反映しています。

　先に、氏の文章のやや不正確な点として次のように述べました。

　利潤率を求める分母となるのは、「投下資本」であり、商品生産物に含まれる「不変資本＋可変資本」との合計である「生産費」とは厳密に言えば異なります。……利潤率とは投下資本（＝前貸し資本）の増加率です。投下資本には、不変資本を構成する固定資本がすべて含まれますが、生産費としての資本には、固定資本のうちの商品生産物に移転された価値部分（固定資本の減価部分〔磨滅部分〕）しか含まれません。

　こう述べたのですが、議論を単純にするために、ここでは、商品生産物に含まれる不変資本＋可変資本との合計である「生産費」を利潤率の分母に置いて一つの試論を述べます。商品生産物の価値はc＋v＋m（cが不変資本の価値、vが労働力の価値、mが剰余価値）で表されます。利潤率はm／c＋vとなります。この利潤率をp'とします。

　この場合、c＋vが生産費であるというのは、生産のためにc＋vが生産資本として支出され失われたからです。そして労働による生産によって、商品生産物（商品資本）c＋v＋mを新たに得ました。支出し失われたもの；c＋v→新たに得たもの；c＋v＋m、です。

　そこで「新たに得たもの」を「支出し失われたもの」で割って増加率を求めますと、（c＋v＋m）／（c＋v）＝1＋m／（c＋v）＝1＋p'、となります。つまり、この利潤率は「生産費として支出された資本」（c＋v）の増加率を表しています。（なお、利潤率は分母に「生産費」ではなく投下資本を置くのですが、この場合は、機械設備などの現物としては生産に使われているが、生産費としては支出されていない部分〔固定資本の減価していない部分〕も含めて計算されることになります）。

　さて、利潤率は資本の増加率です。先に、その資本の増加率はその生産自身の増加率を反映していると書きました。しかし、資本の増加率（＝利潤率）は生産自身の増加率の反映なのですが、資本主義生産に特有の歪んだ反映な

のです。というのは、上記の利潤率は分子に剰余価値mをとり、分母に生産費として支出された資本c＋vをとって計算されています。ですが、このc＋vのうち、c（不変資本、生産的に消費された生産諸手段の価値）は、人類に共通の歴史貫通的な生産方式の立場から見ますと、真の生産費ではありません。なぜなら、生産によって失われた価値（＝生産に真に支出された価値）を真の生産費であると定義しますと、c（生産諸手段の価値）は商品生産物に移転されており、失われているわけではないので、真の生産費にはなりません。他方、vは生産によって失われます。生産労働に従事する労働するには、労働者は生活を維持し生きている必要がありますが、それに支出された価値がvだからです（その労働者がvによって生産されることにはなります）。真の生産費はvということです。

　ですから、支出し失われた価値；v→新たに生産された価値；v＋m、となります。真の生産費はvであり、それによって増加した価値はmということです。m／v（あるいは、〔v＋m〕／v）がその生産自身の真の増加率となります（これは個々の生産についての値ですが、これの全社会平均が「労働の社会的生産力の発展」を表すことになるわけです）。

　では、資本主義生産において、cがなぜ生産費として現れるのでしょうか。それは、資本主義生産は個々の生産単位が私的なもので独立している生産体制であり、個々の生産単位は個々バラバラに切り離されたうえで、商品交換によって全体に結びつけられるという仕組みになっているからです。商品生産物の価値（c＋v＋m）は売れてはじめて実現します。ですから、cは生産によって失われたのではなく移転されたものであっても、新しく生産された価値v＋mのうちのvと同様に、生産のために支出した費用であることは同じであり、売れてはじめて実現され回収されることは同じですから、生産費として現れるのです。

　社会主義、共産主義の社会は生産諸手段は社会的に所有されることになり、個々の生産単位は社会の所有する全生産の一つの単位いうことになります。そうなれば、各生産単位はその生産物を商品として交換することは原理的には必要ではなくなりますから、各生産単位の増加率をm／c＋v（利潤率）ではなく真の増加率m／vで測るようになっていくと考えられます。

　例えば、原材料である小麦粉を製粉会社から購入してパンを焼いて売る会

社を考えます。パン会社はパンを生産物として販売しますが、そのパンの価格には生産費として小麦粉の代金が含まれています。しかし、パン会社が真に生産（＝生み出した）した物質的な変化は、無からパン全体を生み出したのではなく、小麦粉という形態の物質をパンという形態に加工したという変化です。小麦粉という形態の物質は購入したものであり、パン会社が生産した（＝産み出した）ものではありません。しかし、その購入のために小麦粉の代金〔ｃ部分〕を支出しているので、パンの価格に含めて回収するわけです。このパン会社の生産の増加率を測る場合には、分子にも、分母にも小麦粉の代金〔ｃ部分〕が含まれてきます。

　これとの対比のために、製粉部門を所有していて、パン製造部門が自社生産し所有する小麦粉を原材料としてパンを生産する会社をを想定します。この会社がパン製造部門だけを取り出して、その生産の増加率を測る場合には、分子からも分母からも、小麦粉の代金〔ｃ部分〕を取り除いて計算すればよいことになるわけです。

【探究】利潤率の低下がマルクスの予想のようには進まなかった点についての検討──氏のマルクス批判についての補足──

　「利潤率の傾向的低下の法則」についてのマルクスの見解への氏の批判に関して、第３章第２節「経済学の諸概念の捉え方（いわゆる経済的形態規定）について」として述べようと考えていたことは以上です。しかし、この法則についての氏の批判には、さらに「第二の見解」「第三の見解」があります。これは、第３章のテーマとした「論理的認識上の問題点」よりも、資本主義経済の具体的な実際状況の把握の問題にむしろ強くかかわっていると思います。

　しかし、これらの「第二の見解」「第三の見解」は「第一の見解」と関連しています。これらの見解も合わせて、マルクスの見解に対する氏の批判が理解できますので、「第２節」を補足する節を立てて、氏の「第二の見解」「第三の見解」を紹介することにしました。さらに、それについて批判的な検討を加えることにもしました。（ここで述べる見解は資本主義の実際状況の分析を含むことにもなるので試論的な性格を持っています。また、ここも、「再

生産論と恐慌」の批判的検討を超えているとも言えるので、【探究】の位置
づけにしました）。

（1）氏の「第2の見解」と「第3の見解」はどういう内容か

氏は次のように述べています。

> 　第二に、利潤率の傾向的低下の法則が、現実の歴史のなかでは、
> マルクスが『資本論』で予想したよりも、はるかに緩慢に、あるい
> は逆向きと言わなければならないような作用をしてきたことです。
> 　マルクスは、この篇のなかで、「最近30年」の歴史をふりかえって、
> 固定資本の巨大な発展（利潤率を大幅に引き下げるべき要因）にも
> かかわらず、利潤率の低下が緩慢だったのは、「反対に作用する諸
> 要因」が存在するからだ、という分析をしました。
> 　それから今日までの130余年は、技術的な変革につぐ変革の歴史
> で、この間の固定資本の累積的な発展の規模は、マルクスの時代の
> 「最近30年間」とは比較のしようもないほど壮大なものでした。し
> かし、利潤率の低下現象は、経済過程にあれこれの直接的な影響を
> およぼすような形では、表れていません。
> 　社会全体の利潤率を計算し、時代的な比較をするのは、たいへん
> 難しい問題で、マルクスの時代の平均利潤率と現代の利潤率とを直
> 接比較するすべを私はもちませんが、この低下傾向が、「反対」要
> 因による「緩和」を考慮に入れたとしても、マルクスが予想したよ
> うな姿で進まなかったことは、確かだと思います。これは、利潤率
> の傾向的低下の法則が間違っていた、ということではありません。
> この法則は、きわめて数学的な法則ですから、そこに間違いはあり
> えません。問題は「反対に作用する諸要因」がマルクスの予想した
> 以上の強さ、大きさをもってこの法則にさからって作用した、とい
> うところにあると思います（同前、159～160、129ページ）。

　この叙述に続けて、氏は、マルクスがあげた「反対に作用する諸要因」で
ある六つの要因（①労働の搾取度の増大、②労賃のその価値以下への引き下

げ、③不変資本の諸要素の低廉化、④相対的過剰人口、⑤貿易、⑥株式資本の増加）を紹介しています。そして、「反対に作用する」新しい諸要因がマルクス以降に生まれており、少なくとも、次の⑦、⑧、⑨の三つの要因を追加できるとしています（要約しますと、⑦巨大独占体による特別剰余価値の長期にわたる確保、⑧地球全域から巨額の利潤を独占資本主義諸国家に流れこませる体制〔これが南北問題の根源をなしている〕、⑨ 国家の機能・組織を大企業の利潤の拡大のために活用する体制）。

　以上が「第二の見解」です。引き続いて、氏は次のように述べます。

> 　　第三に、マルクスがここでくりかえし浮き彫りにしてみせた資本主義的生産様式の根本矛盾については、私たちは、それが資本主義の歴史的限界の確証となっている領域を、利潤率の傾向的低下の法則以外のところに求めなければならない、という問題です。（同前、160 ～ 161 ページ）。

　こう述べて、「生産と消費との矛盾」、「南北問題」、「生命維持装置」の危機（地球の温暖化、オゾン層の破壊など）の三つの領域をあげています。これが「第三の見解」になります。

　氏の見解をごく簡単に要約しますと、第一の見解は、利潤率の傾向的な低下の法則については、社会主義や共産主義でも同様な傾向的な低下が行われるのだから、この傾向的な低下が資本主義の歴史的な限界を示すとするマルクスの見解は成り立たないのではないかというものでした。第二の見解は、マルクス以後の状況を見ると、マルクスの予想したほどの利潤率の低下は起こらなかった（もっとも、その理由は、利潤率の傾向的低下の法則が誤っていたのではなく、傾向的低下に反対に作用する諸要因が大きかったからである）というものです。第一の見解と第二の見解を踏まえて、利潤率の傾向的な低下の法則は資本主義的生産様式の限界（根本矛盾）を示すものではないのだから、資本主義の限界は他の問題（矛盾）に求めなければならないというのが第三の見解です。

　利潤率の傾向的低下が資本主義の歴史的限界を示すとは言えないというのが氏の第一の見解ですから、資本主義の限界は他の問題に求めなくてはなら

ないという第三の見解は第一の見解の論理的帰結です。第二の見解は、実際には、問題になり得るほどの利潤率の低下を示してはいないではないかと述べて、第一の見解と第三の見解の正しさの状況証拠としているわけです。氏の第一の見解に対する私の批判は、すでに述べたように、利潤率の傾向的低下は資本主義の歴史的限界を示すというマルクスの見解は正しいというものです。

　では、「利潤率の低下現象は、経済過程にあれこれの直接的な影響をおよぼすような形では、表れていません」という氏の第二の見解については、どう考えるべきでしょうか。「あれこれの直接的な影響が表れていない」とは言えないと思います。しかし、利潤率の低下現象が資本主義経済の限界を示すというような形で強く作用するという所までは至っていなかったというのは大きく見れば事実であったと言ってよいでしょう。しかし、近年では強く作用し始めているのではないかと私は考えています。

　私のこの事実認識が正しくて、かつ、マルクスの見解も正しいとすれば、大きく見れば、資本主義は、自らに内在する利潤率の傾向的低下という歴史的な限界に突き当たるまでには至っていなかったが、今後は、この限界が大きく立ち現れてくる可能性が高いということになります。資本主義の歴史的な限界は利潤率の傾向的低下だけにあるのではありませんし、利潤率の傾向的低下にはマルクスも言うように反対に作用する諸要因がありますから、この点も踏まえて資本主義生産の現状と動向を分析し、今後の展開を見ていくことが探究の課題になっているのだろうと思います。

(2) 利潤率の低下の直接的影響が表れていないとは言えない

　このように考えるのですが、氏の「第二の見解」について、さしあたって、次の三つの批判点を述べておこうと思います。

　第1点目は、先に、「あれこれの直接的な影響が表れていない」とは言えないと書きましたが、この点についてです。一つだけ、しばしば言及される事象をあげておきます。それは、先進資本主義諸国の資本の海外への進出（直接投資〔企業の多国籍化〕、および間接投資〔証券投資など〕）です。利潤率の傾向的低下は労働の社会的生産力の上昇によってもたらされますから、先進資本主義諸国の一般的（平均）利潤率は途上国のそれよりも低くなりま

す。海外投資は先進資本主義諸国間でも行われており、利潤率の高低だけで、この事象を説明することはできませんが、利潤率低下の法則の影響があることは確かであると考えられます。

　レーニンが『帝国主義論』で、「商品の輸出」とは異なる「資本の輸出」が重要な意義をもってきていることを強調していることは良く知られていますが、次のように述べています。

　　　第二には、資本の蓄積が巨大な規模に達した少数の最も富んだ国々の独占的地位の形成である。先進資本主義諸国では巨額の"資本の過剰"が生じた。もちろん、もし資本主義が、現在いたるところで工業からおそろしく立ちおくれている農業を発展させることができるならば、またもし資本主義が、目まぐるしい技術的進歩にもかかわらずいたるところで依然としてなかば飢餓的で乞食のような状態にある住民大衆の生活水準を高めることができるな ら、資本の過剰などということは問題になりえないであろう。……資本主義が資本主義であるかぎり、過剰な資本はその国の大衆の生活水準を引き上げるためにはもちいられないで——なぜなら、そうなれば資本家の利潤が下がるから——、資本を外国に、後進諸国に輸出することによって、利潤を高めることにもちいられるのである。これら後進諸国では利潤が高いのが普通である。
　　　　　　　　　　（ヴェ・イ・レーニン著、副島種典訳『帝国主義論』
　　　　　　　　　　　〔国民文庫〕大月書店、80 〜 81 ページ）

　『資本論』にも、第三篇「利潤率の傾向的下落の法則」の第 15 章「この法則の内的諸矛盾の展開」のなかに次のように叙述があります。

　　　資本が外国に送られるとすれば、それは、資本が国内では絶対的に運用されえないからではない。それは、資本が外国ではより高い利潤率で運用されうるからである。しかし、この資本は、就業労働者人口にとっては、またその国一般にとっては、絶対的に過剰な資本である。（『資本論』⑨、436 ページ）

（3） 利潤率の低下がマルクスの予想するほど進まなかったのはなぜか

　氏の「第二の見解」についての三つ批判点のうちの第2点目に入ります。氏は、「この低下傾向が、"反対"要因による"緩和"を考慮に入れたとしても、マルクスが予想したような姿で進まなかったことは、確かだと思います」と述べています。利潤率の傾向的低下の法則が「マルクスが予想したような姿で進まなかった」という点については、私は、大きく分けて二つの面について考えなければならないと思います。一つの面は、マルクスの予想するほどには利潤率の低下が進まなかったという問題について、利潤率の傾向的低下の法則を構成する各要因がどう作用したのかという面です。マルクスは第三篇第15章「反対に作用する諸原因」の冒頭で次のように述べています。

> 　　以前のすべての時代に比べての、最近の30年間（1835～1865年）だけでもの、社会的労働の生産諸力の巨大な発展を考察するならば、ことに、本来の機械設備のほかに社会的生産過程の総体にはいり込む固定資本の巨大な総量を考察するならば、そこには、これまで経済学者たちを悩ませてきた困難、すなわち、利潤の下落を説明するという困難に代わって、逆の困難、すなわち、なにゆえこの下落がもっと大きくないのか、またはもっと急速でないのか、を説明するという困難が現れる。そこには、反対に作用する諸影響――一般的法則の作用をさまたげてそれを排除し、そしてこの一般的法則に単に一傾向という性格のみを与える（それだからこそわれわれは、一般的利潤率の下落を傾向的下落と名づけたのである）諸影響――が働いているに違いない。これらの原因のうちもっとも一般的なものは次のものである――。　　　　　（『資本論』⑨、396ページ）

　この文章を受けて、マルクスは、六つの要因（①労働の搾取度の増大、②労賃のその価値以下への引き下げ、③不変資本の諸要素の低廉化、④相対的過剰人口、⑤貿易、⑥株式資本の増加）をあげているのですが、これらは、「なにゆえ下落がもっと大きくないのか、またはもっと急速でないのか、を説明する」要因としてあげられているわけです。ですから、反対に作用する要因

がなければ、マルクスは利潤率の低下がもっと急速に進むと捉えており、それらの諸要因があっても利潤率の低下は進むとしていたことになります。

　これについての氏の見解は、すでに紹介しましたように、「"反対に作用する諸要因"がマルクスの予想した以上の強さ、大きさをもってこの法則にさからって作用した」からであるというものです。氏のこの指摘自身は正しいと思います。利潤率の低下がマルクスの予想するほど進まなかったとすれば、論理的にはこれ以外の理由は考えられないからです。（氏は、「反対に作用する諸要因」として、さらに新しく３要因が生まれたとしています。この３要因の適否は検討しませんが、まだ他にも要因があるかも知れません。私は、利潤率の低下を促進する要因も生まれていると思います。それは、商業・金融・医療・教育・観光業など価値〔と剰余価値〕を生産しない諸産業の比重が全産業の 50％を超えるほど大きくなっていることです。これらの諸産業の資本も平均利潤率の形成に参加しますので、物質的な生産部門で生産された行われ剰余価値の配分を受けますから、当然、平均利潤率を引き下げることになります）。

　求められている問題は、利潤率の傾向低下について、それを促進する諸要因と反対に作用する諸要因の全体を捉えたうえで、どの要因が主要なものとして作用したのかを計量的に検討し明らかにすることでしょう。これが今後の研究課題として残されていると思います。

（4）傾向的低下の諸要因は戦後日本経済においてどう作用したか

　この問題について私は研究したことはなく、ここで本格的に検討しようとは思っていません。ですが、これまでに行ったことのある計量的な作業をもとに戦後の日本の資本主義経済の場合は、どうだったのかについて、少々分析してみます。今後の検討のための手掛かりを得ることができればと思うからです。

　①　拙著『計量分析・現代日本の再生産構造』（大月書店、1991 年）では、1985 年の再生産マトリックス表を作成し、それに対応する簡易表を 1975 年、1970 年、1960 年について作成しています。1985 年の国内生産物（物質的生産部門の総生産額）の総額は 492.4 兆円で、その価値構成は、 c 部分 260.9 兆円（原材料費〔中間財〕237.4 兆円＋固定資本減耗 23.5 兆円）、v 部分（労

働力の価値、賃金）80.5 兆円、m部分（剰余価値）151.0 兆円です。

　また、非物的産業部門の「生産物」の総額が 533.6 兆円で、その「価値構成」
は、 c 相当部分 364.9 兆円（原材料費〔中間財〕345.5 兆円＋固定資本減耗
19.4 兆円）、v 部分 85.3 兆円、m 相当部分 83.4 兆円です。価値は物質的産業
部門で生産され、非物的産業部門はそこからの再分配を受けているものとし
て推計されています。

　これに対応する 1960 年の国内生産物の総額は 31.5 兆円で、その価値構成
は、 c 部分 19.3 兆円（原材料費 18.1 兆円＋固定資本減耗 1.2 兆円）、v ＋ m
部分（付加価値）12.2 兆円（v と m とは区分されていない）となっています。
また、非物的産業部門の「生産物」の総額が 7.3 兆円で、その「価値構成」は、
c 相当部分 1.8 兆円（原材料費 1.27 兆円＋固定資本減耗 0.58 兆円）、v ＋ m
相当部分 5.5 兆円です

　日本経済は敗戦から 10 年後の 1955 年から 1973 年（年末に石油ショック
があった）までが高度経済成長期ですから、1970 年の数値も加えて、整理
しますと次のようになります。（なお、再生産マトリックス表は産業連関表
を基礎に算出しており、価格は生産者価格ではなく購入者価格で時価です）。

　1985 年
　　物質的産業部門　492.4 ＝ 260.9（237.4 ＋ 23.5） c ＋ 80.5 v ＋ 151.0 m
　　非物的産業部門　533.6 ＝ 364.9（345.5 ＋ 19.4） c ＋ 85.3 v　＋ 83.4 m
　1970 年
　　物質的産業部門　130.2 ＝ 73.4（66.9 ＋ 6.5） c ＋ 56.8（v ＋ m）
　　非物的産業部門　 42.2 ＝ 11.1（ 8.1 ＋ 3.0） c ＋ 31.1（v ＋ m）
　1960 年
　　物質的産業部門　 31.5 ＝ 19.3（18.1 ＋ 1.2） c ＋ 12.2（v ＋ m）
　　非物的産業部門　 7.3 ＝ 　1.8（1.27 ＋ 0.58） c ＋ 5.5（v ＋ m）

　これらの数値を見ますと、非物的産業部門の比重が高くなっているのがま
ず目につきます。

　1970 年と 1960 年については、 v ＋ m の区分がされていないこともあるの
で、物質的産業部門について c（移転された価値）と v ＋ m（新しく生産さ
れた価値）との構成をまず比較して見ます。

　1985 年　　100 ＝ 53.0（48.2 ＋ 4.8） c ＋ 47.0（v ＋ m）

1970 年　　100 ＝ 56.4（51.4 ＋ 5.0）c ＋ 43.6（v ＋ m）

1960 年　　100 ＝ 61.3（57.5 ＋ 3.8）c ＋ 38.7（v ＋ m）

　この数値は予想外でした。労働生産性は 1960 年→ 70 年→ 85 年と大幅に上昇しているのですが、c（不変資本）部分の比率は上昇を見ずに、安定的というよりも、むしろ低下しています。この原因としては、利潤率の傾向的低下に「反対に作用する諸要因」としてマルクスが指摘している「不変資本の諸要素の低廉化」が考えられます。

　機械設備など（不変資本のうち固定資本部分）の使用は不変資本を増加させます。さらに、それは労働生産性を上昇させ（労働者一人当たりの労働生産物の生産量が増加し）、それは原材料（不変資本の流動資本部分）の使用量を増加させます。そのため、可変資本（労働力の購入費）に比べて不変資本の割合が増加するというのが資本の有機的構成の高度化についての捉え方です。しかし、純理論的に考えますと、仮に、労働生産性が物質的産業を構成する全部門において以前の 2 倍になったとした場合、同じ労働量によって 2 倍の生産物が生産され、2 倍の原材料が使用されることになりますが、その 2 倍の原材料はこれまでと同じ労働量によって生産されることになりますから、その価値は以前と同じになります。ですから、不変資本の原材料部分について言えば、「不変資本の諸要素の低廉化」は「反対に作用する諸要因」としてかなり効いているのではないかと思います。

　（例えば、10 労働時間分の原材料を使用して 8 時間労働で 1 個の商品を生産していたとします。他の条件は無視すれば、その商品の価値は、移転された原材料の価値 10 時間（c）＋労働が生産した価値 8 時間（v ＋ m）の 18 時間となります。その後、労働生産性が 2 倍になって、2 倍の原材料を使って 2 個の商品を生産できるようになったと仮定すると、2 個の商品の価値は原材料の価値 20 時間（c）＋ 8 時間（v ＋ m）となり、28 時間になります（1 個の商品の価値は 10 時間〔c〕＋ 4 時間〔v ＋ m〕＝ 14 時間に低下しますが）。v ＋ m に対する c の比率は 1.25 から 2.5 へと 2 倍になるわけです。しかし、もし、原材料の生産についても労働生産性が 2 倍になれば、その 2 個の商品の価値が原材料の価値 10 時間（c）＋ 8 時間（v ＋ m）となり、もとの 1 個の商品の価値と同じになるわけです。）

　この推測が正しいとすると、利潤率の計算の分母となる投下資本（前貸し

資本）のうちの不変資本の比重の増加で大きな役割を果たすのは不変資本のうちの機械設備などの固定資本部分ということになります。というのは、機械設備などについても「不変資本の諸要素の低廉化」は原材料部分と同様に作用します。しかし、原材料部分と機械設備とは生産物の生産における有用な物質としての役割が異なります。原材料部分は生産物を物質的に構成するものですから、原材料部分は生産物の生産には不可欠であり、生産物の生産量が増えれば、それに比例して必要とされます。これに対して、新しい機械設備などの導入は主として労働生産性を上げるため行われますが、その機械設備などは生産物を物質的に構成するものではなく、原材料などを生産物へと変化させるために人間が外から働きかけるための物質的な手段です。

　新しい機械設備などの導入によって、ある商品の生産の労働生産性が2倍になったとします。このとき、その商品の原材料についても、その労働生産性が2倍になるような状況だったとしましょう。そう仮定すると、この機械設備の導入によって投下される資本の不変資本部分については、原材料部分（の価値）は増加しませんが、この機械設備の導入にかかった部分（の価値）については、導入以前には無かった追加分ですから確実に増加します。すなわち、機械設備などについても「不変資本の諸要素の低廉化」は原材料部分と同様に作用するのですが、原材料部分についてのように不変資本（の価値）が増加しなくなるようなことはなく、機械設備などについては、不変資本（の価値）の増加が確実に起こることになります。

　そして、新しい機械設備の導入によって増加した不変資本部分（の価値）は、その導入によって労働生産性を上げて生産物の生産量を拡大し回収することが企図されるわけですが、生産量の拡大が実現できるかどうかは市場の条件によります。

　日本の物質的産業部門の年間商品総生産物の価値構成の変化を 1960 年→ 1970 年→ 1985 年について見ました。ただ、商品生産物の価値構成における c＋v は投下資本ではありません。固定資本は固定資本減耗しか含まれていません。また、不変資本のうち原材料費部分も v 部分も年に何回も回転しますので、商品生産物の価値構成では投下資本における価値構成よりも比重が大きく現れます。そのため、この数値の c＋v は利潤率を計算するための分母としては不適切ですが、それについては④で検討します。

②　上記の推計では、1985 年の物質的産業部門の数値は次のようになっています。

物質的産業部門　492.4 ＝ 260.9（237.4 ＋ 23.5）c ＋ 80.5 v ＋ 151.0 m

すなわち、剰余価値率は 187.6％（151.0 m ／ 80.5 v）として推計されています。しかし、取り上げた 1970 年と 1960 年については v と m が区別されて推計されていません。戦後の日本の物質的産業部門の剰余価値率の推計については泉弘志氏の著書があります（『剰余価値率の実証研究』法律文化社、1992 年）。氏の研究によれば、1960 年 111.4％、1970 年 147.5％、1985 年 243％となっています（同書 27 ページ）。労働生産性の上昇は相対的剰余価値の生産になり、剰余価値率を上昇させます。これは利潤率の傾向的低下に「反対に作用する諸要因」であり、マルクスも「労働の搾取度の増大」として、最初にあげています。

マルクスは利潤率の傾向的低下を数値例で説明するにあたって、剰余価値率が 100％で変化しないとの仮定を用いています。戦後の日本のように、25 年間で 2 倍になるという変化は想定を超えていたかも知れません。ただし、剰余価値率が 100％から 200％になったからと言って、これが利潤率を 2 倍にするわけではありません。平均利潤率の分子は剰余価値（m）であり、剰余価値率（m ／ v）×労働力の価値 v で与えられます。労働生産性の上昇による剰余価値率（m ／ v）の上昇の要因は労働力の価値 v が相対的に小さくなることです。そして、剰余価値率の上昇は、他方で、労働力の価値 v が小さくなることと対応していますから、両者の積である剰余価値は剰余価値率の上昇ほどには上昇しません。（なお、戦後の日本の剰余価値率とその推計方法などについては、拙著『搾取競争が、格差を広げ、地球環境を破壊する』〔本の泉社、2016 年〕で説明しています）。

ここでは、泉氏の剰余価値率の推計を適用して、1960 年、1970 年、1985 年の物質的産業部門の価値構成を試算して見ましょう（1985 年についても、泉氏の推計値によって修正した）。

1985 年　　100 ＝ 53.0（48.2 ＋ 4.8）c ＋ 13.7 v ＋ 33.3 m
1970 年　　100 ＝ 56.4（51.4 ＋ 5.0）c ＋ 17.6 v ＋ 26.0 m
1960 年　　100 ＝ 61.3（57.5 ＋ 3.8）c ＋ 18.3 v ＋ 20.4 m

③　次に、非物的産業の影響について述べておきます。先にも指摘しまし

たが、非物的産業も平均利潤率の形成に参加しますから、物質的生産部門で生産された剰余価値が分配されることになります。すなわち、非物的産業の不変資本部分ｃと可変資本部分ｖも利潤率を計算するための分母になるのです。その影響の大きさを見るために、物質的産業部門についてｃとｖ＋ｍとの構成を示した先に整理した数値に、非物的産業のｃ相当部分とｖ部分を加えて比較すると次のようになります。（なお、非物的産業部門の1970年と1960年のｖについては、ｖとｍとの分割比が1985年と同率と仮定した）。

1985年　100 ＝ 53.0（48.2 ＋ 4.8）ｃ ＋ 13.7 ｖ ＋ 33.3 ｍ
　　　　　74.1（70.2 ＋ 3.9）ｃ ＋ 17.3 ｖ　←非物的産業
1970年　100 ＝ 56.4（51.4 ＋ 5.0）ｃ ＋ 17.6 ｖ ＋ 26.0 ｍ
　　　　　 8.5（ 6.2 ＋ 2.3）ｃ ＋ 12.1 ｖ　←同上
1960年　100 ＝ 61.3（57.5 ＋ 3.8）ｃ ＋ 18.3 ｖ ＋ 20.4 ｍ
　　　　　 5.8（ 4.0 ＋ 1.8）ｃ ＋ 8.8 ｖ　←同上

　これらの数値は各年の物質的産業の総生産物を100として、それとの比率で表現されています。物質的産業のｃ＋ｖ部分と非物的産業のｃ＋ｖ相当部分を加えた数値について見ると、1960年 94.2（61.3 ＋ 5.8 ＋ 18.3 ＋ 8.8）→ 1970年 94.6（56.4 ＋ 8.5 ＋ 17.6 ＋ 12.1）→ 1985年 158.1（53.0 ＋ 74.1 ＋ 13.7 ＋ 17.3）と変化しています。1960年と1970年はあまり変化はありませんが、1970年 → 1985年では、この数値は1.7倍ほどになっています。これは平均利潤率を低下させる要因です。

　④　物質的産業部門と非物的産業部門の総商品生産物の価値構成についての数値については一応得られました。そこで、平均利潤率はどうなっているかについて試算してみましょう。分子の剰余価値については物質的産業部門の与えられた数値を用いるとして、問題は分母です。総商品生産物の価値構成におけるｃ＋ｖは投下資本（前貸し資本）のｃ＋ｖとは異なります。投下してある不変資本のうちの固定資本の額が与えられていません。また、不変資本のうちの流動資本（原材料部分）や可変資本（ｖ部分）が何回回転したのかも不明です。しかし、まずは、③で与えられたｃ＋ｖをそのまま投下資本と見なして試算してみます。平均利潤率の捉え方については、剰余価値は物資的産業部門で生産され、それが全産業の投下資本（ｃ＋ｖ）に配分されるという、これまで述べてきた捉え方によってです。各年の物質的産業の総

商品生産額を 100 としています。

1985 年　　c；53.0 + 74.1 = 127.1　　　v；13.7 + 17.3 = 31.0
　　　　　　c + v = 158.1　　m = 33.3　　　m／c + v = 0.211
1970 年　　c；56.4 + 8.5 = 64.9　　　　v；17.6 + 12.1 = 29.7
　　　　　　c + v = 94.6　　m = 26.0　　　m／c + v = 0.275
1960 年　　c；61.3 + 5.8 = 67.1　　　　v；18.3 + 8.8 = 27.1
　　　　　　c + v = 94.1　　m = 20.4　　　m／c + v = 0.217

　見なし平均利潤率（m／c + v）は1960→70→85年で、21.7→27.5→21.1％です。
1970 年には上昇したものの、あまり大きくは変化していないという結果にな
りました。

　このような結果になったのは、③で与えられたc + vをそのまま投下資本
と見なして試算したからです。総商品生産物の価値構成におけるc + vは不
変資本のうちの固定資本減耗（減価償却費）は与えられていますが、投下し
た固定資本額が与えられていません。そこで、おおよその額を推定してみま
しょう。

　固定資本減耗を含めて、これまで見てきた数値はフローの値であるのに対
して、固定資本額はストックの値です。「国民経済計算統計」はフロー編と
ストック編からなっていますが、そのストック編を見てみましょう。

　『長期遡及主要系列　国民経済計算報告——平成 2 年基準——（昭和 30 年
〜平成 6 年)』（大蔵省印刷局発行、経済企画庁経済研究所国民経済計算部編
集、1996 年）が手許に残してありました。そのストック編に「国民資産・
負債残高」の表があります。総資産は有形資産と金融資産とに区分され、そ
の有形資産はさらに在庫と純固定資産と再生産不可能有形資産に区分されて
います。その純固定資産は、ⅰ住宅、ⅱ住宅以外の建物、ⅲその他の構築物、
ⅳ輸送機械、ⅴ機器器具等、に区分されています。これらのうち、ⅰの住宅
を除いたⅱ〜ⅴまでの合計値をもとに固定資本額を推定します。

　（有形固定資産の「国民経済計算年報」による説明は次のようになっていま
す。「有形固定資産とは、住宅、住宅以外の建物、その他の構築物、輸送用機械、
機械設備等、財貨・サービスの生産のために使用される財である。ただし、
政府の保有する軍事用耐久財は除かれ、家計〔個人企業を含む〕の保有する
自動車等の耐久財は、それが生産活動に使用される場合に限り固定資産に含

まれる。国民貸借対照表においては、財産価値の把握の観点から純ベースの固定資産の概念が用いられている」。なお、純ベースとは、固定資本減耗分を控除しているという意味です。また、家計の所有する住宅も財貨・サービスの生産のために使用されることになっているのは、住宅を自己所有する者も住宅サービスを自分のために生産し自分に家賃を支払うという国民経済計算特有の擬制がなされているからです)。

　それで、住宅を除く純固定資産額を計算しますと、1960 年末残高 16.2 兆円、1970 年末残高 77.4 兆円、1985 年末残高 528.5 兆円です（同書、428 ～ 444 ページ）。各年の物質的産業の総生産額を 100 として表しますと、1960 年末残高 51.4、1970 年末残高 59.4、1985 年末残高 107.3 となります。すでに、示してある固定資本減耗についての物質的産業と非物的産業との合計値は 1960 年 5.6、1970 年 7.3、1985 年 8. 7 です。この数値を加えて、各年の固定資本額を求めますと、1960 年 57.0、1970 年 66.7、1985 年 116.0 となります。ちなみに、この固定資本額に対する剰余価値の割合は、1960 年 35.8%、1970 年 38.9%、1985 年 28.7%になり、1985 年の値が低くなっています。

　次に問題になるのは、不変資本の原材料部分や賃金部分が年にどのくらい回転するかについてです。会計計算では、原材料在庫の年回転率は年間売上原価÷（〔期首原材料在庫額＋期末原材料在庫額〕／2）で行なわれます。売上原価とは、売上に占める原材料仕入れ額のことです。参考までに、中小企業庁の「中小企業経営調査結果」（平成 11 年度）によりますと、製造業（中小企業）の原材料回転率は 1997 年度 87.6 回、1998 年度 85.8 回となっており、かなりの回転数を示しています。

　そこで、いま利用した「国民資産・負債残高」の表には、有形資産のなかに「在庫」の項がありますが、そのうちの「原材料在庫」を見ますと、その数値は、1960 年末 1.7 兆円（59 年末 1.5 兆円）、1970 年末 4.8 兆円（69 年末 4.4 兆円）、1985 年末 12.1 兆円（84 年末 13.1 兆円）です。すでに見た物質的産業の総生産物を構成する原材料部分の額は 1960 年 18.1 兆円、1970 年 66.9 兆円、1985 年 237.4 兆円ですが、これを売上原価と見て、原材料部分の年回転率を計算しますと、1960 年 11.3 回、1970 年 14.5 回、1985 年 18.8 回になります。

　投下資本の原材料部分の回転率としては、この値をこで得られた用いるこ

ととします。例えば、1960年については、物質的産業と非物的産業のc部分の原材料部分の合計値は 61.5（57.5 ＋ 4.0）であり、これは 11.3 回転して得られたもですから、投下資本の不変資本（c部分）における原材料部分は 5.4（61.5 ÷ 11.3）になります。同様にして、1970年 4.0、1985年 6.3 の値を得ます。

そして、v部分については、賃金は、通常、月給で支払われるので、12回転とします。そうすると、投下資本のv部分は 1960年 2.3、1970年 2.5、1985年 2.6 です。このような試算のもとで、各年の物質的産業の総生産額を100 として各年の投下資本の構成部分を表します。それは、不変資本c部分（原材料費部分）、不変資本c部分（固定資本部分）、可変資本（v部分）、合計、の順で次のようになります。

1960年	5.4	57.0	2.3	64.7
1970年	4.0	66.7	2.5	73.2
1985年	6.3	116.0	2.6	124.9

剰余価値は 1960年 20.4、1970年 26.0、1985年 33.3 と試算されましたので、この投下資本額合計の数値にもとづいて平均利潤率を求めますと、1960年 31.5％→ 1970年 35.5％→ 1985年 26.7％となります。

一応の計量的な分析を行ってみました。この試算には不十分さもあると思いますが、高度経済成長期の 1960年→ 1970年に平均利潤率が 4％ほど上昇しているのに対して、高度経済成長以降の 1970年→ 1985年には 9％ほど低下しています。また、投下資本の増加において主要な役割を果たしているのが投下される固定資本の増加です。これらのことには注目してよいのではないかと考えます。

（5）傾向的低下の法則の作用と高度経済成長との関係

氏の「第二の見解」について、三つの批判点を述べるとしましたが、最後の第 3 点目です。利潤率の傾向的低下の法則が「マルクスが予想したような姿で進まなかったこと」について、この法則を構成する各要因がどう作用したのかについて見てきました。資本主義生産の実際の状況がどうであるかによって各要因の作用の程度が大きく異なることがわかりました。ということは、利潤率傾向的低下法則の作用との関連をみるという観点からの資本主義

生産の実際の状況についての研究が必要になります。これが考えなければならない、もう一つの面です。

マルクスは次のように述べています。

> 　総資本の価値増殖率すなわち利潤率が資本主義的生産の刺激である（資本の価値増殖が資本主義生産の唯一の目的であるように）限り、利潤率の下落は、新たな自立諸資本の形成を緩慢にし、こうして資本主義的生産の発展をおびやかすものとして現れる。それは、過剰生産、投機、恐慌、過剰人口と並存する過剰資本を促進する。
>
> （『資本論』⑨、412 ページ）

この文章にあるように、マルクスは利潤率の傾向的低下が「過剰資本」を招くことを重視しています。この点についてはどう捉えたらよでしょうか。先に、「労働の社会的生産力の発展」は「剰余労働／必要労働」によって端的に表されることを述べたときに、「使用される労働力にかんしても、生産力の発展は二重に現われる」というマルクスの文章を引用しました。再度、引用します。

> 　使用される労働力にかんしても、生産力の発展は、これまた二重に現われる。第一には、剰余労働の増加に、すなわち、労働力の再生産に必要とされる必要労働時間の短縮に、現われる。第二には、与えられた資本を増加させるために一般に使用される労働力の量（労働者数）の減少に現われる。

次に、その直前の文章を引用します。

> 　労働の社会的生産力の発展は二重に現われる。それは、第一には、すでに生産されている生産諸力の大きさに、新たな生産が行なわれるための生産諸条件の価値の大きさと総量の大きさとに、また、すでに蓄積されている生産資本の絶対的大きさに、現われる。第二には、総資本に比べての、労賃に投下される資本部分の相対的少なさ

に、現われる。このことは同時に資本の集積を前提にする。

（『資本論』⑨、421ページ）

　利潤率の傾向的な低下が起こるのは、資本主義生産のもとで進む労働の生産力の急速な上昇のためです。この労働の生産力の上昇は雇用される労働者数が変わらなければ総生産物の量を急速に拡大させます。しかし、その急速に増える総生産物が順調に売れて行かないならば、雇用される労働者数を減らす方向に作用します。そうなったとすれば、総生産物の生産量が急速に増大する下で、それを消費する社会的な力を減らすことになり、過剰生産が起こることになります。ですから、労働の生産力の上昇を原因とする利潤率の傾向的な低下は、同じ労働の生産力の上昇を原因とする過剰生産のもとで進むことになります。そして、その利潤率の低下が生産と雇用の増加を抑制し、社会の消費力を減らし過剰生産を激しくします。過剰生産と利潤率の傾向的低下との相互作用が起こることになるわけです。

　資本主義は一方で労働の生産力の急速に引き上げ、総生産物の生産量と、その生産を担う総資本の量を急速に拡大します。しかし、他方では、社会の消費力を狭く制限します。そのなかで利潤率の傾向的な低下が進みます。その状況は、資本を投下して生産を増やしても儲けが減っているし、売れるかどうかわからないということです。また、増えすぎた資本を強制的に減らす恐慌が必要とされる状況になるということです。マルクスは次のように述べています。

　この剰余価値の生産によっては、資本主義生産過程の第一幕である直接的生産過程が終わっているだけである。資本はこれこれの量の不払労働を吸収した。利潤率の下落となって現れる過程の発展につれて、このようにして生産される剰余価値の総量は巨大なものになる。そこで、過程の第二幕が始まる。総商品分量、総生産物が――不変資本および可変資本を補填する部分も、剰余価値を表す部分も――販売されなければならない。……直接的搾取の諸条件とこの搾取の実現の諸条件とは同じではない。それらは時間的および場所的にばかりでなく概念的にも異なる。一方は社会の生産力によって

制限されているだけであり、他方は、異なる生産部門のあいだのつり合いによって、また、社会の消費力によって制限されている。しかし、社会の消費力は、絶対的な生産力によって規定されているのでもなければ、絶対的な消費力によって規定されているのでもなく、敵対的な分配諸関係——社会の大衆の消費を、多かれ少なかれ狭い限界内でのみ変化しうる最低限に引き下げる敵対的な分配諸関係——を基盤とする消費力によって、制限されている。

（『資本論』⑨、415〜416ページ）

　この項で引用したマルクスの幾つかの文章から読みとれるように、マルクスは利潤率の傾向的低下が過剰生産の進行と並行して起きると捉えていたと考えられます。これは資本主義生産の本質を理論的・一般的な捉え方として全く正しいと思います。しかし、この捉え方がそのまま適用できないような特殊な状況が生まれることがあります。例えば、日本の戦後の高度経済成長期がその特殊な状況に当たると思います。日本の高度経済成長とは、今日普通に見られる戦後型の産業——自動車、造船、電気機械、石油化学、鉄鋼、建設、運輸通信、電力など——が次々と創設されて行く過程でした。それは戦後10年を経て1955年頃に始まり1970年代に入ると、その創設の過程もほぼ終わっており、1973年の石油ショックを契機として深刻な経済危機に陥ったことはその過程が終わったことを明示しました。

　この高度経済成長期（新産業が続々と形成される過程）においては、資本主義であっても、社会の消費力は生産の拡大に伴って一定の拡大を見ます。社会の消費力の制限によって過剰生産になることを高度経済成長は緩和する作用をすると考えられます。1955年から1973年までの年間の経済成長率は実質で年11％ほどで、マイナスになったことはありません。この間は、労働者の賃金上昇率も実質で年5〜6％ほどになりました。労働者の生活水準も上昇したと言えます（マルクス経済学では、労働生産性が上昇すると、生活物資の生産にかかる労働時間は減るので労働力の価値が減少するとされる。しかし、労働生産性の上昇による労働者の生活水準の上昇〔労働者が消費する生活物資の増加〕は想定されていないから、物価が変わらなければ名目賃金が下がり実質賃金は変わらないとされる。高度経済成長期は実質賃金

は上昇したが、労働生産性の上昇には及ばなかったので、労働力の価値は減少し、剰余価値率は上昇した）。　また、高度経済成長期は「過剰人口」ではなく「労働力不足」の時代でもありました。

　高度経済成長期には社会の消費力が一定の拡大を見る理由についてはいろいろな見解があるでしょうが、その主要な理由について、私は、新産業が形成されるということは、その生産物とその生産方法が全く新しくなるということですから、その需要（消費）も新しく開拓されることになるからだと考えています。（なお、新産業が続々と形成されたのは、その形成を可能にする新製品や新製法が開発済みであったり、開発続けられたからです。基本的要因は物質的生産における生産技術の面にあると考えます。ですから、経済の仕組みは副次的な要因ですが、資本主義の経済仕組みもこの新産業が続々と形成されることについては適合的であったとは思います。物質的な生産技術において、今後も新製品や新製法は開発され続けるでしょうが、今日の生活様式を支える一連の諸産業は既に創設されていますから、新産業が続々と形成されるような事態はしばらくはないと思われます）。

　資本主義生産における労働の生産力の急速な上昇は過剰生産と利潤率の傾向的低下を並行して進めるというのが一般的な本質ですが、高度経済成長期はそれがそのまま適用できないような特殊な状況であったと考えます。増加する総生産物が社会の消費力の制限をそれほど受けずに売れていくということは、過剰生産の程度を弱くするということだけでなく、利潤率の傾向的な低下を弱めるということにもなります。

　というのは、（4）項の④で述べましたように、今日の状況では投下資本のうちの固定資本の増加が利潤率の低下に主要な役割を果たしています。この不変資本のうちの機械設備などの固定資本部分は原料部分とは異なって生産物の生産量の増加に比例して増えるものではなく、生産量の増加には機械設備の稼働率を上げれば一定の範囲で対応できます。すなわち、固定資本の投下額の総生産物の総額（あるいは、生産物1個の額）に占める比重は、それを用いた総生産物量と総額が大きくなるほど小さくなります。このため総生産物の拡大が続いている期間は固定資本の投下が利潤率を低下させる作用も小さくなるはずです。

　（4）項での試算によれば、平均利潤率は、高度経済成長期の1960年

→ 1970 年では 31.5％→ 35.5％と 4％ほど増加しているのに、高度経済成長後の 1970 年→ 1985 年では 35.5％→ 26.7％と 9％ほど低下しています。高度経済成長とその破綻の平均利潤率への影響があらわれていると思います。ちなみに、1960 年→ 1970 年は、10 年間で実質ＧＤＰが 2.59 倍なのに対して、1970 年→ 1985 年は、15 年間で 1.81 倍です。実質経済成長率（実質 GDP の年増加率）は 1960 年→ 1970 年が年 10.0％に対して 1970 年→ 1985 年が年 4.0％です。

　日本における戦後の高度経済成長は特殊な状況であり、過剰生産の程度を弱くし利潤率の傾向的な低下を弱めたと述べました。この高度経済成長はとりわけ日本に顕著に現れましたが、第二次世界大戦後の先進資本主義諸国には全般的に経済成長率は高めでした。先進資本主義諸国は戦後から 1970 年代になる頃までは相対的な繁栄期であったのです。しかし、現在はその時期は終わっており、利潤率の傾向的低下の法則が強く作用するようになってきていると考えられます。

　関連して、八尾信光著『21 世紀の世界経済と日本―― 1950 ～ 2050 年の長期展望と課題――』（晃洋書房、2012 年）で作成されている図（図 4「世界の実質経済規模の長期展望」〔同書、64 ページの第 11 図〕）を紹介します。この本では、アンガス・マディソン（1926 ～ 2010 年）の「世界経済史統計」を基礎に世界経済の長期展望をわかりやすいグラフにしたうえで、その特徴や課題を明らかにしています。それによれば、紹介した図 4 に示されているように、今後の世界経済の成長は減速し、21 世紀中には成熟した定常状態（ゼロ成長）になるという予測が立てられています。「先進諸国」は高成長→中成長→低成長→ゼロ成長に向かう〔1960 ～ 2050 年〕、「新興諸国」はそれを総平均で数十年遅れて追いかけている）という予測は非常に興味深いものだと思います。経済情勢に傾向的変化を超える大きな変化が起これば、こうならない可能性もあるとは思いますが、マディソンの統計などによって示される傾向が将来にわたって続くと仮定すれば、こうなる確率が高いわけです。

　先進資本主義諸国は実質成長率がほとんどない時代に入っています。マルクスが資本主義の本質と捉えていた、利潤率の傾向的低下が過剰生産と並行して進行するようになっているのではないかと思います。

図 4　世界の実質経済規模の長期展望（950 〜 2050 年）
―マディソン統計と IMF の増加率予測から展望した PPPGDP ―

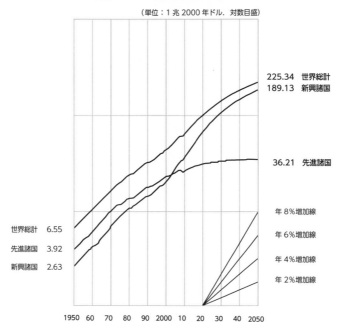

（単位：1 兆 2000 年ドル．対数目盛）

225.34　世界総計
189.13　新興諸国

36.21　先進諸国

年 8% 増加線

年 6% 増加線

年 4% 増加線

年 2% 増加線

世界総計　6.55
先進諸国　3.92
新興諸国　2.63

1950　60　70　80　90　2000　10　20　30　40　2050

資料：Hostorical Statistics of the World Economy: 1-*2008*AD (March 2010, copyright Angus Maddison).
　　　http:www.ggdc.net/maddison/. IMF, World Economic Outlook Database, April 2010
　　　United Nations, World Population prospect: The 2008 Revision. last updated on 11-Mar-2009,
　　　http://esa.un.org/unpp.
注釈：2008 年までの実質 PPPGDP をマディソン統計に基づいて示し，2009~2050 年については，それを各地域での実質
　　　PPPGDP（=1 人当たり実質 PPPGDP × 人口）の年増加率を計算して延長した．この期間の 1 人当たり実質 PPPGDP の長
　　　期趨勢については第 9 図で，人口の長期趨勢については第 7 図で示した.

説明：図のように，2003 年には旧来の「先進諸国」（西欧諸国と米加豪新日 5 国）の実質経済
規模を「新興諸国」の実質経済規模が凌駕したと見られる．
　また 2010~50 年の 40 年間には，世界全体の実質経済規模が 2000 年ドルで見て 65 → 225 兆
ドル（3.5 倍）程度に拡大し，「先進諸国」では 27 → 36 兆ドル（1.3 倍）程度に拡大するのに対して，
「新興諸国」では 38 → 189 兆ドル（5.0 倍）程度に拡大するので，「新興諸国」が世界経済に占
める割合は 58 → 84% 程度に増大すると見込まれる．
出所）『21 再起の世界経済と日本』64 ページ。

(6) 日本経済の利潤率が低下しているとする森本論文について

　さて、利潤率の傾向的低下の法則が「マルクスが予想したような姿で進ま
なかった」という見解について、高度経済成長と関係があるのではないかと
いう私見を述べました。個人的なことですが、日本の高度経済成長が破綻し

た1973年は、私が30歳頃のことです。マルクス経済学を学び始めて十年間余は高度経済成長期でした。当時は、企業部門の高い設備投資と資金不足を、金融機関を介して家計部門の高貯蓄が支えるという経済構造になっており、企業部門の利潤率も高かった時代です。この節の冒頭に、利潤率の傾向的低下の法則については「言われているほどの作用を及ぼしていないのではないかと捉えていた時期が私にもありました」と書きました。それは、マルクス経済学を学び始めて十年間余はこのような状況の時代だったことが影響しています。

　しかし、現在は、企業部門は設備投資が低調で資金余剰部門になっており、政府部門が借金をして需要を底上げしているような状態です。超低金利政策の背景の一つには企業の利潤率の低下があるはずです。状況は大きく変化していますから、利潤率の傾向的低下の法則と日本経済の現状との関連について論述しているマルクス経済学による研究も、もしかするとあるかも知れないと思い至りました。

　この辺の研究状況については最初から知っていてもよさそうなものですが、この分野（「利潤率の傾向的低下の法則」の現実分析への適用問題等）については、私は詳しくはありません。この【探求】のテーマについては、第2節への必要な補足として取り上げざるを得ないと思うようになり、その流れのなかで試論的な性格をもつ私の見解を述べました。既存研究もあり得る分野ですが、それについては調べませんでした。そのような事情なので、この節をほぼ書き終えてから、ネットで調べることになりましたが、先に、もしかするとあるかも知れないと思い至った内容の研究論文が実際にあったのです。この節の最後になりますが、紹介します。

　それは森本壮亮氏の論文「利潤率の傾向的低下法則と日本経済」（『桃山学院大学経済経営論集』第57巻第3号、2016年）です。また、氏は、今年（2021年）の5月に出版された基礎経済科学研究所編『時代はさらに資本論』（昭和堂）の第9章に「利潤率の傾向低下法則——長期的停滞の原因を解明する」を執筆しています。基本的な趣旨は、日本経済の現在の停滞状況は利潤率の傾向的低下法則が大きく作用しているというものです。論文「利潤率の傾向的低下法則と日本経済」の結びの文章を紹介しましょう。

　「1990年代以降の日本では、金融政策によって金利をゼロにまで下げても、

量的金融緩和を行っても、量的・質的に異次元の緩和を行って異常なまでもの過剰流動性を供給しても、金融市場がバブルの様相を呈するだけで、実体経済は活性化せずにマネーストックも思うように伸びず、インフレも起こらないという状況が続いている。この謎めいた現象に対し、この間の我が国のマルクス経済学は、経済の金融化や大企業による内部留保のため込みを問題の本質と捉え、批判の対象としてきた。しかし、これらはいずれも、利潤率の低下による資本の過剰を抜きには、解明することができない現象である。なぜなら、かつての伝統的な金融政策が思い描いた通り、金融市場に資金供給が増えれば、その潤沢になった資金は銀行や資本市場を通じて機能資本へと回り、機能資本はそれを用いて蓄積を行い、さらなる剰余価値を獲得しようとするのが本性だからである。現在の日本においてそれがなされないのは、資本家諸氏がその本性に逆らっていたり悪人で占められていたりするからでは決してなく、利潤率の低下によってすでに資本の過剰に陥っているからであり、それはまさにマルクスが『資本論』で描いたストーリーであった」（同上『桃山学院大学経済経営論集』、264 ページ）。

図5　総資本営業利益率の推移

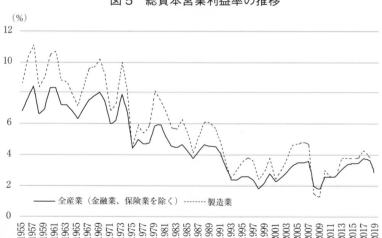

注1：財務省『法人企業統計調査』より作成。
注2：1959 年度以前は暦年、以後は年度。
注3：全規模。
出所）『時代はさらに諸本論』251 ページ。

「利潤率の傾向的低下の法則」による「資本主義の歴史的限界」がこの日本において今まさに示されていると氏は述べているわけです。この趣旨に賛同します。

　この二つの論文のどちらにも、政府統計「法人企業統計」にある数値である「総資本営業利益率」について、その時系列を氏が図にした「総資本営業利益率の推移」が掲載されています。日本での平均利潤率の傾向的な低下を端的に示す図になっていますので、図5として紹介します。2016年の論文では1955年〜2013年の推移を示す図になっていますが、2021年の論文では2019年にまで延長されていますので、後者のものを引用しました（前掲『時代はさらに資本論』、251ページ）。

　利潤率の傾向的低下の法則と言っても、「実際には、問題になるほどの低下を示してはいないではないか」という見解に対する批判がこの補節のテーマでした。この見解に対しては森本氏のこれらの論文は日本の現実の分析による強い批判になります。氏のこれらの論文に賛同を表明して、この補節をここで終えようと思いましたが、氏の論文には、この補説で私がこれまでに述べてきたことと異なる見解も示されています。異なる見解があるのは当然のことですが、そのなかの3点については私の見解をもう少し説明しておかねばならないと考えました。（なお、この3点については森本氏の見解を批判することになりますが、高度経済成長破綻後の日本経済に利潤率の傾向的低下の法則が顕現しているという氏の論旨にこの3点は直接の影響を与えてはいません）。

　一つは、『時代はさらに資本論』の第9章の論文のなかに、次のように書かれていますが、この見解への異論です。

　「ここで、機械化による資本の有機的構成の上昇は、分母部分のC／Vの上昇を意味します。もしC／Vの上昇に比例して、M／V（剰余価値率）も上昇するのなら良いのですが（実際、企業はリストラや非正規化によって可変資本部分を小さくしたり、労働を長時間化させて強化したりして、剰余価値率を上昇させようとします）、実は剰余価値率というのはそれほど大きく動くものではありません。付加価値のうち労働者の賃金となる部分の割合である労働分配率は〔V／（V＋M）〕は、高度経済成長期から現在までの約

50 年間、60 〜 70％ほどの間を行ったり来たりしているだけです。つまり、V：Mの比率は、6：4であったり 7：3であったりするくらいで、剰余価値率というのは大きく変化するものではないのです」（同書、250 ページ）。

　補節の（4）の②で、泉弘志氏の剰余価値率の推計を紹介し、1960 年111.4％→ 1985 年243％と 2 倍ほどになったと述べました。剰余価値率（搾取率）は労働生産性の上昇に伴って大きく上昇します。つまり大きく変化しないものではありません。ここでは、次の二点について述べます。①マルクスの捉え方からすれば、労働生産の上昇によって剰余価値率は当然上昇することになります。②マルクス経済学の剰余価値率も近代経済学の労働分配率も、生産された「価値」と労働者に分配された「価値」との比率を捉える概念という点では共通ですが、前者は物質的生産部門を対象とする本質的な概念であるのに対して、後者は全産業を対象とする現象的な概念です。剰余価値率の大きさを労働分配率から直接導くことはできませんし、労働分配率に変化がないからと言って剰余価値率に変化がないと言うことはできません。

　①　剰余価値率を上昇させる企業の活動には、リストラや非正規化や労働の長時間化だけでなく、機械化などによって労働生産性を上昇させることが含まれます。引用した文章はなぜかその点を忘れているようです。競争下にある各企業は機械化などで労働生産性を引き上げ自己の商品の価値を社会的な価値よりも引き下げることによって競争上の優位に立ち特別剰余価値（相対的剰余価値の一種、特別利潤になる）を獲得します。この特別剰余価値の獲得による剰余価値率の引き上げが各企業による労働生産性引き上げの直接の目的です。各企業が達成した労働生産性の高い生産方法が社会全体に普及すれば、その企業の特別剰余価値を得ることはできなくなりますが、社会全体の労働生産性が上昇し、生活物資を生産する部門の労働生産性も上昇し労働力の価値が低下します。その結果、労働時間が変わらなければ、社会全体の剰余価値率は上昇します。『資本論』第一部第 4 篇「相対的剰余価値の生産」を通してマルクスはそう述べています。結局、機械化などによる労働生産性の上昇を資本が進める目的は剰余価値率（搾取率）の引き上げにあることになります。

　マルクスのこの捉え方が正しいとするならば、労働生産性が大幅に上昇した高度経済成長期に剰余価値率が上昇しなければ変だということです（生活

物資の1人当たりの消費量〔生活水準、実質賃金〕が労働生産性の上昇と同程度であれば、そうなりませんが、泉氏の推計によれば、1960 → 1985年で労働生産性 6.22倍、生活水準 3.53倍の上昇倍率です)。

　②　例えば、ある生産資本が価値200の商品生産物を生産し、その価値構成が 100 c + 40 v + 60 m であったとしましょう。剰余価値率は150%（60 m ／ 40 v）です。労働分配率として表せば40%（40 v ／〔40 v + 60 m〕）になります。この商品を商業資本が販売するとします。商品は200の価値通りに販売されることになりますので、生産資本は商業資本が平均利潤を確保できるように、その商品を200の価値より低い価値で商業資本に引き渡さねばなりません。仮に、185で引き渡し、商業資本がそれを200で販売し15の収益を得たが、費用を10支出し、5の純益を得たとします（費用10のうち雇用する労働者への支払いを5 v とする）。この設例の場合、生産資本は商業資本に商品を185で売り、剰余価値は見かけ上45となるように現象しますから、生産資本の剰余価値率も111.5%（45 m ／ 40 v）に低下して現象します。労働分配率として表せば47.1%（40 v ／〔40 v + 45 m〕）になります。商業資本については5 v を支払って5 m を得ていますので、見かけ上の剰余価値率は100%（5 m ／ 5 v）を実現したように現象します。労働分配率として表せば50%（5 v ／〔5 v + 5 m〕）です。

　こう現象はするのですが、マルクス経済学では、商業労働者は価値も剰余価値も生産しないと考えるので、生産資本の労働者が剰余価値を60を生産し、その剰余価値率が150%である（労働分配率40%）ことは変化しません。しかし、近代経済学の労働分配率は、この現象をそのまま捉えた概念です。いま数値の違いを示しましたように、マルクス経済学の概念である剰余価値率と近代経済学の概念である労働分配率とは異なるのです。

　なお、剰余価値率（搾取率）が200%を超えているのに、労働分配率が60〜70%であることについて、国民経済計算の労働分配率（雇用者報酬／〔雇用者報酬＋営業余剰〕）を取り上げて、計量的な図解を拙著で試みていますので、この問題について興味のある読者は参考にしてください（『搾取競争が、格差を広げ、地球環境を破壊する』本の泉社、80ページ）。

　二つ目に入ります。先に、森本氏が作成した図5「総資本営業利益率の推

移」を引用しました。日本における利潤率の低下を的確に表した図です。論文「利潤率の傾向的低下法則と日本経済」のなかで森本氏は次のように述べています。

　「しかし、総資本営業利益率は、マルクスが分析の対象としていた利潤率概念（M／（C＋V））とは若干の違いがある。まず、総資本営業利益率の分母である総資本には、賃金などマルクスのいう可変資本は含まれていない。そして、現金や預金、仕掛品や土地などといったものも含まれており、マルクスのいう不変資本とも少し開きがある概念である。また、分子の営業利益も、地代や税金などが差し引かれた後のものであり、地代や税金なども含まれるマルクスのいう剰余価値という概念から、少し開きがある。図2（「利潤率の推移」……川上）は、これらの開きを少しでも埋めようと、マルクスのいう利潤率に少しでも近づけたものの推移である。まず、従業員給与、従業員賞与、福利厚生費を合わせた労働者の取り分といえるものを“可変資本”と看做し、付加価値からこの“可変資本”を引いたものを“剰余価値”と看做して、分子の利潤部分に持ってきている。それゆえ、この“剰余価値”には、マルクスがそう考えたように、役員報酬や地代、利子、配当、税などが含まれている。そして、原材料・貯蔵品、有形固定資産、無形固定資産を合わせて“不変資本”と看做し、これに“可変資本”を足し合わせたものを分母部分に持ってきている。このように計算された“利潤率”は、マルクスのものと完全に一致しないかも知れないが、先の総営業利益率と比べると、かなり近いものになっていると思われる

　図2に示されているこの“利潤率”の推移を見ても、先の総資本営業利益率の推移と同様に、長期的な低下傾向がうかがえる。ただ、その低下の割合は総資本営業利益率と比べて小さく、高度成長期から90年代までの落ち幅は5％ほどにとどまっており、2000年代以降は、全産業（金融、保険業を除く）では回復傾向が見られ、製造業においても……ほぼ横ばい傾向である」（『桃山学院大学経済経営論集』第57巻第3号、247〜249ページ）。

　引用文の趣旨は、総資本営業利益率はマルクスの利潤率の概念と若干の違いがあるので、「マルクスのいう利潤率に少しでも近づけた」「利潤率」に修正し、その「利潤率の推移」を見ると、やはり「長期的な低下傾向がうかがえる」というものです。この「図2　利潤率の推移」はここでは引用しませ

んが、図5の「総資本営業利益率の推移」ほど利潤率の低下の傾向がはっきりとは示されていません。引用文でもそう述べられています。

　しかし、この「図2　利潤率の推移」よりも、図5の「総資本営業利益率の推移」の方がむしろマルクスの利潤率の概念に近いのではないかと考えます。マルクスの利潤率の概念を現実分析に適用する場合に意外と単純な誤解があるかも知れないと思い、あえて取り上げることにします。

　年初に、資本家が、機械設備などの固定資本（不変資本）に1000、原材料などの不変資本に100、賃金などの可変資本に100、合計1200の資本投下を行ない、新しく生産を始めたとしましょう。その年の資本投下は年初の1200だけであったとします。また、固定資本の耐用年数は10年（年1／10回転）、原材料などの不変資本と賃金などの可変資本の回転数が年6回とします。そうすると、この資本の年生産物の価値とその構成は次のようです。

　c部分；原材料など（$100 \times 6 = 600$）、固定資本減耗（$1000 \div 10 = 100$）であり、v部分；可変資本（$100 \times 6 = 600$）となります。剰余価値率を100％とすると、年間の商品生産物の価値は$700 c + 600 v + 600 m = 1900$、です。

　この場合の利潤率は、$600 m ／（700 c + 600 v）= 46.2％$、ではありません。というのは、700 cと600 vは年間の商品生産物を構成するc部分とv部分ですが、投下資本のc部分とv部分ではないからです。また、$600 m ／（600 c + 1000 c + 600 v）= 27.3％$でもありません。これは、固定資本減耗100ではなく固定資本全額1000を、原材料などの部分600 cに加えた1600をc部分として捉えて、これに可変資本の投下額600を加えた2200を分母と考えた比率です。これも原材料などのc部分とv部分の値に年間の商品生産物を構成するc部分とv部分の値を用いているという点で誤りです。

　利潤率は投下資本1200が年間にどれだけ利潤を獲得したかを測る比率ですから、投下資本1200（c部分；原材料など100、固定資本1000、v部分；100）で年間利潤600を割らなければなりません。$600 m ／（1100 c + 100 v）= 50.0％$です。

　この引用文での、「マルクスのいう利潤率に少しでも近づけた」「利潤率」についての推計を読みますと、「総資本営業利益率の分母である総資本には、賃金などマルクスのいう可変資本は含まれていない」ので、「従業員給与、

従業員賞与、福利厚生費を合わせた労働者の取り分といえるものを“可変資本”と看做し」たとしています。この可変資本は年額になりますから、いま述べた設例でいえば、誤りだとした 600 m／（700 c + 600 v）、あるいは、600 m／（600 c + 1000 c + 600 v）における 600 v にあたる部分を推計したということになります。

では、総資本営業利益率の方は、投下資本に対する年間利潤の比率である利潤率（正確には年間利潤率）の概念との整合性はどうなのでしょうか。まず、分母の「総資本」ですが、これは貸借対照表の概念であり、総資産＝負債＋資本（＝総資本）、という式の「総資本」＝「総資産」に当たります。先に、年初に、資本家が、固定資本に 1000、原材料などの不変資本に 100、可変資本に 100、合計 1200 の資本投下を行ない、新しく生産を始めたという設例で説明しました。ここでもこの設例で述べましょう。貸借対照表は、期間における関係ではなく、時点ごとの関係を捉えます。まず、この年初の関係をこの方式で表現します（前年末には、総資産も総資本も無かったという想定にします）。原材料と賃金についてはまだ購入せずに現金 200 が用意されているとします。また、1200 の投下資本のうち、800 は銀行などからの借入れで自己資本が 400 であったとしましょう。次のようになります。

　年初：投下資本＝ 1200 ＝総資本＝負債 800 ＋自己資本 400

　　　　　　＝総資産＝現金 200 ＋固定資産 1000

この投下資本による年間利潤は 500 ですが、借入れはそのままだとすると、年末には、次のような関係になって、翌年の生産活動に入ることになります。

　年末：総資本 1800 ＝投下資本 1200 ＋利潤 600

　　　　　　＝負債 800 ＋資本 1000（自己資本 400 ＋利潤 600）

　　　　　　＝総資産＝現金 900 ＋固定資産 900

翌年は資本投下をしなくても、総資本 1800 のもとで生産が続きます。投下資本を増やせば、この 1800 に上乗せされることになるわけです。

ちなみに、年初から 1 カ月後がどのようになるかを考えてみます。原材料などの c 部分 100 と v 部分 100 は年 6 回転の想定です。生産された商品生産物はまだ売れていなく製品在庫になっており、原材料などの c 部分については年初に 100 仕入れて、その半分を使用し残りは原材料在庫になっているとします。v 部分については 100 のうち 50 を使用し、現金 50 が残っていると

しましょう。

　　年初 1 カ月：総資本 1250 ＝投下資本 1200 ＋利潤 50（600 ／ 12）

　　　　　　　　＝負債 800 ＋資本 450（自己資本 400 ＋利潤 50）

　　　　　　　　＝総資産＝現金 50 ＋原材料在庫 50 ＋製品在庫 158.3（1900 ／ 12）

　　　　　　　　　＋固定資産 991.7（1000 － 100 ／ 12）

　以上に見てきたように、各資本家の投下資本（前貸資本）は、それが初め
ての資本投下の場合は、貸借対照表の総資産（＝総資本）の項目にその具体
的内容がそのまま表現されます。追加の投下資本の場合は、貸借対照表の総
資産（＝総資本）の項目における、その時点での増加分として表現されるわ
けです。逆に、資本の生産活動等を捉えるための貸借対照表には投下資本以
外のものが記帳されることはありません。ですから、総資産（＝総資本）の
数値は、それまでに投下され、その時点で活動している資本の量を捉えるも
のとしては基本点で妥当なものと考えられます。

　（なお、投下資本の対象には当然のことながら工場敷地などの土地なども含
まれてきます。造成地は価値物であるが、自然物である更地は価値物ではな
く生産物にその価値が移転することもなく減価もしません。しかし、固定資
本に投下された資本は生産物に移転された部分だけでなく、その全額が平均
利潤を求めるように、更地に投下された資本も平均利潤を求めるのは同じで
あると思います。平均利潤率を計算する場合の分母に入れて良いのではない
でしょうか。この辺は理論的な検討が必要でしょう）。

　次に、総資本営業利益率の分子である「営業利益」についてはどうでしょ
うか。「法人企業統計」によりますと、付加価値＝人件費（役員給与＋従業
員給与＋福利厚生費）＋（営業利益〔営業純益＋支払利息・割引料〕＋動産・
不動産賃貸料＋租税公課）、となっています。国民経済計算の概念で言えば、
この式の人件費部分が雇用者報酬に、後半の項目（営業利益＋動産・不動産
賃貸料＋租税公課）の部分が「営業余剰」に相当します。前半の項目が v 部
分、後半の項目（「営業余剰」）が m 部分と言ってよいでしょう。「営業利益」
は、引用文にありますように「地代や税金などが差し引かれた後のものであ
り、地代や税金なども含まれるマルクスのいう剰余価値という概念から、少
し開きがある」ということになります。「マルクスのいう利潤率に少しでも
近づけた」「利潤率」を推計するに際しては、森本氏は、この後半の項目（「営

業〝余剰〟」）をｍ部分（剰余価値）と看做して計算しています。この点については賛成です。（すでに述べたように分母部分についての修正は賛成できません）。

そこで、「営業利益」と剰余価値との開きがどのくらいなのかを見ましょう。

1976 年と 1993 年の「法人企業統計」が手許にありましたので、「営業利益」を 100 としたときの、「動産・不動産賃貸料＋租税公課」の比率を調べてみました。次のようです。1966 年度 35.3、以降、29.1 → 29.3 → 25.3 → 24.8 → 33.2 → 29.3 → 22.8 → 27.6 → 75 年度 42.0 です。そして、1983 年度 42.1、以降、36.7 → 47.9 → 60.8 → 52.0 → 43.9 → 43.9 → 44.9 → 56.7 → 1992 年度 73.6 です。これらの値の推移を見ますと、30 〜 60 ほどです（1992 年度 73.6 と高くなっています。バブル景気が崩れた直後ですから、やや特異なのかも知れません）。ということは、剰余価値相当部分は「営業利益」の 1.3 〜 1.6（1.7）倍ということです。図 5 の「総資本営業利益率の推移」では、1960 年代の全産業での比率は平均で 9％ほどです。これに対して 1970 年代後半から 80 年代が 5％ほど、1990 年代以降が 3％ほどに低下しています。仮に、1960 年代の倍率として 1.3、70 年代後半〜 80 年代の倍率として 1.5、90 年代以降の倍率として 1.6 を使用して「総資本〝剰余価値〟率」（剰余価値／総資本）を試算して見ますと、この年代の順に、11.7％→ 7.5％→ 4.8％となります。平均利潤率の低下は明らかであると考えます。

次に、森本氏の論文に関して説明しておかねばならないと思った意見の相違の最後の三点目についてです。ここで取り上げることについては、依拠する理論の系譜の違いもあるようですので、その理論までは立ち入らずに、ここに相違があることを明らかにすることに止めようと思います。論文「利潤率の傾向的低下法則と日本経済」では次のように述べられています。

「置塩定理の結論は、しばしば誤解されてきたように〝利潤率は低下しない〟というものでは決してなく、利潤率が低下するとすればその背後には実質賃金の上昇があるというものであり、事実日本経済においては、高度成長期後半の実質賃金の高騰の後、利潤率が低下していくことになったのである。」（同上『桃山学院大学経済経営論集』260 〜 261 ページ）。

日本の場合、高度経済成長後に利潤率が低下していくことになったと森本

氏はこの引用文で述べています。(5) の「傾向的低下の法則の作用と高度経済成長との関係」で私見を述べましたが、この点については賛成です。しかし、利潤率の低下の原因が実質賃金の上昇にあったとするのには賛成できません。高度成長→実質賃金の上昇→利潤率の低下、ではなく、高度成長の破綻→利潤率の低下、であると考えます。

　また、この点に関連して、次のようにも述べられています。

　「置塩は、実質賃金が上昇した場合に資本家がしぶしぶ採用する "代替的技術変化" に言及し、実質賃金が上昇した場合はこの "代替的技術変化" が生じて資本構成が高まり、利潤率が低下する可能性を指摘していた。高度成長期の後半、1960 年代半ば頃から 73 年の第一次オイルショック頃までの実質賃金の騰貴は、まさにこのような技術変化を引き起こすのに十分な環境を提供していたと考えられる。70 年代後半から流行った "減量経営" という標語は、このような技術選択を表すものであったと評価できる」（同上 258 ページ）。

　1973 年末の第一次石油ショックの後、1974 年と 1975 年と続いた狂乱物価と大型不況のなかで、高度成長期は終わったと捉えた企業経営者たちから「減量経営」という標語が使われるようになった、というのが私の記憶です。ネットで調べてみると、1976 年の日本経済を分析の対象とする『経済白書』（1977 年 8 月発行）において、企業の行動様式が「減量経営というビヘイビア」をとるように変わったとしています。そして、「減量経営」については、量的拡大が優先する行動成長期の量的拡大志向の「攻めの経営」から経営の質を重視する守りの経営への行動様式の転換として捉えられています。

　高度成長期は商品生産物の市場が拡大基調であったので、企業は商品生産物の生産量（生産個数）を拡大することに注力して利潤を増やすことができた。高度経済成長が破綻し、生産個数を増やせない状況になったので、商品生産物（1 個 1 個）のコストを引き下げることに注力して利潤を増やすようにする。これが「減量経営」であったと考えます。

　「減量経営」を捉えるうえで重要なのは、生産量の拡大ができなくなったということ自体です。高度成長期には、設備機械を導入しても実質賃金をある程度上昇させても、生産物の生産量を増やすことによって、生産物の総量に占める（同じことですが、生産物 1 個当たりに占める）、それらのコスト

の比率を引き上げないで済ますことできました。それができなくなったということは、これまでの経営のままでは利潤率が低下するということです。つまり、「減量経営」という標語自身が利潤率の低下する時代に入ったということを示しているのではないか、と私は考えるわけです。

第4章

社会的総資本の循環と商品資本の循環範式

──論文「再生産論と恐慌」の検討の根拠となる私の見解についての補足説明──

　論文「再生産論と恐慌」において、不破氏は、『資本論』第二部第一草稿をエンゲルスが『資本論』第二部の編集に際して無視したことを強く批判しています。しかし、第2章で述べましたように、この第一草稿は、まだ明らかにできていなかった理論的な問題を残したままに書かれた草稿です。その理論的な問題は、『資本論』第二部で力説されている命題──社会的総資本は商品資本の循環範式によって循環するという命題によって解決されました。

　この命題については、第2章では、それが正しいことを前提にして議論を進めました。しかし、この命題については専門家の間でも必ずしも十分には理解されていないように思いますので、この命題そのものについての説明が必要であると考えました。ただ、この点に関しては、拙論「再生産表式は商品資本の循環とどうかかわるか──再生産表式理解の根本問題──」(『経済』2018年1月号)を発表しています。そこで、それから抜粋し編集することによって、その理解をはかりたいと思います。

(1) 総資本の循環把握が再生産表式の課題である

　『資本論』は、第1部で、資本の生産過程が分析され、第2部で、資本の流通過程が分析されます。その第2部では、第1篇で「資本の循環」が第2篇で「資本の回転」が分析されますが、第1篇と第2篇で分析の対象となったのは個別資本です。『資本論』でも次のように書かれています。

> しかし、第1篇でも第2篇でも、問題になったのは、いつも、ただ一つの 個別資本であり、社会的資本の自立化された一部分の運動だけであった。　　　　　　　　　　　(『資本論』⑦、559ページ)

　そして、第3編「社会的総資本の再生産と流通」の課題が、社会的総資本

の循環運動の把握であり、その課題が再生産表式によって見事に解決される
わけです。マルクスは次のように第3篇の冒頭部分で次のように述べていま
す。

> 　しかし、個別諸資本の循環は、からみ合い、前提し合い、条件づ
> け合っており、まさにこのからみ合いにおいて社会的総資本の運動
> を形成する。……いまや、社会的総資本の構成部分としての個別諸
> 資本の流通過程（この過程は、その総体において再生産過程をなす）
> が、したがってこの社会的総資本の流通過程が、考察されなければ
> ならない。　　　　　　　　　　　　　（『資本論』⑦、559 ページ）

(2) 個別資本の循環について

　このように、課題は個別資本の循環把握ではなく、総資本の循環把握です。
まず、個別資本の循環について少し解説しておきましょう。

　「循環」と言えば、循環バス、血液循環、水の循環などが思い浮かびますが、
この場合の「循環」とは、バス、血液、水などの物が様々な場所（状態）を
通って、元の場所〔元の状態〕に戻り、それが繰り返されることです。また、
季節が春→夏→秋→冬→春→…と変わり元の季節に戻ることを「四季の循環」
と呼びますが、ここでは「循環」するのは物ではなく季節です。一般に、い
ろいろな状態（形態）に変化しながら、主体が元に戻る運動は、運動の、か
なり一般的なあり方です。蝶の変態（卵→青虫→蛹→蝶→卵）も循環運動で
す。国民経済計算の元になった理論である国民所得論では、主体である国民
所得が、生産→分配→支出→（生産）、と循環すると捉えます。

　さて、個別資本も循環運動をおこないます。個別資本は定まった順序で形
態（貨幣、商品など）を転換しながら自己増殖運動をするのです。この自己
増殖運動は、普通、貨幣資本を投下して、生産諸手段と労働力を買い、商品
生産物を生産し販売し、利潤を獲得し増殖した貨幣資本で終わるという形で
掴まれます。循環とは、ひとまわりして元に戻るということですから、この
場合、貨幣資本から始まり貨幣資本に戻るので、「貨幣資本の循環」として、
この自己増殖運動が把握されたわけです。

　しかし、その増殖した貨幣が再び投下されるという形で資本の自己増殖運

動は次のごとく継続します。

　　～～　G—W…P…W'—G'
　　　　　　　　　　G—W…P…W'—G'
　　　　　　　　　　　　　　　　G—W…P…W'—G'～～

（Gは資本の貨幣形態、Wは資本の商品形態、Pは資本の生産形態を表す記号です。「—」は流通〔＝交換、売買〕を表し、「…」は流通の中断を表します。G'、W'の「'」は、価値が剰余価値分だけ増加したことを示しますが、価値量が同一のまま形態転化〔変態〕が進行するのが基本です）。

　ひとまわりして元に戻るというのが循環ですが、資本のこの自己増殖運動には、先の貨幣資本の循環（G—W…P…W'—G'。略してG…G'とも表す）だけでなく、生産資本から始まり生産資本に戻る（で終わる）循環（P…W'—G'—W…P。同じくP…P）、および、商品資本から始まり商品資本に戻る（で終わる）循環（W'—G'—W…P…W'。同じくW'…W'）が含まれています。すなわち、資本の自己増殖運動はこの三つの循環のそれぞれとして、また、三つの循環をすべてを含むものとして把握されねばならないわけです。

　個別資本の循環における三つの循環を区別しました。それぞれの意味については後で述べますが、一般に、循環運動は起点（＝終点）を何にとるかによって、同じ循環運動が違った意味と様相を呈します。後の論述にとって大切な点ですから、人の血液循環の比喩で簡単に説明しておきましょう。人体における血液循環がおおよそ次のようであることはよく知られています。

　心肺（心臓と肺）→動脈（大動脈→小動脈）→身体組織（毛細血管）→静脈（小静脈→大動脈）→心肺→動脈→ ……、という循環です。

　この循環には、心肺→心肺への循環、動脈→動脈への循環、身体組織→身体組織への循環、静脈→静脈への循環が含まれており、それぞれが異なる意味合いを持っています。例えば、血液に着目しますと、血液には、動脈血（鮮紅色；二酸化炭素を放出し酸素を取り入れた血液）と静脈血（暗紅色；酸素量が少なく二酸化炭素に富む）があります。血液は肺を通ることによって、静脈血から動脈血に変態し、身体組織を通ることによって動脈血から静脈血へと変態します。この血液循環においては、動脈血→（静脈血）→動脈血への循環、と、静脈血→（動脈血）→静脈血への循環が相互に対立したものと

して区別されます。動脈→動脈への循環は、身体への酸素（と栄養）の供給作用を意味し、静脈→静脈への循環は、身体における栄養作用（エネルギーの発生と組織の成長）の結果としての二酸化炭素の回収作用を意味すると言ってよいでしょう。このように血液循環でも起点（＝終点）を動脈（動脈血）とするか、静脈（静脈血）とするかによって、同じ循環運動が違った意味を持ちます。

(3) 総資本はどのような循環を行なうのか？

　個別資本の循環についての概略を説明しましたが、問題は総資本の循環です。

　先に、マルクスの文章を引用しましたが、「個別諸資本の循環は、からみ合い、前提し合い、条件づけ合っており、まさにこのからみ合いにおいて社会的総資本の運動を形成する」と述べられていました。循環の主体が個別資本の場合は、貨幣資本の形態（G）→商品資本の形態（W）→生産資本の形態（P）→……などの転化が続き、元の形態へと戻るという循環が行なわれます。では、個別資本のからみ合いにおいて形成される総資本の運動において、循環の主体である総資本はどのような循環を行なうのでしょうか。個別資本の循環についての、これまでに述べたような把握に比較して、この問題は解くのが格段に難しいと考えられます。

　というのも、総資本は無数の個別資本からなっており、それらの個別資本の間では年間を通して無数の取引が行われます。ある個別資本の生産した商品が別の個別資本の生産手段になり、その個別資本の生産した商品がまた別の個別資本の生産手段になります。また、それらの個別資本の１年間の回転数もまちまちだからです。

　個別資本の循環の場合は、個別資本の資本価値が時間の流れにそって、〜〜G—W…P…W′—G′・G—W…P…W′—G′〜〜で表示されるように、順次、転化し、元に戻るという循環が行なわれます。同様に、総資本についても、時間の流れにそって（例えば、年初から年末に向かって）、順次、個別資本のような形態転化を行なうという形で循環すると捉えることができるでしょうか。それは無理です。

　というのは、〜〜G—W…P…W′—G′・G—W…P…W′—G′〜〜で

示される循環過程において、各形態ごとの価値量は同一に維持されねばなりません（W'、G'などの「'」は、価値が剰余価値分だけ増加したことを示しますが、ベースになるのは、循環過程における資本価値の同一性です）。しかし、総資本の場合は、無数の個別資本の総体です。それらの個別資本は、時間の流れのなかで、それぞれ、独自に、すなわち、まちまちに他の形態へと転化するのですから、個別資本の総体（総計）である総資本が時間の流れにそって、順次、価値量の同一性を保持しつつ形態転化（変態）を進行させることはできません。

　仮に、これら無数の個別資本が時間の流れのなかで同時に一斉に形態転化を進めるという非現実的な想定を置けば、総資本の価値量の同一性が確保されることになります。しかし、それは、無数の個別資本の総体である総資本を一つの個別資本と見なすという非現実的な誤りに陥ることと同じです。

　総資本の循環をどう捉えるかという問題はうえに述べた１点を考えても難しいと言えます。ところが、マルクスは、『資本論』第２部第３編「社会的総資本の再生産と流通」において、この問題の分析を始めるあたって、いとも簡単に、「われわれが分析しなければならないのは、

$$\text{明らかに } W' \begin{cases} G-W \cdots P \cdots W' \\ g-w \end{cases}$$

という流通図式であ」る（『資本論』⑦ 625 ページ）と述べています。すなわち、商品資本の循環範式で分析しなければならないのは明らかだ、と言っているのです。なぜ、明らかだというような断定的な叙述が行われているのかと言えば、この叙述の論理段階においては、この問題は解決済みであるからです。

　というのは、先に述べましたように『資本論』第２部では、第１篇で「資本の循環」が分析されます。第１篇は個別資本の分析だとマルクス自身が書いているのですが、じつは、その個別資本の循環の分析のなかで、総資本の循環を分析する方法が明らかになっているのです。

(4) 商品資本の循環範式の特別な意義

　では、マルクスが、社会的総資本の循環の把握は、「商品資本の循環」でこそ捉えられるとしているのはなぜなのでしょうか。

ⅰ）「貨幣資本の循環」「生産資本の循環」と「商品資本の循環」との違い

　個別資本の循環には、貨幣資本の循環（G…G′）、生産資本の循環（P…P）、商品資本の循環（W′…W′）の三つの循環が含まれている。個別資本の循環はこの三つの循環を区別するとともに、この三つの循環をすべてを含むものとして把握されねばならない。マルクスのこのような分析を先に紹介しました。

　それぞれの循環は異なった特質をもちます。例えば、貨幣資本の循環（G…G′）についてマルクスは「G…G′は、金儲け、すなわち、資本主義的生産の推進動機を、もっとも明白に表す。生産過程は、金儲けのための避けられない中間の環—必要悪—としてのみ現れる」と述べています。（『資本論』⑤、90〜91ページ）。また、この把握が重商主義の基礎になっているとも言っています。そして、生産資本の循環（P…P）によって、個別資本の再生産過程（単純再生産と拡大再生産）を分析していますし、「生産資本の循環は、古典派経済学が産業資本の循環過程を考察する場合の形態である」（『資本論』⑤、135〜136ページ）としています。さらに、個別産業資本の循環の分析はG…G′とP…Pが主な基礎となるが、個別産業資本である農業の収穫から収穫への分析は、商品資本の循環（W′…W′）が基礎になると述べています（『資本論』⑤、156ページ）。

　しかし、個別資本の三つの循環の分析において、本章の論点で決定的な意味をもつのは、社会的総資本の循環は「商品資本の循環」によってのみ把握できるということです。

　その理由を簡単に説明しておきましょう。三つの循環について記号で表現しましたが、この表現は直接的には個別資本の循環を表現しています。貨幣資本の循環（G—W…P…W′—G′）の場合、対象とした個別資本が1循環するときに、他の個別資本の「貨幣資本の循環」とはからみ合いません。つまり、自己完結しています。ということは、「貨幣資本の循環」は個別資本の循環の把握に適合します。生産資本の循環（P…W′—G′—W′…P）の場合も同じです。

　これに対して、商品資本の循環（W′—G′—W…P…W′…W′）の場合は、対象とした個別資本が1循環するときに、他の個別資本の「商品資本の循環」と必ず絡み合いますので、その個別資本の「商品資本の循環」は他の個別資

本の「商品資本の循環」が存在しなければ完結しません。他の個別資本の循環はさらに別の他の個別資本の循環がなければ完結しませんから、「商品資本の循環」が完結するためには、その社会の総商品資本が循環しなければならないことになります。というわけで、「商品資本の循環」は総資本の循環の把握に適合し、再生産表式によって、社会的総資本の循環が総商品資本（年間総生産物）の循環として把握されることになるのです。

「商品資本の循環」の場合、個別資本の循環が他の個別資本の循環と必ずからみ合い、「貨幣資本の循環」と「生産資本の循環」の場合は、自己完結すると述べましたが、その理由を説明しましょう。

個別資本の（商品資本の）循環（W'—G'—W…P'…W'）において、第2段階の形態転化であるG'—W（買い）が成り立つためには、W—G（売り）が成り立つことが必要です。このW（商品生産物）は他の個別資本の商品生産物ですから、その個別資本にとってはW'—G'になります。つまり、その個別資本が商品資本の循環を新たに開始するということです。こうして、「商品資本の循環」の場合、個別資本の循環が他の個別資本の循環と必ず絡み合うことになります。このようなことは「貨幣資本の循環」と「生産資本の循環」の場合には起こりません。

『資本論』第2部第1篇第3章「商品資本の循環」でいま述べたことは分析されています。三つの循環範式（記号表現）を比較すると、「貨幣資本の循環」の場合、G（貨幣資本）は始点と終点だけに現れ、また、「生産資本の循環」の場合も、P（生産資本）始点と終点だけに現れます。しかし、「商品資本の循環」ではW（商品資本）は、始点と終点だけでなく通過点にも出現します。「商品資本の循環」の場合にだけ個別資本の循環が他の個別資本の循環と必ず絡み合うことになるのは、循環範式のこのような比較によってわかるとの趣旨が述べられていますが、マルクスならではの分析だと感心させられます。

ⅱ）「商品資本の循環」が完結するとはどういうことか？

「貨幣資本の循環」と「生産資本の循環」は個別資本の循環として完結するのに対して、「商品資本の循環」が完結するためには、その社会の総商品資本が循環しなければならないことになります、と述べました。では、それはどのような循環になるのでしょうか。

個別資本を主体とする商品資本の循環は他の個別資本と絡み合っており、その個別資本だけでは完結しないのですが、社会に存在する、すべての個別資本を範囲に含めれば完結します。この場合、その社会のすべての個別資本がからみ合って一つの全体をなしていると言っているわけではありません。多数の個別資本のからみ合いの群が多数存在し、社会の総資本となっていると考えられます。

　しかし、その総資本を構成する諸個別資本における商品資本の循環は、その個別資本が何回回転したとしても、すべてW′－G′－W…P′…W′、です。したがって、ある一定の期間（例えば１年間）において、個別資本が生産した商品生産物（W′）はどれもW′－G′－W…P′…W′という循環を行ないます。したがってまた、社会に存在するすべての個別資本の商品生産物を総計した社会的総商品生産物（W′）もW′－G′－W…P′…W′という循環を行なうことになります。

　この場合のW′は個別資本の商品形態（商品資本）ではなく、社会的総資本の商品資本形態（総商品資本）を表しており、これが社会的総資本の循環範式になるわけです。

　注意しなければならないのは、この社会的総商品資本の循環には個別資本の商品資本の循環とは大きな相違点があることです。個別資本の循環における形態転化は時間の流れにそって、順次、行なわれます。しかし、社会的総商品資本の循環における形態転化は、無数の個別資本が時間の流れにそって、順次、行なう形態転化をすべて集めて、W′－G′－W…P′…W′という循環範式によって把握するものです。すなわち、別々の時点で行われた個別資本の例えばW′－G′をすべて同一のW′－G′として捉えます。したがって、社会的総商品資本の循環における形態転化は、時間の流れにそって、順次、行われるのではなく、対象とした一定の期間において、その社会のすべての個別資本による形態転化として行われます。

　こうして総商品資本の循環における第１段階と第２段階であるW′－G′－Wが、総商品資本（一定期間における総商品生産物）の流通（総商品の相互交換）を意味し、第３段階である…P′…W′は総商品資本（年間総生産物）がその年に生産されたものを意味することになるのです。（なお、「注意しな

ければならない」として、ここで述べたことは、直観的に自明と考えたのか
マルクスの叙述にはありません）。

(5) 再生産表式は総商品資本の循環の把握である

（1）で述べたように、第3編「社会的総資本の再生産と流通」の課題は、
社会的総資本の循環運動の把握であり、再生産表式がその課題の見事な解決
です。

　では、マルクスは再生産表式をどのようなものとして構想したのでしょうか。
マルクスは次のように述べています。

> 　もし社会が1年間に供給する商品生産物を考察するならば、社
> 的資本の再生産がどのように行われるのか、どのような性格が社会
> 的資本の再生産過程を個別資本の再生産過程から区別するのか、ま
> たどのような性格が両者に共通しているのかが、明らかとなるに違
> いない。　　　　　　　　　　　　　（『資本論』⑦ 624 〜 625 ページ）

　つまり、社会的総資本の再生産過程の分析するには、「社会が1年間に供
給する商品生産物を考察」せよと述べているのです。そして、この文章の少
し後には先に紹介した引用文があります。

> われわれが分析しなければならないのは、明らかに
>
> $$W' \begin{cases} G-W \cdots P \cdots W' \\ g-w \end{cases}$$
>
> という流通図式であり、しかもここでは消費が必然的に一つの役割
> を演じる。　　　　　　　　　　　　　　　（『資本論』⑦ 625 ページ）

　マルクスは社会的総資本の循環を年間総商品生産物を起点として商品資本
の循環の視点から把握することによって、すなわち、第2節で述べた社会的
総資本（総商品生産物）の循環範式によって、再生産表式を定式化したのです。
　単純再生産表式を例にして説明しましょう。

循環の出発点（始点）は、年初に用意された総生産資本ではなく、1年間に供給される年間総商品生産物（＝総商品資本）です。すなわち、年間総生産物 9000 が循環の出発点になります。この年間総生産物の構成は I 6000 ＝ 4000 c ＋ 1000 v ＋ 1000 m、II 3000 ＝ 2000 c ＋ 500 v ＋ 500 m です。この年間総生産物の各構成部分が相互に交換されて（＝流通して）、再生産を行う条件を整わせつつ、全体として同じその年度の総商品生産物として実現する（＝生産される）ことになります。これらの生産や流通を担うのが個別諸資本の総体です。出発点は年間総生産物であり終結点も年間商品総生産物なのです。

　ですから、総資本の循環の出発時期は年初にあるわけではありません。具体的に言えば、年間総商品生産物とは1月から12月までに生産された個々の商品生産物のすべてです。生産物の交換は生産物が生産されてから始まりますから、循環の出発時期はその1年間の全期間ということになります。

　なお、年間総商品生産物を出発点にして、社会的総商品資本の循環を考えれば、再生産表式が導き出されます。マルクスはそうしているのですが、導出過程を明確には述べていませんので、拙著『「マルクス再生産表式論」の魅力と可能性マルクスの』（前掲）でその点について書きました。すなわち、年間総商品生産物を c、v、m の価値構成で区分し、また、生産諸手段と消費諸手段の素材構成で区分し、それらの諸商品間の相互交換（総流通）が過不足なく行われれば、社会的総資本の商品循環は完結します。そのための必要で十分な条件を表式として示せば再生産表式が導出されます。

おわりに

　不破氏の所論に感じる違和部分について、論文「再生産論と恐慌」（『マルクスと資本論』）を中心に探究してきました。この長大な論文において氏が最も言いたかったことは次のことです。

　『資本論』第二部の再生産論にはマルクスが書く予定で書かれなかった「再生産過程の攪乱」がある。その内容の中心部分と考えられる「流通過程の短縮」というマルクスの叙述を『資本論』第二部第一草稿のなかに自分（氏）は発見した。「再生産過程の攪乱」の中心部はこの「流通過程の短縮」の規定を適用した恐慌現象の運動論的解明である。この発見は『資本論』につての従来の捉え方をも大きく変えうる重大なものである。

　氏のこの見解に対して本書では、「流通過程の短縮」という規定は再生産論（社会的総資本の再生産）にはそもそもなじまないこと、「再生産過程の攪乱」の内容は「再生産論上の生産と消費との矛盾」の展開であろうこと等々について述べ、氏の主張に含まれる疑義を正してきました。しかし、この20年ほど前の論文をもとに、氏の見解は展開し、さらに誤りが拡大しているように思えます。私もその概略は知っています。

　　　＊　＊　＊　＊　＊

　「再生産論と恐慌」以降の氏のこの系列の論文については私自身はじつはまだほとんど読んでいません（「再生産論と恐慌」の誤りが分かって以来、興味を失ったのです。しかし、今後、機会を見て検討しようかと思っています）。概略知っていると書いたのは、不破哲三著『科学的社会主義の理論の発展——マルクスの読み方を深めて』（学習の友社、2015年、労働者教育協会の学習会での氏の講演を活字にして出版したもの）を知人から送っていただいて、これについては読んだからです。この本は、六つの項目と補説に分けられて書かれていますが、第3項の標題は「草稿執筆には大きな転換点があった——恐慌論と革命論」となっています（なお、補説はエンゲルスの「基本矛盾」論の批判です）。

　驚いたことには、「草稿執筆」における「大きな転換点」というのが、論文「再

生産論と恐慌」で氏が発見したという「流通過程の短縮」（とその規定による恐慌現象の運動論的解明）のことなのです。この本では、この氏の発見が、マルクスのそれまでの見方を転換するマルクスによる大発見であったとされています。すなわち、論文「再生産論と恐慌」で氏が発見した「流通過程の短縮」とそれによる恐慌現象の解明は、マルクス自身にとっても、それまでの見方を転換する大発見であり、『資本論』にはそれが書き残されていないが、それを氏が再発見したとされているのです。

　論文「再生産論と恐慌」では『資本論』第二部の「再生産過程の攪乱」の内容についての氏の発見だったものが、この本では、マルクスの資本主義観を変えるようなマルクス自身による発見へと極端に「格上げ」されています。論文「再生産論と恐慌」を出発点にして、氏の見解はこのような展開を見ているわけです。

　先にあげた第3項「草稿執筆には大きな転換点があった」は、「1．転換点以前の時期」、「2．転換点——恐慌の運動論の発見（1865年）」、「3．転換点以降——マルクスの資本主義観も変わった」の順に述べられています。このうちの「2．転換点」は次のような書き出しです。

> 　マルクスは、第三部草稿の執筆を第三篇で止め、1865年のはじめから、"資本の流通過程" つまり『資本論』第二部の最初の草稿の執筆に移ります。そして、書き始めて間もない時点で、新しい発想がひらめいたのか、突然、恐慌が起こる新しい仕組みについて論じ始めます。（同書、33ページ）。

　これに続けて、マルクスが「流通過程の短縮」の規定とその適用によって恐慌現象の運動論的な解明を行なったという趣旨の文章が書かれています。転換点は「恐慌の運動論の発見（1865年）」（傍点……川上）であるという主張です。（なお、この本では、「恐慌の運動論」という成句が使われるようになっています。論文「再生産論と恐慌」では「恐慌現象の運動論的な解明」、あるいは「恐慌問題の運動論的な解明」という成句が使われていましたが、こちらの方が厳密のように思います。どう呼ぶかは本人の自由ではありますが、厳密ではないというのは恐慌は運動の主体ではないからです。

論文「再生産論と恐慌」よりも論理が単純化されてきているようです）。

　では「恐慌の運動論の発見」によってマルクスの資本主義への見方がどう転換したと氏は述べているのでしょうか。

　まず、利潤率の傾向的低下の法則を重視することは転化点以前のマルクスの見方だとしています。氏によれば、「恐慌の運動論」を解明するために持ち出されたのが、この法則だというのです。

> 　マルクスは、恐慌論は、……もう一つの柱が必要だと考えていました。いま見てきた恐慌の“根拠”から、どういう仕組みで現実の恐慌が生まれるのかの仕組みの解明です。私はそれを“恐慌の運動論”と呼んでいます。マルクスが、利潤率低下の法則から解明しようとして苦労したのも、この運動論の問題だったのです。（同書、31ページ、なお、恐慌の“根拠”とは資本主義生産における生産と消費との矛盾のこと）。

　利潤率の低下の法則では「恐慌の運動論」を解明できなかったため、「流通過程の短縮」とその適用による恐慌の運動論の解明（転換点）に至ったというわけです。

　そして、転換点以降のマルクスは利潤率の低下の法則にとらわれなくなったとしています。

> 　「利潤率の低下」の現象を資本主義の衰退の指標と見る見方も捨てられました。生産力が発展すれば、不変資本の部分が大きくなって、可変資本が小さくなるのは当たり前のことですから、この見方にとらわれていては、資本主義の発展が正面からとらえられないのです。（同書、37〜38ページ）。

　論文「再生産論と恐慌」では氏自身がこの法則に問題点を見出したこととその理由が表明されていますが、不破氏のこの本では、マルクスもこの法則を重視しなくなったという展開を見ています。

　次に、転換点以降のマルクスの見方については恐慌の位置づけが大きく変

わったとしています。

> 恐慌にいたる運動形態がそこまでわかってみると、恐慌は、資本
> の生活循環のなかで周期的に起こる一局面であって、別に資本主義
> の終末期の現象ではない、ということも明らかになってきました。
> 恐慌と革命を結びつけた"恐慌＝革命"説も、まったく誤ったテー
> ゼだったのです。(同書、35ページ)。

　本文の第2章第7節(1)でも紹介しましたように、論文「再生産論と恐慌」
では、論文を締めの文章として氏は次のように述べていました。

> マルクスの理論形成の歴史をたどる私たちの探究の旅は、こうい
> う点では、恐慌論の発展的な展望にもつながる意義を持っていた、
> ということができる、と思います。最後に、このことを確認して、
> 10カ月にわたって、読者のみなさんとともに続けてきた、この探
> 究の旅を終わりたい、と思います。(『経済』2002年10月号同前、
> 166ページ、『マルクスと『資本論』』③、256ページ)。

　論文「再生産論と恐慌」が「つながる」ことになった「恐慌論の発展的な
展望」とは恐慌についての、いま引用したような議論だったことになります。
しかし、「恐慌の運動論」が分かったから、恐慌が「資本の生活循環のなか
で周期的に起こる一局面」であることをマルクスが認識するようになったの
ではありません。恐慌が周期的に起こることは理論的な認識ではなく歴史的
事実の認識だからです。そして、恐慌は、産業革命による機械制工業の成立
とともに始まっており、「資本主義の終末期の現象」ではないことも歴史的
な事実です。
　『資本論』第一部第四篇第13章「機械と大工業」第7節「機械経営の発展
にともなう労働者の反発と吸引。綿業恐慌」では、イギリスの綿工業の歴史
が取り上げられており、恐慌が周期的なものであることも明確に叙述されて
います。「産業の生活は、中位の活気、繁栄、過剰生産、恐慌、停滞という
諸時期の一系列に転化する」(『資本論』③、782ページ)。

なお、『資本論』のこの箇所については、論文「再生産論と恐慌」でも、マルクスが理論的叙述ではなく純事実的諸関係と断って書いていることに注意せよと指摘しながら、かなり詳しく紹介されています。（『経済』2002年8月号、150〜151ページ、『マルクスと「資本論」』③、44〜47ページ』）。

　『資本論』第一部の初稿は1863年8月から64年夏に書かれていますから、この箇所の叙述もおそらく1865年の転換点の前に書かれたものだと思われます。しかし、氏のこの本によりますと、『資本論』の完成稿は1866年〜67年4月に書かれており、大幅に手が加えられ初稿で残されているのは、使われなかった第六章「直接的生産過程の諸結果」だけだそうですから、この箇所を書いた時期が転換点の後である可能性もあります。しかし、恐慌の周期性については、すでに、1847年にエンゲルスが書いた『共産主義の原理』にも、1848年にマルクスとエンゲルスが書いた『共産党宣言』にも明確に叙述されています。念のために後者から引用しておきましょう。有名な箇所です。

　　ブルジョア的生産関係と交通関係、ブルジョア的所有関係、すなわちこのように強大な生産手段と交通手段とを魔法でよびだした近代ブルジョア社会は、自分がよびだした地下の魔物を、もはや統御しきれなくなった魔法使いに似ている。この数十年来、工業と商業との歴史は、もはや、ブルジョアジーとその支配の生存条件である近代的生産関係、所有関係にたいする、近代的生産力の反逆の歴史でしかない。これには、周期的にくりかえされるごとに、ますますはなはだしく、全ブルジョア社会の存立をおびやかす商業恐慌をあげれば、十分である。
（マルクス、エンゲルス著『共産党宣言、共産主義の原理』、大月書
　　　　店・国民文庫、34ページ、傍点……川上）

　マルクスは恐慌が終末期の現象であるとしていたわけではなく、資本主義の矛盾を顕現する現象であると捉えていたのです。本文でも述べましたように、恐慌は資本主義生産様式の根本矛盾である生産と消費との矛盾の現れです。恐慌は累積した不均衡の強引な回復にはなるのですが、この根本矛盾を

解消することにはなりません。しかし、恐慌によって多くの人々も資本主義生産の限界を知ることになります。資本主義生産の行き詰まりと根本矛盾が解消される体制への移行の必要性を明示するものになります。

　恐慌とは資本主義生産によって規定されるとともに資本主義生産に反作用するものです。資本主義生産の発展によって恐慌の現れ方も変化します。例えば、資本主義国家が貨幣の発行権を握ったことは恐慌の発現形態を急激に作用する形態から緩慢に作用する形態へと変化させました。しかし、そうなったとしても資本主義の生産と消費との矛盾が解消したわけではありません。恐慌にしても利潤率の傾向的低下にしても、資本主義生産体制の行き詰まりを示す客観的法則として作用し続けると考えられます。

　転換点以降のマルクスの資本主義の見方について氏は次のように述べています。

> 　しかし恐慌が資本主義の“没落”の指標ではない、また、「恐慌＝革命」説も捨てた、ということになると、「必然的没落」の理解はどこに書かれているのか、が問題になります。……第一部そのもののなかに、「賃労働」の研究を本格的に繰り込み、資本の矛盾の深刻化とあわせて、社会変革の主体的条件である労働者階級の成長・発展の過程をこのなかで展開しました。ここに新しい段階での「必然的没落」論の展開があったと、私は考えています。（同書、40ページ）。

　転換点以前のマルクスは「恐慌＝革命」説であり、転換点以降のマルクスはそれを捨て、資本主義の「必然的没落」を「社会変革の主体的条件である労働者階級の成長・発展」なかで展開したとの趣旨が述べられています。要は、資本主義は恐慌などの体制内の諸矛盾の発展によって没落（体制変革）するのではなく、労働者階級の成長・発展によって没落する（体制変革）するという見方になったということです。

　しかし、マルクスの見方がこのような転換をしたとは考えにくいと思います。というのも、経済社会体制の変革（その必然的没落）は、その社会の主体（人類）の立場から見て、客観的条件と主体的条件の両面が結びつくことによっ

て行われるというのがマルクスのもともとの一貫した見方だからです。客観的条件とは、その経済社会体制が社会の生産力の発展にとって桎梏になるということであり、主体的条件とは、社会変革の主体となる被支配階級の成長です。

＊＊＊＊＊

この本に見られるような氏のこれらの議論にも違和感を持ちますので、概略を知るだけでなく、根拠となっている論文等を読んで本書で取り上げて検討するつもりでした。しかし、論文「再生産論と恐慌」についての検討に思っていた以上の時間（10カ月間）がかかってしまいました。本書で本格的に取り上げるのは、論文「再生産論と恐慌」の範囲に収めようと思います。氏の理論について私が感じる違和部分は、このほかにも、例えば、強力革命の概念についての見解や社会主義と市場の問題についての見解などの中にもありますので、時間をおいて機会を見ての検討を続行することにしました。

検討を続けようと考えるようになったのは、科学的社会主義についての有力な論者の体系的な見解について批判的に検討することは独特の意味があると本書を書いて実感したからでもあるのです。私は、自分で問題を見つけ、テーマを立てて研究し、それを著作として発表するというスタイルでほぼやってきました。振り返って見ると、他者の体系的な見解をテーマにするのは、自説への反批判以外では、45年以上前に、宮本憲一氏の著書『社会資本論』を敬友の京極高宣氏とともに議論を重ねながら批判的に検討して以来です（京極高宣・川上則道共著『社会資本の理論』時潮社、1984年、初出論文は『経済』誌で1973年）。資本主義的形態規定と内容規定との区別の重要性についてはこのときにも強調しました。

科学的社会主義について、自分で問題を見つけて研究することと他者の見解を批判的に検討することとを一般論として比較してみます。前者は、科学的社会主義における自らの疑問点（＝否定）の解決（＝その否定）であり、後者は、科学的社会主義への他者の見解（＝否定）についての批判（＝その否定）ですから、どちらも論理的には否定の否定であり、（科学的社会主義についての自らの見解の）発展です。しかし、後者の場合、他者の見解（＝最初の否定）が自分の中に全く無かった見解であることがしばしばあります。

このため、他者の見解の批判的検討（＝否定の否定）は、自分のなかに無かっ

た見解に向き合うということになり、それまでの自分の枠を超えて自分の見解を発展させることに結びつくことにもなります。ひいては、それが、科学的社会主義の創造的な発展に繋がる場合もあるのではないかと思います。本書を書いていて、この点を感じたわけです。広げて言えば、これが、科学的社会主義者たちが相互に討論することの意義にもなります。

　この場合、他者の見解の批判的検討は、他者の見解の誤りを明らかにすることが直接の目的にはなりますが、他者がその誤りに陥ったことについて非難することを目的としているわけではありません。逆に、他者の見解の誤りのお陰で自らの見解が思わぬ発展を見ることにもなります。このような考えが強くなったこともあり、自分で見つけた問題もまだまだあるのですが、氏の理論に感じる違和部分の検討はもう少し続けてみようかと思っています。

　　＊＊＊＊＊

　最後に付記しますが、不破氏の『資本論』解釈を批判する論文が刊行されていることを本書の執筆中に知りました。それは、谷野勝明氏（関東学院大学教授）の二つの論文（「“恐慌の運動論の発見”と利潤率低下“矛盾展開”論の“取り消し”はあったか」〔関東学院大学『経済経営研究所年報』第42集、2020年3月〕、「『資本論』体系形成の段階区分について――“恐慌の運動論の発見”による“大転換”説批判――」〔関東学院大学経済経営学会研究論集『経済系』第280集、2020年8月〕）です。

　先に述べたように、本書で批判的に検討した「再生産論と恐慌」はもう20年ほど前のものであり、不破氏の見解は、この論文をもとにさらに展開しており、その大きな流れはいま見たところです。しかし、本書では立ち入った検討は先送りにしました。本書の原稿を書き終えてから、谷野氏のこの二つの論文を読みましたが、氏の批判の主な対象は、論文の標題にあるように、本書が先送りした「再生産論と恐慌」以降の不破氏の『資本論』解釈への批判になっています。論旨はほぼ全面的に賛成します。「ほぼ」と書いたのは、詳しくは検討していないからです。

　本書の「はじめに」で述べましたように、不破氏の所論の弱点や誤りについては、見過ごされやすい状況が続いてきたと思います。いろいろな要因があると考えますが、一つの大きな要因は、取り上げられている材料がマルクスの草稿とか、再生産論とか、恐慌論とかなので、弱点や誤りがわかるのに

は、かなり専門的な知識が必要とされることです。批判できる人はその分野の少数の専門家にどうしても限られてきます。谷野氏には著書『再生産・蓄積論草稿の研究』（2015年、八朔社）があります。数少ない専門家に該当するのです。氏はそのことを自覚して不破氏の見解を批判しています。この点にとても共感しました。

　第1章で述べましたように、本書執筆の一つの動機となったのは、不破氏の理論活動には、自らの着想を実現しようとする志向性が強すぎて論理が歪み誤りに陥る場合が見られることをはっきりと認識できたからです。谷野氏の二つの論文を紹介しましたが、二つ目の論文の結びには次のように書かれています。

　「ドラマチックな議論の行先は、本意でなくとも、『資本論』体系の解体である。"学問の世界に異質なものが""踏み込"むようなことがあってはならないだろう」（前掲『経済系』第280集、76ページ）。

　この見解に関して、「学問の世界に異質のもの」という文言を、いままでの学問の世界になかった異質の学説と読み、それが独創的な学説の証左にもなるというようなことを述べている文章をたまたま読みました。たしかに、学問の世界では、それまでの学説とは異質の学説が持ち込まれることによって、それまでの学問を発展させることがあります。しかし、その場合、異質の学説とは学問の世界の中のものです。谷野氏の言う「学問の世界と異質のもの」というのは、異質の学説などということではありません。自らの見解を「ドラマチック」に仕上げるために、自らが以前述べていたこととは異なることを理由も説明せずに述べるとか、マルクスの文章を自分の見解に都合良く解釈することなどを指していると私は読みました。不破氏の理論活動には、自らの着想を実現しようとする志向性が強すぎて論理が歪み誤りに陥る場合が見られるとする私の見方と通底しているものを感じた次第です。

　末尾になりますが、本の泉社社長の新舩海三郎氏には本書の出版をお引き受けいただき、とても感謝しております。私の持ち込み原稿を丁寧に検討していただき、表題「本当に、マルクスは書いたのか、エンゲルスは見落としたのか」も考えてもらいました。本書の中心を示す適確な表題であると気に入っています。

（2022年2月）

【著者略歴】

川上 則道（かわかみ・のりみち）

1943 年生まれ
1968 年　東京大学農学部農業経済学科卒業
現在、都留文科大学名誉教授

【おもな著書】

『高齢化社会は本当に危機か』（共著、あけび書房、1989 年、第 15 回野呂栄太郎賞受賞）

『計量分析・現代日本の再生産構造』（大月書店、1991 年）

『「資本論」の教室──きっちりわかる経済学の基礎』（新日本出版社、1997 年）

『「資本論」で読み解く現代経済のテーマ』（新日本出版社 2004 年）

『マルクスに立ちケインズを知る──国民経済計算の世界と「資本論」』（新日本出版社、2009 年）

『マルクスに立ちミクロ経済を知る』（新日本出版社、2013 年）

『市場原理と社会主義への展望』（本の泉社、2014 年）

『マルクス「再生産表式論」の魅力と可能性─『資本論』第二部第三篇を読み解く─』（本の泉社、2014 年）

『搾取競争が、格差を広げ、地球環境を破壊する──『資本論』にもとづく現代搾取社会論──』（本の泉社、2016 年）ほか

本当に、マルクスは書いたのか、
エンゲルスは見落としたのか

2022年 3 月 12 日　初版 第 1 刷 発行

著　者　川上　則道
発行者　新舩　海三郎
発行所　株式会社 本の泉社
〒 112-0005　東京都文京区水道 2-10-9　板倉ビル 2F
TEL：03-5810-1581　FAX：03-5810-1582
DTP　杵鞭真一
印刷　新日本印刷株式会社
製本　株式会社村上製本所

ⓒ 2022 , Norimichi KAWAKAMI Printed in Japan

ISBN 978-4-7807-1839-3　C0033